Moment mal!

Lehrwerk für Deutsch als Fremdsprache
Arbeitsbuch 3

von
Lukas Wertenschlag
Theo Scherling
Cornelia Gick
Martin Müller
Paul Rusch
Reiner Schmidt

in Zusammenarbeit mit
Edith Slembek

Langenscheidt

Berlin · München · Wien · Zürich · New York

Visuelles Konzept, Gestaltung und Illustrationen: Theo Scherling
Umschlaggestaltung: Theo Scherling und Andrea Pfeifer, unter Verwendung eines Fotos von Premium Stock
Photography, Düsseldorf (großes Foto) und eines Fotos von Thomas Lenhart, München (kleines Foto)
Aussprache-Teile: Edith Slembek
Redaktion: Gernot Häublein
Verlagsredaktion: Sabine Wenkums

Autoren und Verlag danken Kolleginnen und Kollegen, insbesondere Eva Fontana und Beda Künzle, die
Moment mal! erprobt und begutachtet sowie mit Kritik und wertvollen Anregungen zur Entwicklung des
Lehrwerks beigetragen haben.

Moment mal!
Lehrwerk für Deutsch als Fremdsprache
Materialien zur 3. Stufe

Lehrbuch 3	3-468-47791-0
Cassetten 3.1 *(2 Lehrbuch-Cassetten)*	3-468-47796-1
CDs 3.1 *(2 CDs zum Lehrbuch)*	3-468-47807-0
Arbeitsbuch 3	3-468-47792-9
Cassette 3.2 *(1 Arbeitsbuch-Cassette)*	3-468-47797-X
CD 3.2 *(1 Arbeitsbuch-CD)*	3-468-47808-9
Arbeitsbuch-Package *(Arbeitsbuch und Arbeitsbuch-CD)*	3-468-47799-6
Lehrerhandbuch 3	3-468-47793-7
Testheft 3	3-468-47795-3

Cassette 3.3 *(1 Testheft-Cassette)*	3-468-47798-8
CD 3.3 *(1 Testheft-CD)*	3-468-47811-9
Einstufungstests	3-468-47812-7
Glossar Deutsch–Englisch 3	3-468-47800-3
Glossar Deutsch–Französisch 3	3-468-47801-1
Glossar Deutsch–Griechisch 3	3-468-47802-X
Glossar Deutsch–Italienisch 3	3-468-47803-8
Glossar Deutsch–Spanisch 3	3-468-47804-6

Symbole in **Moment mal! Arbeitsbuch 3:**

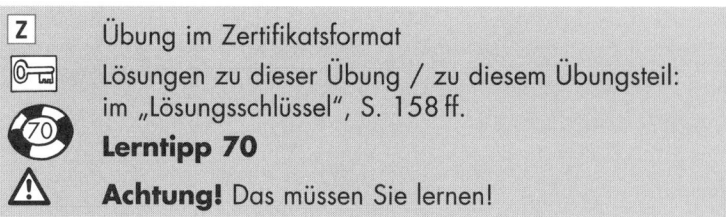

Ü2	**Übung** 2		**Z**	**Übung** im Zertifikatsformat
A7	**Aufgabe** 7 im *Lehrbuch*		🔑	Lösungen zu dieser Übung / zu diesem Übungsteil: im „Lösungsschlüssel", S. 158 ff.
📼	**Hören** Sie! *(Arbeitsbuch-Cassette)*		**70**	**Lerntipp 70**
📼	**Hören** Sie! *(Lehrbuch-Cassette)*		⚠	**Achtung!** Das müssen Sie lernen!
W	Wiederholungsübung			

Moment mal! berücksichtigt die Änderungen, die sich aus der Rechtschreibreform von 1996 ergeben.

Umwelthinweis: Gedruckt auf chlorfrei gebleichtem Papier

Druck:	5.	4.	3.	2.	1.	Letzte Zahl
Jahr:	2002	2001	2000	99	98	maßgeblich

© 1998 Langenscheidt KG, Berlin und München

Das Werk und seine Teile sind urheberrechtlich geschützt.
Jede Verwertung in anderen als den gesetzlich zugelassenen Fällen
bedarf deshalb der vorherigen schriftlichen Einwilligung des Verlages.

Druck: Druckhaus Langenscheidt, Berlin
Printed in Germany · ISBN 3-468-**47792**-9

Inhaltsverzeichnis

Moment mal!

31 Sport und Sprache **4**
Dossier 13

32 Plätze und Menschen **16**
Dossier 29

33 Eine Radiosendung **30**
Aussprache – frei sprechen 39
Dossier 40

34 Wohnungssuche **42**
Dossier 55

35 Von der Idee zum Produkt **56**
Aussprache – frei sprechen 69
Dossier 70

36 Soziale Sicherheit **72**
Dossier 85

37 Märchen erzählen **86**
Aussprache – frei sprechen 95
Dossier 96

38 Politik **98**
Dossier 108

39 Die Donau entlang **112**
Dossier 122

40 „Wachtmeister Studer" **124**
Dossier 132

ZD Training: Zertifikat Deutsch **136**

Alphabetisches Grammatik-Register (Kapitel 1–40) 149
Liste der Lerntipps (Kapitel 1–40) 155
Lösungsschlüssel (Kapitel 31–40, „Training: Zertifikat") 158
Quellenverzeichnis für Texte und Abbildungen 166

31 Sport und Sprache

Ü1

1 Sport: aktiv/passiv

Informationen ordnen und auswerten

Lesen Sie die Texte von A1. Notieren Sie die Sportart und einige Stichwörter.

Eishockey

1. _____
2. _____
3. _____

1. _____
2. _____
3. _____

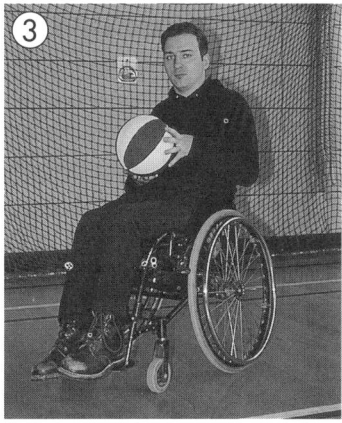

1. _____
2. _____
3. _____

1. _____
2. _____
3. _____

―

1. _____
2. _____
3. _____

1. _____
2. _____
3. _____

Ü2

Begründen

Schreiben Sie Ihre eigene Meinung.

1. Ich finde _____ toll, weil …
2. _____ finde ich schrecklich langweilig, denn …
3. _____ ist mir zu gefährlich. Deshalb …
4. Meiner Meinung nach ist _____ heute ein Massensport. Darum …

Ü3

Sportarten beschreiben

a) die Ski(er)
b) das Pferd
c) das Seil
d) das Rad
e) die Sportschuhe
f) das Surfbrett
g) die Taucherbrille
h) der Tennisball
i) der Schlitten
j) der Boxhandschuh
k) der Helm
l) das Snowboard
m) die Schlittschuhe
n) die Badehose
o) der Fußball
p) das Ruder
q) das Netz
r) der Schläger
s) die Skistöcke
t) die Inline-Skates
u) der Skianzug

a) Was passt? Machen Sie Pfeile.

b) Was braucht man zum …? Suchen und kombinieren Sie.
c) Beschreiben Sie Ihren Lieblingssport, ohne ihn zu nennen.
d) Erraten Sie die Sportart Ihres Partners / Ihrer Partnerin.

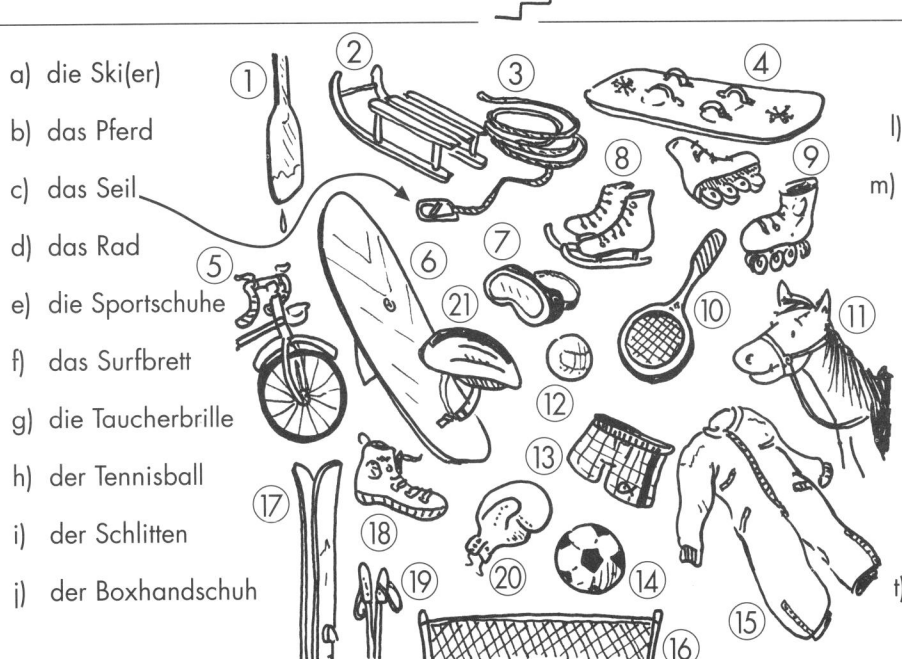

Ich brauche weder einen Schläger noch einen Ball, aber …

Ü4

Eis laufen Volleyball spielen Rad fahren joggen skaten schwimmen
Ski fahren/laufen Fußball spielen Tischtennis spielen Schlitten fahren reiten
Snowboard fahren Eishockey spielen surfen rudern boxen …

a) Wann und wo kann man den Sport treiben? Ordnen Sie die Ausdrücke und notieren Sie mehrmals.
b) Ergänzen Sie andere Sportarten.

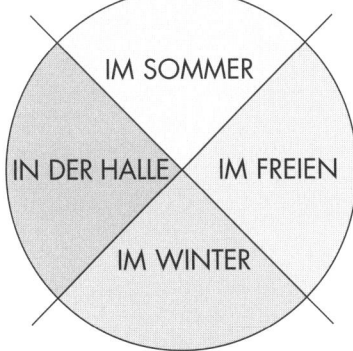

Eis laufen (IN DER HALLE) — IM SOMMER / IM FREIEN *Eis laufen* / IM WINTER *Eis laufen*

Ü5

a) Erfinden Sie einen Namen für diese Sportart.
b) Schreiben Sie ein Statement aus der Sicht der Teilnehmer/innen oder der Zuschauer/innen.

Ü6

Statistik lesen

a) Ergänzen Sie den Text.

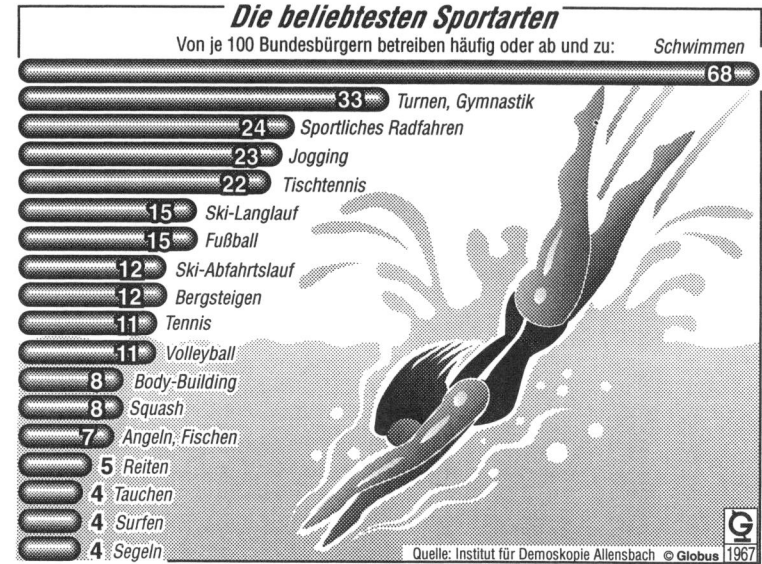

Die Statistik zeigt die _____ (1) Sportarten der _____ (2). Etwas mehr als zwei Drittel gehen mehr oder weniger häufig _____ (3). Turnen und Gymnastik betreiben rund _____ (4) der Deutschen. Jeder bzw. jede Vierte _____ (5), um in Form zu bleiben. Den sogenannten Nationalsport „Fußball" betreiben aktiv nur _____ (6) Prozent der Bevölkerung. Und nur jeder/jede Zwanzigste geht in der Freizeit _____ (7). Am Ende der Beliebtheitsskala stehen die Wassersportarten _____ (8), _____ (9) und _____ (10) mit je _____ (11) Prozent.

b) Wie ist das bei Ihnen? Machen Sie eine Statistik und erzählen Sie.

Ü7 2 Sportler-Leben

Gesprochene und geschriebene Sprache

Lesen Sie die Texte zu A2. Ergänzen Sie die Sätze. Achten Sie auf das richtige Tempus.

Stefanie erzählt:

1. „Mit acht Jahren *bin ich* _____."
2. „Mit siebzehn _____."
3. „Mit achtzehn _____."
4. „Mit zwanzig _____."
5. „Nach dem Studium _____."
6. „Mit Jens, meinem Freund, _____."

Ü8

Informationen ordnen

a) Hören Sie den Text von A3.
b) Notieren Sie die Reihenfolge der Ausdrücke 1.–8.

1. eine Ausbildung machen
2. Wissen weitergeben
3. in ein Loch fallen
4. ein Studium anfangen
5. ganz allein sein
6. mit dem Leistungssport aufhören
7. aus dem Tief herauskommen
8. sich auch für andere Dinge interessieren

31

| werden | haben | sagen | entdecken | machen | fallen | finden | kommen |
| trainieren | weinen | passieren | beginnen | sein | ~~anfangen~~ | sich konzentrieren | arbeiten |

1. Stefanie Töpfer war 8 Jahre alt, <u>als</u> sie mit dem Eiskunstlaufen *anfing*. 2. Eislaufen war ihr Leben, bis sie mit 18 einen Sportunfall _____. 3. Damals _____ sie sich ihren Knöchel kaputt. 4. Als der Arzt ihr _____, dass es für sie mit dem Leistungssport vorbei sei, _____ sie. 5. Nachdem ihr klar _____ _____, dass sie mit dem Eislaufen aufhören musste, _____ sie in ein richtiges Loch. 6. Sie war ja jeden Tag vier Stunden auf dem Eis gewesen, bevor der Unfall _____. 7. Es war schrecklich für sie, solange sie keine neue Beschäftigung _____. 8. Sie _____ erst aus dem Tief heraus, als sie die Trainerausbildung begann. 9. Sie hatte dann auch viel Freude, wenn sie die Anfänger(innen) _____. 10. Trotzdem _____ sie ein Studium, während sie weiter als Trainerin arbeitete. 11. Sie hatte nämlich _____, dass sie auch noch andere Dinge interessierten. 12. Nachdem sie zwei Jahre lang eine erfolgreiche Trainerin _____ _____, _____ sie sich ganz auf das Studium. 13. Heute _____ sie als Sportredakteurin.

Ü9 Tempusformen und Konjunktionen

a) Setzen Sie die richtigen Verben im Präteritum oder im Plusquamperfekt ein.
b) Markieren Sie die temporalen Konjunktionen.

gleichzeitig	nicht gleichzeitig	dauernd	Zeitpunkt
als			

c) Ordnen Sie die temporalen Konjunktionen.

3 Trainieren und lernen

	r	f
1. Stefanie sieht große Unterschiede zwischen Teamsport und Einzelsport.		
2. Beim Volleyball soll man sich nicht nur auf sich konzentrieren.		
3. Beim Eislaufen schaut man immer nur aufs Eis.		
4. Jens mag auch Einzelsport.		
5. Beim Volleyball lernt man auch noch andere Dinge.		
6. Stefanie fühlte sich beim Training sehr allein.		
7. Im Trainingslager wird viel getrunken.		

Ü10 Ein Interview genau verstehen

Hören Sie den Text von A4: Richtig oder falsch? Kreuzen Sie an.

1. da muss ich mich nicht für alles verantwortlich fühlen   2. die meisten machen das sowieso nur wegen der Figur   3. das kann ich machen, wann ich will   4. zusammen den Sieg feiern   5. da redet mir keiner drein   6. mit drei Kindern kann man sich das nicht leisten   7. dann bin ich ganz auf mich und die Natur konzentriert   8. ich lese lieber   9. ich brauche die Konkurrenz   10. da kann ich auch mal weniger machen   11. schade um die Zeit!   12. so kann ich meine eigene Leistung objektiv erkennen   13. da bin ich einmal in der Woche unter Leuten   14. Sport ist Mord   15. so bin ich von den anderen nicht abhängig   16. die Leute sollen lieber mehr zu Fuß gehen

Einzelsport	Teamsport	kein Sport

Ü11 Argumentieren

a) Ordnen Sie die Aussagen.
b) Ergänzen Sie eigene Argumente.
c) Überzeugen Sie Ihren Partner / Ihre Partnerin,
– allein zu joggen,
– mit Ihnen in einen Sportverein zu kommen,
– lieber keinen Sport zu treiben.

7

Ü12

Vergleichen

a) Suchen Sie passende Paare. Machen Sie Pfeile. Vergleichen und begründen Sie.

1. das Training
2. der Teamsport
3. der Einzelsport
4. der Wettbewerb
5. die Kür
6. das Spiel
7. bei einem Wettbewerb mitmachen
8. gewinnen
9. trainieren
10. den Gegner / die Gegnerin kennen
11. die Technik
12. der Trainer / die Trainerin
13. der Mitspieler / die Mitspielerin
14. das Trainingsspiel

A der Test im Kurs
B der Kurs
C der Partner / die Partnerin
D der Lehrer / die Lehrerin
E sich vorstellen, was der Gesprächspartner / die Gesprächspartnerin will
F eine Prüfung machen
G der Vortrag
H die Übung
I das Selbststudium
J Grammatik und Wortschatz
K üben
L die Prüfung
M das Gespräch
N eine Prüfung bestehen

b) Ergänzen Sie die Sätze.

1. Sport und Sprache haben gemeinsam, dass … . 2. Wie beim Sport kann/muss man beim Sprachenlernen … . 3. Beim Sprachenlernen muss ich mehr/weniger … als beim Sport. 4. Bei beiden finde ich es toll/langweilig, wenn … . 5. Man kann … und … vergleichen. Das ist bei beiden ähnlich. 6. Beim Sport und bei der Sprache gibt es … .

Ü13

4 „Vom Kopf in den Bauch"

Informationen sammeln und vergleichen

a) Lesen Sie den Text von A5 und notieren Sie Ausdrücke für „Vergleiche".

Vergleichen:
sieht ungefähr so aus wie …

b) Welches Bild passt für Sie am besten / am schlechtesten?

c) Fragen Sie Ihren Partner / Ihre Partnerin.

| sowohl ... als auch ... | nicht nur ..., sondern auch ... | entweder ... oder ... |
| weder ..., noch ... | nicht ..., sondern ... | zwar ..., aber ... | je ..., desto/umso ... |

Ü14

Zweigliedrige Konnektoren

a) Welche Konnektoren aus der Wort-Kiste finden Sie im Text? Markieren Sie.

Gold für Katja Seizinger

Katja Seizinger (D) hat sowohl 1994 in Lillehammer als auch 1998 in Nagano die Goldmedaille im Abfahrtsrennen gewonnen. Das ist vor ihr noch niemandem gelungen. Dabei war sie im Super-G nicht wie erwartet Erste, sondern nur Sechste geworden. Aber das ist bei der Rennläuferin öfter so. Sie fährt in einem Rennen zwar mal nicht so gut wie erwartet, aber beim nächsten gewinnt sie dann. Sie nutzt oft erst die zweite Chance. Ihr Erfolgsrezept dabei ist ihre Coolness: Sie lässt sich einfach nicht aus der Ruhe bringen. „Je schneller man nach einem gefahrenen Rennen abschalten kann, desto besser gelingt die Konzentration auf das nächste", sagt sie. „Nicht nur die Skitechnik macht den Unterschied zwischen den besten Sportlerinnen aus, sondern auch die mentale Stärke."

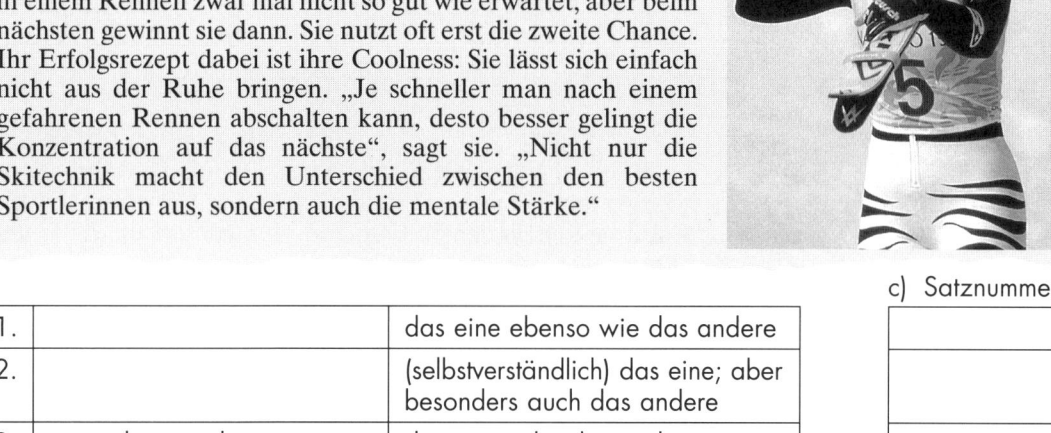

b) | | | | c) Satznummer |
|---|---|---|---|
| 1. | | das eine ebenso wie das andere | |
| 2. | | (selbstverständlich) das eine; aber besonders auch das andere | |
| 3. | entweder ... oder ... | das eine oder das andere | |
| 4. | weder ..., noch ... | nicht das eine und (auch) nicht das andere | |
| 5. | | nicht das eine, aber das andere | |
| 6. | | das eine, aber auch das andere | |
| 7. | | parallele Zu- oder Abnahme | |

b) Ergänzen Sie die Tabelle.

REGEL

c) Was hören Sie? Notieren Sie die Satznummer.

1. Sprachenlernen ist sooo schwer! _____ mehr man lernt, _____ schwieriger wird es. Das ist wie beim Tennis. 2. _____ konzentriere ich mich auf das, was ich sagen will, _____ auf die Grammatik. Beides gleichzeitig geht nicht! 3. Beim Skifahren schaffe ich es, mich _____ auf die Technik _____ auf die Strecke zu konzentrieren. 4. Ich höre mir immer wieder die Nachrichten auf HR3 an: _____ öfter ich das mache, _____ mehr verstehe ich. 5. Die Grammatik-Regeln sind für mich wie die Tore im Slalom: Man kommt nicht richtig in Fahrt beim Reden. 6. Bei mir ist das ganz anders. Die Grammatik gibt mir Sicherheit: _____ besser ich sie beherrsche, _____ freier kann ich mich bewegen. Das lässt sich mit den Grundschritten beim Tanzen vergleichen. 7. Für mich ist Deutschlernen _____ anstrengend, _____ lustig. Da schwitzt man _____ ab und zu ganz ordentlich, _____ dann kann man auch wieder zusammen lachen. 8. Um richtig Fortschritte machen zu können, muss ich _____ ganz allein für mich lernen, _____ in der Gruppe sprechen und das Gelernte ausprobieren. 9. Für mich hat Deutschlernen nichts mit Sport zu tun, das ist was ganz anderes: _____ du machst was mit dem Körper _____ mit dem Kopf. Beides zusammen geht nicht. 10. Manchmal will ich was sagen, dann weiß ich das Wort _____ in der Muttersprache _____ auf Deutsch.

Ü15

a) Ergänzen Sie den Text mit passenden Konnektoren.

b) Welche Aussage trifft auf Sie zu? Vergleichen Sie.

Ü16 5 Kurs-Start

Ausdrücke in Texten sammeln

Lesen Sie die Texte von A7 und notieren Sie Ausdrücke.

Warum ich im Kurs bin:	Was ich lernen möchte:
nach Österreich gehen	*Grammatik wiederholen*

Ü17

Regeln formulieren

a) Welche Regeln von A8 passen zu den Äußerungen?

1. „Ich möchte von den anderen nicht ausgelacht werden. Alle machen Fehler, das finde ich nicht schlimm."

   Regel: ▷ _____

2. „Mich stört es, wenn Leute immer zu spät kommen und nicht regelmäßig in den Kurs kommen."

   Regel: ▷ _____

3. „Ich ärgere mich über Leute, die sich im Kurs in den Vordergrund drängen und immer so viel quatschen."

   Regel: ▷ _____

b) Formulieren Sie eine weitere Äußerung und eine passende Regel.

4. _____
   _____

   Regel: ▷ _____

Ü18

Sprachkenntnisse beschreiben

a) Welche Figur passt zu Ihren momentanen Sprachkenntnissen?
b) Welches Ziel möchten Sie erreichen? Welche Figur passt?
c) Begründen Sie.

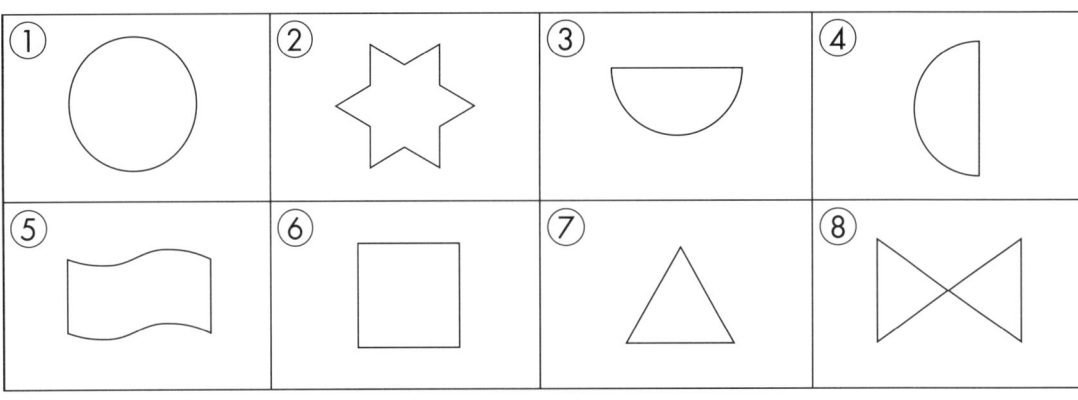

a) Jetzt: Figur _____   b) Ziel: Figur _____

TIPP: Gezielt lernen = Problem wahrnehmen und beschreiben, die Lösung suchen und ausprobieren

- Überlegen Sie: Wo habe ich ständig Schwierigkeiten? Welche Fehler stören mich? Was sagen mir die anderen immer wieder, das ich besser machen müsste?
- Beschreiben Sie möglichst genau, womit Sie Probleme haben. Suchen Sie Beispiele, Tabellen, Listen mit der richtigen Lösung.
- Stellen Sie sich Situationen vor, in denen Sie das Problem mühelos meistern. Stellen Sie sich vor, wie Sie das Wort richtig aussprechen, schnell eine Antwort geben können, Sätze in einem Brief richtig schreiben.
- Probieren Sie es aus!

Aussprache Sprechen Durchsagen/Nachrichten verstehen Alltagsgespräche verstehen
Briefe schreiben Zeitung lesen Grammatik Wortschatz Lernorganisation …

	Problem	Lösung
+		
+		
+		
−		
−		
−		

Ü19

Das eigene Lernen optimieren

a) Wählen Sie aus der Wort-Kiste aus: Notieren Sie möglichst präzise drei Dinge, die Sie besonders gut können (+), und drei „alte" Lernprobleme (−).
b) Was ist/war für Sie die Lösung? Notieren Sie.

6 Kurs-Ziel

		Dialog	Brief	Werbung
1.	Das Zertifikat Deutsch ist auf der ganzen Welt bekannt.	X		X
2.	Die Prüfung besteht aus Hörverstehen, Leseverstehen, Sprechen, Schreiben, Grammatik und Wortschatz.			
3.	Die Prüfung kann man z.B. an einem Goethe-Institut machen.			
4.	Es ist immer gut, wenn man ein Sprachen-Zertifikat hat.			
5.	Wenn man gut vorbereitet ist, ist die Prüfung nicht schwierig.			
6.	Die Prüfung kann man auch an Volkshochschulen machen.			
7.	Es wird geprüft, ob man sich im täglichen Leben auf Deutsch verständigen kann.			
8.	Mehr als die Hälfte der Kandidaten und Kandidatinnen haben bisher die Prüfung mit einer guten Note bestanden.			
9.	Man kann sich auch mit Spaß auf eine Prüfung vorbereiten.			
10.	Es ist nötig, dass man vorher längere Zeit Deutsch gelernt hat oder in Deutschland gewesen ist.			

Ü20

Texte genau lesen

Lesen Sie die Texte von A9: In welchem Text / In welchen Texten steht das? Kreuzen Sie an.

- *Kurs-Start:*
  Kursteilnehmer und Kursteilnehmerinnen; Lehrer(in)
- *Buch*
- *Stimmung / letzte Stunde im Kurs*
- *Kurs-Ziel Zertifikat: ja/nein?*

*Lieber Alfredo,
in unserem Kurs …*

Ü21

Einen informellen Brief schreiben

Schreiben Sie mit den Stichpunkten einen Brief an Alfredo.

31

Ü22

Selektives Lesen: „sich über Angebote informieren"

a) Lesen Sie die 10 Aussagen: In welcher Anzeige finden Sie das, was Sie suchen? Notieren Sie den passenden Buchstaben.

		Text
1.	Sie müssen mal raus aus dem grauen Alltag. Sie haben nicht viel Zeit und suchen einen Urlaubsort in Deutschland.	
2.	Wenn Ihnen die elektronische Unterhaltungsmusik langsam auf die Nerven geht, probieren Sie es doch mal wieder mit einem Live-Konzert.	
3.	Bei einem Familienfest fehlt manchmal der Schwung. Sie suchen einen Musiker.	
4.	Sie sind bereit, auf unkonventionelle Art Geld zu verdienen? Es gibt ein passendes Seminar.	
5.	Ihr Freund interessiert sich für Entspannungstechniken, Sie surfen lieber durch das Internet. In ein paar Tagen hat er Geburtstag.	
6.	Sie haben genug von Lehrbüchern. Sie wollen Fremdsprachen dort lernen, wo sie gesprochen werden.	
7.	Es heißt zwar immer, dass Romanverfilmungen nicht gut sind, aber diesmal wollen Sie sich doch mal so einen Film ansehen.	
8.	Das Fernsehprogramm ist oft langweilig, aber heute haben die Krimifans Glück.	
9.	Sie wollen einfach einmal schon vorher wissen, was der Tag bringen wird.	
10.	Sie wollen sich in Ihrem Urlaub mal richtig entspannen. Aber was machen Sie mit Ihren Kindern?	

b) Überzeugen Sie Ihren Partner / Ihre Partnerin mitzumachen.

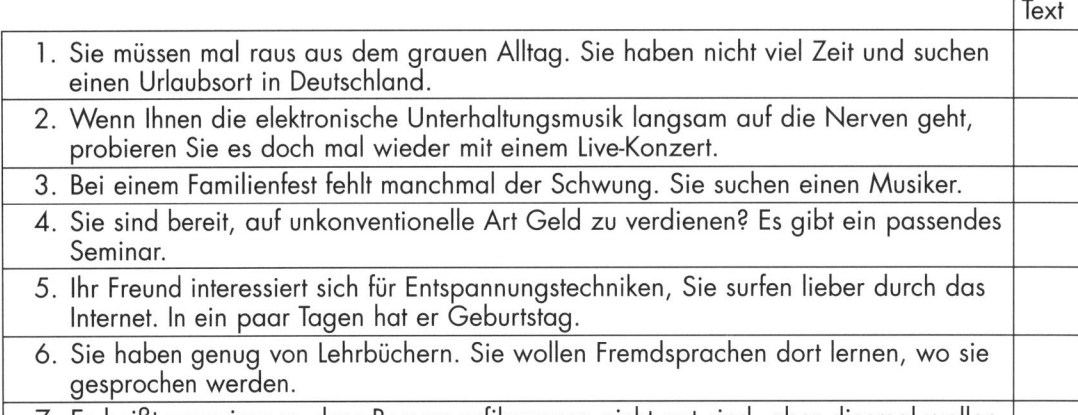

DOSSIER

> **Zu A1:**
>
> Das Programm ist ein Ausschnitt aus dem Sportangebot für Studierende an der Universität Köln. – Sie können
> - sich über diese Sportarten informieren,
> - ihre Lieblingssportart auf ähnliche Weise beschreiben,
> - im Kurs Ratespiele machen oder jemanden überzeugen, mit Ihnen einen der Sportkurse zu besuchen.

Tai Chi Chuan

Chinesisches Schattenboxen. Schon mal gesehen? Diese merkwürdigen Gestalten, die mit zeitlupenartigen Bewegungen in irgendeinem Park stehen und mit Händen oder Füßen Löcher in die Luft stoßen, nach imaginären Seilen greifen oder Phantomgegner von sich stoßen? Dann hast du jemanden beobachtet, der der schönen und beruhigenden Form der „Meditation in Bewegung" verfallen ist, die sich „Tai Chi Chuan" nennt und eine Jahrhunderte alte Tradition der Konzentration und Körperbeherrschung aus China bewahrt. Gerade wer in seinem Beruf überwiegend sitzend tätig ist, viel Stress zu kompensieren hat, der wird für sich im Erlernen der 24 Bewegungselemente der „Peking-Form" (Jang-Stil) eine neue spirituelle Dimension entdecken.
Wir wollen gemeinsam unseren Körper erfahren, Atmung und Bewegung neu entdecken, eine Bewegungsform des Tai Chi erlernen.
Termine:
Do: 14.30–16.00; 19.00–20.30; 20.30–21.30 Uhr

Trimm- und Skigymnastik

Seit über 20 Jahren der Renner und Selbstläufer im Angebot.
Längst der beliebte Treff für alle, die ihre körperliche Fitness verbessern wollen. Im Rhythmus der Musik und gemeinsam mit vielen „Leidensgenossen" fällt das leichter.
Die Bewegungsmuster sind einfach: trainiert wird nach dem Prinzip „vormachen – nachmachen!"
Termine:
Mo: 13.00–14.30; 18.30–20.00 Uhr
Di: 20.30–22.00 Uhr
Mi: 17.00–18.30; 20.00–21.30 Uhr
Do: 20.15–21.30 Uhr
Fr: 16.00–17.30 Uhr

Ohne Stress zum Examen

Hätte man sich doch bloß eher zum Lernen hingesetzt! Diesen Stoßseufzer auf den Lippen, ist Prüfungsstress nicht weit. Dabei ist es gar nicht schwer, Stress zu vermeiden. Wie? Spielend einfach: Kenntnisse in Zeitmanagement und optimaler Lerntechnik erwerben! Vom psychologischen Institut der Deutschen Sporthochschule Köln wurde unter der Leitung von Dr. Jörg Knobloch ein spezielles Stressbewältigungsprogramm erarbeitet. Ein Ziel des Kurses ist es, Stresssituationen zu entschärfen und geeignete Bewältigungsstrategien zu erlernen. Darüber hinaus wird über verbesserte Lerntechniken gesprochen.
Termine:
Jeweils montags von 11.00–14.00 Uhr

Gewichtheben/Bodybuilding

„Was fehlt dir?", fragte mich ein Bodybuilder, keuchend unter seiner Kraftmaschine, und ich, der Ahnungslose, ebenfalls keuchend unter meiner Kraftmaschine, antwortete ihm: „Ich weiß es nicht." Worauf ich zu hören bekam: „Weißt du, was mir fehlt? Sieben Zentimeter Brust und vier Zentimeter Wade. Sonst nichts."
(Bodo Kirchhoff)

Der neue Kraftraum ist mit allen Schikanen ausgestattet und steht für alle bereit. Täglich ab 18.00 Uhr trifft man dort auf Gleichgesinnte, die übrigens gern bereit sind, den Anfänger in die Mysterien des Kraftsports einzuführen. Also, ihr „Powerlifter" und „Eisenfresser": noch einmal kräftig in die Hände gespuckt!
Termine:
Mo–Fr 18.00–22.00 Uhr

Fußball

„Heute ist Fußball rennen, früher war es spielen, ja, den Ball zelebrieren."
(Buffy Ettmayer)
Endlich! Keine Wollmützen mehr, keine Handschuhe, keine langen Trainingshosen und keine triefenden Nasen mehr. Die Zeit der steinhart gefrorenen Aschenplätze ist vorbei. Die Fußball-Sommersaison auf dem frisch gewalzten Rasenplatz der Uni kann beginnen. Wer sich nicht nur dem freien Spiel hingeben möchte, sondern durch gezieltes Training seine Fähigkeiten verfeinern will, sollte die Trainingsstunden von Übungsleiter Rolf Günther wahrnehmen (montags, mittwochs, freitags jeweils 16.00 Uhr).
„Mein Freund ist aus Leder."
Termine:
Mo: 14.00–15.30; 16.00–17.45 Uhr
Mi: 12.30–14.00 Uhr
Do: 12.00–13.30 Uhr

Rollstuhl-Basketball

Keine andere Sportart bietet Rollstuhlfahrern und Fußgängern so gute Möglichkeiten, gemeinsam Sport zu treiben. Beim Basketballspiel sind Rollstuhlfahrer, Gehbehinderte und nicht behinderte Sportler integriert. Der Rollstuhl hat sich im Laufe der Zeit zu einem Sportgerät entwickelt, das ganz eigene, reizvolle Bewegungserfahrungen eröffnet.
Seit mehr als zehn Jahren treffen sich nun schon behinderte und nicht behinderte Studenten zum Rollstuhlbasketball.
Das Rollstuhlfahren ist leicht erlernbar. Die Regeln beim Rollstuhlbasketball sind bezüglich Dribbeln und Fouls etwas modifiziert – ansonsten gibt es kaum Eingewöhnungsprobleme.
Termine:
Mi: 13.00–15.00; 18.30–20.00 Uhr

Zu A2/3:

Beim Lesen können Sie:
- Antworten suchen auf die Fragen: Wer? Was? Wann? Wo? Warum? Wie? …,
- Wortschatz zum Thema Sport markieren.

Nach dem Lesen können Sie:
- über die Frage „Warum Leistungssport?" diskutieren,
- Unterschiede zwischen Sportfotos heute und diesem Foto unten suchen,
- sich überlegen, was die Personen auf diesem Foto wohl sagen könnten.

Aus der Geschichte des Marathonlaufs

Der US-Amerikaner Fred Lorz ließ sich 1904 in St. Louis 16 Kilometer im Auto fahren, überholte dann seinen Landsmann Thomas Hicks und wurde als Sieger gefeiert. Hicks bekam davon wenig mit: Er war „voll" mit dem noch nicht verbotenen Mittel Strychnin. Lorz wurde ertappt, Hicks bekam nachträglich Gold.

Vier Jahre später in London nahm das berühmteste aller Marathon-Dramen seinen Lauf. Der Italiener Dorando Pietri erreichte taumelnd das Stadion, stürzte und wurde disqualifiziert, weil ihm unter anderem Sherlock-Holmes-Autor Sir Arthur Conan Doyle über die Ziellinie half. Königin Alexandra überreichte ihm zum Trost einen goldenen Pokal. Da wusste sie noch nicht, dass der Grund für Pietris Blackout nicht Erschöpfung, sondern Strychnin-„Doping" war.

Der Zieleinlauf des Marathonläufers Dorando Pietri bei den Olympischen Spielen 1908 in London (Fotograf unbekannt).

1912 erlitt der Portugiese Francisco Lazaro einen tödlichen Hitzschlag. Zuschauer und Aktive sammelten 14 000 Kronen für die Hinterbliebenen. Dem hinter seinem Landsmann Kenneth McArthur zweitplazierten Südafrikaner Christian Gitsham muss ein kalter Schauer über den Rücken gelaufen sein, als er als Ehrenpreis eine Skulptur überreicht bekam und die Aufschrift las: „Der sterbende Athlet".

Ein besonderes „Opfer" war 1912 in Stockholm der Japaner Shizo Kanakuri. Er ging in ein Haus, um seinen Durst zu löschen, legte sich auf ein Bett und schlief ein. 54 Jahre später kam der 76-Jährige aus Japan zurück nach Stockholm, um die restlichen Kilometer seines 1912 „unterbrochenen" Rennens zu laufen.

Doping war gnadenlos, um den Erfolg zu sichern
Montag, 20. April 1998

Berlin – Das Leistungsprinzip im DDR-Sport kannte keine Gnade. „Friss oder stirb" war nach Einschätzung der Olympia-Dritten Christiane Knacke-Sommer das Motto, wenn es um die Verabreichung von leistungsfördernden Mitteln im DDR-Sport ging. „Wir konnten uns nicht weigern", sagte die heute 36-jährige frühere Schwimmerin des SC Dynamo Berlin im Pilotprozess um das Staats-Doping vor dem Berliner Landgericht. Gespritzt wurden die Sportlerinnen stets einzeln, oftmals in Hotelzimmern, erinnerte sich Knacke-Sommer. Sie habe 1977 bis 1980 in Vorbereitung internationaler Wettkämpfe auch Tabletten und manchmal vier bis fünf Spritzen im Abstand von einer Woche bekommen. Bei den Weltmeisterschaften 1978 in West-Berlin habe sie nicht an den Start gehen dürfen, weil sie nicht „clean" gewesen sei. 1980 gewann Knacke-Sommer bei den Olympischen Spielen in Moskau über 100 Meter Schmetterling die Bronzemedaille. Nach Überzeugung der Anklage bekam die frühere Weltrekordlerin schon als 15-Jährige Anabolika, um Weltklasseleistungen zu erreichen, mit denen sich die DDR im internationalen Sport als das überlegene und bessere Gesellschaftssystem darstellen wollte. (dpa)

Zu Auftrag 3:

Der folgende Trainingsplan soll Ihnen helfen, sich optimal auf eine Prüfung oder auf den Abschlusstest im Kurs vorzubereiten. Stellen Sie sich für jede Woche einen abwechslungsreichen Trainingsplan mit unterschiedlichen Schwerpunkten zusammen. Sie sollten nicht in jeder Woche alles üben. Benutzen Sie den Trainingsplan

- am Anfang der Woche: Notieren Sie, *was* Sie machen wollen und *wie lange* Sie das machen wollen (in Minuten).
- während des Trainings: Überprüfen Sie, ob Sie Ihrem Plan folgen.
- am Ende der Woche: Schauen Sie zurück. Was haben Sie wirklich gemacht? Wie viel Zeit haben Sie real aufgewendet? Notieren Sie bei den Bemerkungen, wo Sie noch Probleme haben oder was Sie den Kursleiter / die Kursleiterin fragen wollen. Notieren Sie auch Probe- und Zwischentests.

TRAININGSPLAN

Schwerpunkte für diese Woche	Woche ___			Woche ___		
	Plan	gemacht	nicht gemacht	Bemerkungen	Plan	gemacht	nicht gemacht	Bemerkungen
Probe-/Zwischentest								
Übungen im *Arbeitsbuch* (Anzahl/Zeit)								
Wortschatz (Thema/Zeit)								
Grammatik (Bereich/Zeit)								
Hören – Sprechen – Lesen – Schreiben (Was?/Zeit)								
Fitness/Erholung (Zeit)								
Minuten insgesamt								

Plätze und Menschen

1 Eine Stadtführung

Einen Stadtplan erstellen

a) Wählen Sie Sehenswürdigkeiten aus der Liste und schreiben Sie die Wörter in den Stadtplan.
b) Erfinden Sie Namen für Plätze und Straßen.

die Altstadt	der Bahnhof	die Bibliothek	die Brücke	der Brunnen	das Café
das Denkmal	der Dom	die Haltestelle	das Kaufhaus	das Kino	die Kirche
der Markt	die Moschee	das Museum	die Oper	der Park	das Rathaus
die Säule	das Schwimmbad	die Schule	das Stadion	die Synagoge	
das Theater	der Turm	die U-Bahn	die Universität	die Villa	der Zoo

c) Sie treffen sich mit einem Freund / einer Freundin um 16.00 Uhr im Café Hummel. Er/Sie kommt aber schon um 14.00 Uhr am Hauptbahnhof an. Schreiben Sie eine Karte:
– Tipps für Besichtigungen.
– Erklären Sie den Weg.

... den ...

Liebe/r ...

Ü2

Informationen ergänzen

Lesen Sie den Text von A2 noch einmal. Lesen Sie die „Informationen zu München". Ergänzen Sie den Lückentext.

Informationen zu München:

München: Gründung durch Herzog Heinrich den Löwen im Jahre 1158.
Mariensäule: 1630, in der Schlacht am „Weißen Berg" (Dreißigjähriger Krieg), siegt Bayerns Kurfürst Maximilian I gegen den Schwedenkönig Gustav Adolf.
Marienplatz: wird Ende des 15. Jahrhunderts zum Zentrum der Stadt.

Frauenkirche und **Altes Rathaus:** Erbaut Ende des 15. Jahrhunderts von Jörg Ganghofer.
Neues Rathaus: Neugotischer Stil, erbaut zwischen 1867 und 1908 von Georg Hauberisser. Glockenspiel 1908 gestiftet von dem Kaufmann Karl Rosipal.
Schäfflertanz: Die Schäffler (= Fassmacher) tanzen alle sieben Jahre am Fischbrunnen. Im Glockenspiel des Rathauses sind sie als bewegliche Figuren zu sehen.

„Meine Damen und Herren,

es geht weiter zum _____ (1), der seit _____ (2) des 15. Jahrhunderts das Zentrum von München ist. In der Mitte des Platzes steht die _____ (3). Sie wurde _____ (4) von _____ (5) Maximilian I zum Gedächtnis an die Schlacht am _____ (6) errichtet. Da drüben sehen Sie den _____ (7). Alle sieben Jahre findet dort der _____ (8) statt. Die _____ (9) können Sie auch als bewegliche Figuren im _____ (10) sehen. Vor uns steht das Neue _____ (11), erbaut im _____ (12) Stil. Es wurde _____ (13) vollendet. Wenden wir den Blick nach links, dann sehen wir die beiden _____ (14) Kuppeln der _____ (15). Diese Kuppeln sind das _____ (16) von München. Der gleiche Baumeister Jörg _____ (17) hat auch das _____ (18) erbaut. Beide Bauwerke sind aus dem 15. _____ (19)."

> Es geht weiter zum Bahnhof, der seit dem 15. Jahrhundert das
> ...

Ü3

Schreiben Sie eine komische Variante der Stadtführung.

Ü4

Erfinden Sie Informationen zu Ihrem Stadtplan in Ü1.

Ü5

Einen literarischen Text verstehen

a) Hören Sie den Dialog, lesen Sie mit.
b) Lesen Sie den Text dialogisch.
c) Wie finden Sie den Text? Diskutieren Sie.

Die Fremden
(Von Karl Valentin)

…

K. V.: Fremd ist der Fremde nur in der Fremde.
L. K.: Das ist nicht ganz unrichtig. – Und warum
5 fühlt sich ein Fremder nur in der Fremde fremd?
K. V.: Weil jeder Fremde, der sich fremd fühlt, ein Fremder ist, und zwar so lange, bis er sich nicht mehr fremd fühlt, dann ist er kein Fremder mehr.
10 L. K.: Sehr richtig! – Wenn aber ein Fremder schon lange in der Fremde ist, bleibt er dann immer ein Fremder?
K. V.: Nein. Das ist nur so lange ein Fremder, bis er alles kennt und gesehen hat, denn dann ist
15 ihm nichts mehr fremd.
…
K. V.: Dem Einheimischen sind eigentlich die fremdesten Fremden nicht fremd. Der Einheimische kennt zwar den Fremden nicht, kennt aber am ersten Blick, daß es sich um einen Fremden handelt.
20 L. K.: Ja, wenn aber ein Fremder von einem Fremden eine Auskunft will?

frägt = fragt

K. V.: Sehr einfach: Frägt ein Fremder in einer fremden Stadt einen Fremden um irgend etwas, was ihm fremd ist, so sagt der Fremde zu dem Fremden, das ist mir leider fremd, ich bin hier nämlich selbst fremd.
L. K.: Also, das Gegenteil von fremd wäre also – unfremd?
…

Karl-Valentin-Brunnen, München

Ü6

Lesen Sie die Definitionen im Wörterbuch. Suchen Sie für die Bedeutungen im Text von Ü5 je ein Beispiel.

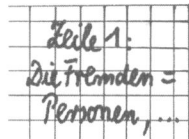

fremd, *fremder, fremdest-; Adj;* **1** *mst attr;* zu e-m anderen Land od. Volk gehörend ⟨Sitten, e-e Sprache⟩: *Der Autor erzählt in seinem Buch von fremden Ländern u. Völkern* **2** (*j-m*) *f.* (j-m) von früher her nicht bekannt: *Die meisten Gäste auf der Party waren ihm f.; fremde Städte bereisen* **3** nicht der Vorstellung, Erinnerung entsprechend, die man von j-m / etw. hat: *Am Telefon klang ihre Stimme ganz f.* **4** auf e-e andere Person bezogen od. zu ihr gehörend ↔ eigen: *„Misch dich doch nicht immer in fremde Angelegenheiten!"* **5** *j-m f. werden* sich so verändern, dass kein Interesse od. keine herzliche Beziehung mehr vorhanden ist: *Als sie ihren ehemaligen Freund nach langer Zeit wiedersah, stellte sie fest, dass er ihr ganz f. geworden war* ‖ *zu* **2 Fremd·heit** *die; nur Sg* ‖ ▶ **entfremden**
-fremd im *Adj*, nach *Subst*, wenig produktiv; verwendet, um auszudrücken, dass j-d/etw. nicht am Genannten orientiert ist ≈ -fern ↔ -bezogen, -nah; **fachfremd, lebensfremd** ⟨ein Künstler⟩, **praxisfremd** ⟨e-e Lehrmethode⟩, **realitätsfremd** ⟨ein Mensch⟩, **wirklichkeitsfremd** ⟨ein Mensch⟩

Fremd·ar·bei·ter *der; veraltend* ≈ Gastarbeiter
fremd·ar·tig *Adj;* fremd u. ungewohnt ⟨etw. erscheint f., mutet f. an; j-d / etw. sieht f. aus⟩ ‖ *hierzu* **Fremd·ar·tig·keit** *die; nur Sg*
Frem·de¹ *der / die; -n, -n;* **1** j-d, der einem völlig unbekannt ist: *Die Mutter ermahnte das Kind, nicht mit e-m Fremden mitzugehen* **2** j-d, der aus e-m anderen Ort, e-r anderen Gegend od. e-m anderen Land stammt ↔ Einheimische(r): *Nur selten kommt ein Fremder in das einsame Bergdorf* ‖ K-: **Fremden-, -haß** ‖ NB: *ein Fremder; der Fremde; den, dem, des Fremden*
Frem·de² *die; -; nur Sg, geschr;* e-e Gegend, ein Land o. ä., die j-m nicht bekannt sind ↔ Heimat ⟨in der F. leben; in die F. ziehen⟩

Ü7

Wortschatz wiederholen

Ergänzen Sie die Wort-Igel.

(fremd-)

(Fremd(en)…)

(-fremd)

2 Kultur ohne Grenzen

der Platz   das Denkmal   der Kiosk   das Café   der Stadtplan   die Terrasse
der Tourist   die Straßenreinigung   die Altstadt   die Bank   die Boutique
die Haltestelle   die Kreuzung   suchen   fotografieren   Geld wechseln   bestellen
anschauen   sich unterhalten   einkaufen   ausruhen   erklären   zeigen   lesen
eine Zeitung kaufen   nach dem Weg fragen

Tracht, die; -en; eine Kleidung, die für eine bestimmte regionale (Volks-)Gruppe oder eine Berufsgruppe typisch ist; wird in gewissen sozialen Situationen (Feste, Feiertage) getragen.

Ü8

Aktivitäten beschreiben

Was passiert hier? Wählen Sie eine Situation und schreiben Sie einen Text:
– als Dialog,
– als Beschreibung.

Ü9

Wortschatz: „Kleidung"

Hören Sie die Beschreibung: Notieren Sie wichtige Wörter und Ausdrücke.

  Ü10

Einen Hörtext im Detail verstehen

Lesen Sie die Aussagen und hören Sie die Interviews zu A5 und A6 noch einmal. Kreuzen Sie die richtige Aussage an (nur eine Aussage ist richtig).

1. Die Frau soll …
   - [ ] a) mit ihrer Trachtengruppe an der Parade teilnehmen.
   - [ ] b) ihr Kostüm beschreiben.
   - [ ] c) ihre Tanzgruppe beschreiben.

2. Das Kostüm besteht aus …
   - [ ] a) einer Bluse, einem Rock, einem Gürtel, einem Unterrock.
   - [ ] b) einer Bluse, einem Rock, einem Gürtel, einem Unterrock, Spitzen.
   - [ ] c) einer Bluse, einem Rock, einem Gürtel, einem Unterrock, zwei Schals, Stiefeln.

3. Die Farben des Kostüms sind …
   - [ ] a) weiß, rot und grün.
   - [ ] b) weiß und rot.
   - [ ] c) weiß und grün.

4. Die Frau trägt das Kostüm …
   - [ ] a) an allen Feiertagen.
   - [ ] b) nur heute, beim „multi-kulti-fest".
   - [ ] c) nur zu besonderen Anlässen.

5. Brauchtum bedeutet für die Frau, …
   - [ ] a) ihre Tradition zu pflegen, allerdings nur im Ausland.
   - [ ] b) ihre Sitten und Gebräuche zu pflegen, allerdings nur im Kulturverein.
   - [ ] c) ihre Tradition zu pflegen, zu Hause und im Ausland.

6. Die Frau und ihre Landsleute …
   - [ ] a) haben viele Kontakte zu Deutschen.
   - [ ] b) sind mit Deutschen verheiratet.
   - [ ] c) fahren oft nach Hause.

Ü11

Passiv ohne Subjekt oder mit „es"

a) Lesen Sie die Sätze im Aktiv und markieren Sie die Akkusativergänzung.
b) Lesen Sie die Sätze im Passiv und ergänzen Sie die Regel.

AKTIV	PASSIV (mit Subjekt)	PASSIV (ohne Subjekt oder mit „es")
Am Samstag veranstaltete man einen Umzug. Dabei sangen und tanzten die Teilnehmer.	Am Samstag wurde ein Umzug veranstaltet.	Dabei wurde gesungen und getanzt. Es wurde (dabei) gesungen und getanzt.

REGEL

Aktiv **ohne** Akkusativergänzung: Passiv **ohne** _____

oder **mit** „_____" am Satzanfang.

 Ü12 **Das Münchner „multi-kulti-fest"**

Passiv mit und ohne Subjekt

Schreiben Sie den Text im Passiv.

Zum „münchner multi-kulti-fest" hatte man die ausländischen Kulturvereine eingeladen. 33 Vereine sagten zu. Zunächst veranstaltete man einen Umzug von der „Münchner Freiheit" zum Odeonsplatz. Die Teilnehmer und Teilnehmerinnen trugen die Trachten ihres Landes. Außerdem machten sie Musik, sangen und tanzten. Für den Abend hatte man zu einer Podiumsdiskussion eingeladen. Als Thema hatte man „In München geboren – aber nicht wirklich zu Hause" festgelegt. Man diskutierte vor allem über die Zukunft der multikulturellen Gesellschaft. Dabei stellte man fest, dass man auf dem Weg zu einer solchen Gesellschaft noch viele Probleme lösen muss.

3 Schau-Plätze

Er/Sie ist ungefähr ... Jahre alt. Die Haare sind ... (blond/braun/...) und ... (glatt/lockig).
Er/Sie trägt ... (eine/keine) Brille. Die Person mag/trägt gerne Pullover.
...

Ü13 W

Personen beschreiben

Beschreiben Sie eine Person aus dem Kurs. Die anderen raten.

①    ②    ③

Ü14

a) Ergänzen Sie die Steckbriefe.

Kurt Fischer:
– Rentner
– lange geschlafen, Frühstück
– Zeitung geholt
– Spaziergang
– ...

Helga Filter:
– Architektin
– früh aufgestanden
– Pläne kopiert
– wichtiger Termin
– ...

Willi Berg:
– Fußball-Fan
– Zug gefahren
– Kiosk: Cola gekauft
– Treffpunkt
– Stadion
– ...

Ich glaube, dass ...   Es könnte sein, dass ...   Vielleicht ...
Er ist zwar Fußball-Fan, aber ...   Obwohl ..., ...

b) Wählen Sie eine Person und erfinden Sie eine Geschichte.

1. Franz Wimmer ...
   ☐ a) wandert bei jedem Wetter durch die Stadt.
   ☐ b) kommt selten zum Marienplatz.
   ☐ c) ist immer unterwegs, hat nie Zeit.

2. Auf dem Platz ...
   ☐ a) schaut Franz Wimmer sich das Glockenspiel an.
   ☐ b) begegnet er Menschen aus aller Welt.
   ☐ c) trifft er sich mit Bekannten.

3. Franz Wimmer muss nicht in andere Erdteile reisen,
   ☐ a) weil er sich Filme über fremde Länder ansehen kann.
   ☐ b) weil er schon in vielen Ländern gewesen ist.
   ☐ c) weil er die Menschen aus fremden Ländern in München treffen kann.

4. Franz Wimmer sagt: „Da auf dem Foto, das war ein guter Tag." An diesem Tag ...
   ☐ a) war Franz Wimmer im Stadion.
   ☐ b) hörte Franz Wimmer Radio.
   ☐ c) war der letzte Spieltag, und sein Verein wurde deutscher Meister.

Ü15 Z

Einen Lesetext im Detail verstehen

Lesen Sie den Text zu A7 und die Aussagen 1–4. Kreuzen Sie die richtige Antwort an. (Nur eine Antwort ist jeweils richtig.)

Ü16

Gefühle beschreiben

a) Betrachten Sie die Fotos und hören Sie die Aussagen: Ordnen Sie zu.

b) Welche Definition passt?

Die medizinisch-psychologische Definition von „Platzangst" unterscheidet zwei Begriffe:

Agoraphobie:
Die Angst, allein über freie Plätze oder Straßen zu gehen. Begleitet von Schwindelgefühl.

Klaustrophobie:
Die Angst, in einem geschlossenen Raum oder mit vielen Menschen in einem Raum zu sein.

c) Kennen Sie solche Erfahrungen? Schreiben Sie.

Ü17 4 Spiel-Platz

Tagesablauf beschreiben

Schauen Sie die Zeichnung zu Ü8 an. Was passiert auf dem Platz zu welcher Uhrzeit? Benutzen Sie die Wort-Kiste.

🕕 6 Uhr: Am Morgen ...
🕗 8 Uhr: Die Angestellten ...
🕛 12 Uhr: In der Mittagspause ...
🕗 20 Uhr: Die Geschäfte ...

> am Morgen   um 7 Uhr   am Vormittag   in der Mittagspause   am Nachmittag
> am Abend   nach der Arbeit   um 20 Uhr   in der Nacht
>
> die Arbeiter   die Angestellten   die Touristen   die Bekannten   die Geschäftsleute
> der Kellner   das Liebespaar   die Schulklasse   der Verkäufer   die Verkäuferin
> der Polizist
>
> gehen   reinigen   aufschließen   stellen   laufen   kaufen   essen   trinken   lesen
> sitzen   treffen   unterhalten   erklären   zeigen   suchen   fragen   machen   ausruhen
>
> die Straße   das Büro   das Geschäft   der Platz   die Bank   der Kiosk   die Haltestelle
>
> eine Pause   eine Zeitung   ein Stadtplan   ein Kaffee   eine Unterhaltung   eine Statue

Ü18

Einen Hörtext genau verstehen

Hören Sie das Interview aus A11: Richtig oder falsch? Kreuzen Sie an.

	r	f

1. Wie bewegt sich die „Statue"?
   a) Sie bewegt den Kopf ruckartig wie ein Roboter.
   b) Sie bewegt sich nur, wenn ein Zuschauer etwas ruft.

2. Wie lange dauert die Vorstellung?
   a) Sie dauert so lange wie Zuschauer da sind.
   b) Sie dauert meistens etwa dreißig Minuten.

3. Warum hat sich der Straßenkünstler den Marienplatz ausgesucht?
   a) Weil hier viele Menschen sind.
   b) Weil das der sonnigste Platz ist.

4. Wie oft und wie lange tritt der Straßenkünstler auf dem Marienplatz auf?
   a) An einem Tag in der Woche mehrmals.
   b) Eine Stunde pro Woche.

| Geschäftsfrau | Tourist | Kellner | Kioskfrau | Schüler | Obstverkäuferin |

Ü19

Globalverstehen

a) Hören Sie den Text von A12 noch einmal: Wer ist dafür? Wer ist dagegen? Notieren Sie.

— ———————○———————▶ +

b) Hören Sie noch einmal: Kreuzen Sie an.

	richtig	falsch	nicht klar
1. Die Geschäftsfrau mag Straßenkünstler.			
2. Am liebsten mag sie laute Musik vor ihrem Geschäft.			
3. Der Tourist rennt von einem Geschäft zum anderen.			
4. Er findet Straßenkunst entspannend.			
5. Wenn der Kellner Stress hat, trommelt er auf die Tische.			
6. Die Kioskfrau sieht sich jede Vorstellung an.			
7. Sie mag keine Geschäftsleute.			
8. Der Schüler kommt aus London.			
9. Die Obstverkäuferin ist begeistert.			
10. Sie geht gern in den Zirkus.			

Ü20

Behördendeutsch verstehen

Lesen Sie den Text links und ergänzen Sie den Text rechts. Verwenden Sie die Wörter aus der Wort-Kiste.

1. Folgende Vorschriften sind zu beachten.

   Man _muss_ folgende Vorschriften _____.

2. Für Mittwoch sind die Genehmigungen nur am Dienstag erhältlich.

   Für Mittwoch _____ man die Genehmigungen nur am Dienstag _____.

3. Eine „Kleinkapelle" braucht eine Erlaubnis, auf der die Namen aller beteiligten Musikanten verzeichnet sind.

   Eine „Kleinkapelle" braucht eine Erlaubnis, auf der die Namen aller beteiligten Musikanten _____.

4. Die Benutzung besonders störender Musikinstrumente ist nicht gestattet.

   Besonders störende Musikinstrumente _____ man nicht _____.

| nicht benutzen dürfen | beachten müssen | bekommen können | stehen |

Ü21

Regeln verstehen

a) Zu welchem Thema gehören die Ausschnitte ①–④?

b) Erklären Sie Text ③ Ihrem Partner / Ihrer Partnerin.

① Berührt der Ball beim Aufschlag das Netz, so muss der Aufschlag wiederholt werden.

② Jeder Spieler/Jede Spielerin erhält vier Figuren. Wer zuerst eine 6 würfelt, darf beginnen. Gewürfelt wird im Uhrzeigersinn. Man darf so viele Felder gehen, wie Punkte auf dem Würfel sind.

③ 5. Wollen mehrere Musiker/innen zusammen spielen, so braucht diese „Kapelle" eine gemeinsame Erlaubnis, auf der die Namen aller beteiligten Musiker/innen verzeichnet sind. Die Erlaubnis gibt es bei der unter 1) genannten Dienststelle.

④ Das Präteritum von „werden" hat immer den Wortstamm „wurd-". Die Verb-Endungen sind wie bei den Modalverben.

① _____ ② _____ ③ _____ ④ _____

 Ü22

Passiv: Konjunktiv-Formen

a) Unterstreichen Sie die Verbformen. Was ist anders?
b) Ergänzen Sie die Regel.

Die Angestellte der Stadt hat gesagt: „Jeder Musikant kann innerhalb einer Woche nur an einem Tag berücksichtigt werden. Das ist vom Stadtrat beschlossen worden."

Die Angestellte der Stadt hat gesagt, jeder Musikant könne innerhalb einer Woche nur an einem Tag berücksichtigt werden. Das sei vom Stadtrat beschlossen worden.

REGEL

Konjunktiv-Formen im **Passiv:**

Die _____ und die _____ stehen im Konjunktiv.

 Ü23

Indirekte Rede: Konjunktiv

Schreiben Sie den Text in der indirekten Rede.

Die Stadtverwaltung hat an die Münchner Straßenkünstler geschrieben:

„Obwohl die Stadt und die Stadtverwaltung über Ihr Spiel grundsätzlich erfreut sind, hat die Erfahrung der letzten Jahre gezeigt, dass an manchen Tagen die Anwohner und Geschäftsleute durch die Vielzahl der Musikanten und Instrumente belästigt werden. Vom Stadtrat ist deshalb beschlossen worden, einige „Spielregeln" zu erlassen. Dadurch soll erreicht werden, dass einerseits möglichst vielen Straßenmusikanten ermöglicht wird zu spielen und dass andererseits die Anwohner und die in den Geschäften Arbeitenden nicht zu sehr belästigt werden."

 Ü24 **Über das Verstehen von Texten**

Passiv-Ersatzformen erkennen und verstehen

a) Markieren Sie im Text die Passiv-Ersatzformen.

1. Beim ersten Hören ist ein fremdsprachlicher Text noch nicht in allen Einzelheiten zu verstehen. 2. Deshalb ist er noch mehrmals zu hören. 3. Dabei lässt sich feststellen, dass man immer mehr versteht, je öfter man ihn hört. 4. Das lässt sich damit erklären, dass das schon Verstandene eine wichtige Hilfe beim Verstehen des noch nicht Verstandenen ist. 5. Außerdem ist festzustellen, dass sich das Verstehen durch gezielte Vorinformationen der Zuhörer erheblich erleichtern lässt. 6. Schließlich ist allen Fremdsprachenlernern zu empfehlen, so viele Texte wie möglich, auch außerhalb des Kurses, zu hören. 7. So lässt sich das Hörverstehen am besten und am schnellsten entwickeln.

b) Was bedeuten diese Formen? Notieren Sie die Satz-Nummern.

Bedeutungen:	
Möglichkeit („können" + INFINITIV PASSIV)	*Notwendigkeit* („müssen" + INFINITIV PASSIV)
Satz Nr. _____	Satz Nr. _____

c) Formen Sie die Sätze von Ü24a) um: Gebrauchen Sie „können" und „müssen".

1. Beim ersten Hören kann ein fremdsprachlicher Text noch nicht in allen Einzelheiten verstanden werden. Deshalb muss er noch mehrmals gehört werden. Dabei kann festgestellt werden, dass …

d) Ergänzen Sie die Regel.

REGEL

PASSIV-Ersatzformen

1. „sein" + „zu" + INFINITIV AKTIV: a) _____

   Oder: b) _____

2. „sich lassen" + INFINITIV AKTIV: _____

5 Platzgeschichte(n)

Ü25

Bilder vergleichen

a) Hören Sie den Dialog. Ergänzen Sie den Text.

○ Schau mal, links, dieses alte _____ (1)! Das ist bestimmt _____ (2) Jahre alt!

● Quatsch! Damals gab es dieses _____ (3) noch gar nicht.

○ Doch, doch! Ich weiß von meiner _____ (4), dass sie dort _____ (5) angefangen haben zu bauen.

● Ja, dann ist es wohl so um 1910. Die _____ (6) sind ja alle fertig.

○ Es hat sich gar nichts _____ (7)!

● Doch! Vergleich doch nur mal die _____ (8)! Links nur Sand, kein _____ (9).

○ Stimmt! Und keine _____ (10)! Kein einziges Auto!

● Die Häuser sind aber noch alle _____ (11)! Es hat sich nichts verändert.
Die _____ (12), die Fenster, …

○ Stimmt nicht! Schau mal genau! Das Haus in der _____ (13) hatte früher einen _____ (14).

● Genau! Und das rechte Haus hatte im _____ (15) ein anderes Fenster.

○ Und die _____ (16)! Heute sieht man im Sommer bestimmt kein Haus, nur Bäume und _____ (17).

● Die _____ (18) sind ja auch komisch …

b) Finden Sie noch mehr Unterschiede?

Ü26

Informationen aus Texten entnehmen

Lesen Sie die Texte ③ und ④ aus A15: Was steht wo? Kreuzen Sie an.

	③	④	③+④	---
1. Der Platz ist oder war das Zentrum einer Stadt.				
2. Auf dem Platz sind viele Menschen.				
3. Auf dem Platz gibt es Handel: Man kann Lebensmittel tauschen.				
4. Auf dem Platz steht eine Säule.				
5. Auf dem Platz werden große Märkte abgehalten.				
6. Auf dem Platz wird Theater gespielt und getanzt.				
7. An Bretterwänden hängen viele Angebote.				
8. Auf dem Platz werden Gottesdienste gehalten.				

Ü27

Vorgangspassiv / Zustandspassiv

a) Markieren Sie die Verbformen.

b) Ergänzen Sie die Regel.

AKTIV (Perfekt) Das hat jemand gemacht:	VORGANGSPASSIV (Perfekt) Das ist gemacht worden:	ZUSTANDSPASSIV (Präsens) Das ist das Ergebnis:
Die Arbeiter haben die Säule aufgerichtet.	Die Säule ist aufgerichtet worden.	Die Säule ist aufgerichtet.
Jemand hat die Zettel angeheftet.	Die Zettel sind angeheftet worden.	Die Zettel sind angeheftet.

„sein" + PARTIZIP II + „worden": _____

„sein" + PARTIZIP II: _____

c) Mit welchen Verben kann ein Zustandspassiv gebildet werden? Ergänzen Sie die Regel.

Der Straßenkünstler hat seinen Kopf ruckartig bewegt.	Der Kopf ist ruckartig bewegt worden.	
Die Verwaltung hat die Genehmigungen erteilt.	Die Genehmigungen sind erteilt worden.	Die Genehmigungen sind erteilt.

Das **Zustandspassiv** ist nur möglich bei **Verben**, die einen **Vorgang** beschreiben, der zu einem _____ führt.

Ü28

a) Schauen Sie die Bilder an: Beschreiben Sie den Vorgang auf dem jeweils linken Bild zuerst mit dem Präsens Vorgangspassiv, dann mit dem Perfekt.

b) Beschreiben Sie das Ergebnis auf dem jeweils rechten Bild mit dem Präsens Zustandspassiv.

6 Karl Valentins Olympiabesuch

INFO: 1936 herrschten in Deutschland die Nationalsozialisten. Mit ihrer Machtübernahme 1933 errichteten sie eine Diktatur, die eine totale Kontrolle in jedem Lebensbereich ausübte. Alle anderen Parteien wurden verboten, politisch Andersdenkende verfolgt.
Die Ideologie der Überlegenheit der „arischen" Rasse führte zur Verfolgung und Massenvernichtung von Millionen von Juden, Zigeunern und Angehörigen anderer Völker sowie von Behinderten.
Die Olympischen Spiele 1936 wurden als propagandistische Aufwertung des Nazi-Regimes inszeniert.

Tipp: Gezielt lesen = Lesestrategien wählen

Globales Verstehen	= Worum geht es? Das Thema ist wichtiger als die Details.
Detail-Verstehen	= Genau lesen, alle Aussagen sind wichtig.
Selektives Verstehen	= Gezielt nach einzelnen Informationen suchen.
Unbekannte Wörter	= Immer zuerst raten, was sie bedeuten; dann erst im Wörterbuch nachschlagen.
Ästhetisches Lesen	= Auf Klang, Rhythmus, Wiederholungen, Wortwahl achten; die Sprache genießen.

	r	f
1. Karl Valentin will an der Olympiade teilnehmen.		
2. Er sagt zu allen Menschen „Sie".		
3. Er kommt am 2. Tag der Olympiade.		
4. Die Geschichte spielt im Jahr 1936.		
5. K. V. hat seine Eintrittskarte verloren.		
6. Er wartet auf den Beginn der Spiele.		
7. Er ist allein im Stadion.		
8. Liesl Karlstadt möchte auch die Olympiade besuchen.		
9. Beide freuen sich über das Wiedersehen.		

Ü29

Lesestrategien üben

a) Selektives Lesen: Lesen Sie den Text zu A17/A18 noch einmal. Kreuzen Sie an.

b) Unbekannte Wörter: Notieren Sie unbekannte/ schwierige Wörter aus dem Text zu A17/A18:
– Erraten Sie die Bedeutung.
– Vergleichen Sie mit dem Glossar.

Glossar:

der Leichtsinn / leichtsinnig sein: zu wenig darüber nachdenken, was man tut
der Eigentrotz (von K. V. erfundenes Wort): Trotz gegen sich selbst, Eigensinn;
   der Trotz: Widerstand gegen etwas, was man nicht tun will
solche Etwaigitäten: solche Möglichkeiten (Wortschöpfung K. V.)
verfallen: ungültig
ein schriller Blick → *schriller Ton* = unangenehmer, lauter Ton
die Kampffläche: Fläche im Stadion, auf der die Wettkämpfe stattfinden
Unsere Pupillen kreuzten sich in der Mitte: ◁– – – – ▸◂ – – – – ▷
teilnahmserregt: aufgeregt wie ein Teilnehmer
schnellte ... empor: sprang schnell ... auf
flugs: wie im Fluge
die Stätte des großen Gewesenseins: der Ort der großen Ereignisse, die nun vorbei sind
   (= das Stadion, in dem die Olympischen Spiele stattgefunden hatten)
freudezerknittert: zerknittert vor Freude (*zerknittert* sind normalerweise Stoff oder Papier)
zerknittern: zusammendrücken, wobei Falten entstehen
Stammkneipe: Gaststätte, die man regelmäßig besucht
Kurfürstendamm: zentrale Straße in Berlin

Ü30

"bekommen"-Passiv verstehen

a) Markieren Sie links die Dativergänzung, rechts das Subjekt.
b) Vergleichen Sie. Ergänzen Sie die Regel.

AKTIV:	"bekommen"-PASSIV:
Liesl Karlstadt schenkt Karl Valentin eine Eintrittskarte.	Karl Valentin bekommt (von Liesl Karlstadt) eine Eintrittskarte geschenkt.
Sie hat ihm erklärt, dass gestern der letzte olympische Tag gewesen ist.	Er hat (von ihr) erklärt bekommen, dass gestern der letzte olympische Tag gewesen ist.

"bekommen"-PASSIV: Die **Dativergänzung** des Aktivsatzes wird zum _____.

Das **Verb** des Aktivsatzes wird zum _____.

Im **Perfekt** und **Plusquamperfekt** steht das _____ von "bekommen".

Ü31

"bekommen"-Passiv gebrauchen

Drücken Sie den Inhalt der Sätze 1–9 mit dem "bekommen"-Passiv aus.

1. Die Stadtverwaltung bietet den ausländischen Kulturvereinen die Teilnahme an einem Trachtenumzug an. 2. Sie teilt ihnen den Beginn der Veranstaltung mit. 3. Außerdem beschreibt sie ihnen den Weg des Trachtenumzugs.
4. Die Stadtverwaltung hat dem Straßenkünstler eine Genehmigung ausgestellt. 5. Außerdem hat sie ihm vorgeschrieben, wo und wie lange er maximal auftreten darf.
6. Man hat uns die Möbel kostenlos nach Hause geliefert. 7. "Wir überweisen Ihnen das Geld direkt auf Ihr Konto."
8. "Hat man dir auch eine Mahnung geschickt?"
9. Der Arzt hat Fritz ein starkes Mittel gegen das Fieber verschrieben.

1. Die ausländischen Kulturvereine bekommen die Teilnahme an einem Trachtenumzug angeboten. 2. ...

Ü32

Sätze mit korrekter Wortstellung schreiben

a) Schreiben Sie die Sätze richtig.
b) Markieren Sie die Satzklammern in den korrigierten Sätzen.

I (= Interviewer): "anstrengend/nicht/das/ist?"

S (= Straßenkünstler): "anstrengend/immer/Arbeit/ist."

I: "wie lange/Sie/ohne Bewegung/da/stehen/können?"

S: "bis zu/Minuten/fünf. das/ankommt/auf die Zuschauer/auch. wenn/ruft/etwas/jemand,/ dann/wie ein Roboter/ich/drehe/den Kopf,/und dann/ich/bleibe/ganz ruhig/wieder."

I: "dauert/wie lange/so eine Performance?"

S: "darauf/das/ankommt. meistens eine halbe Stunde. wenn/anfange/ich,/da/stehen/schon immer/ein paar Leute. sind/neugierig/die,/der goldene Mann da/was/wird/machen/jetzt. und wo/stehen/Leute,/kommen/dazu/immer mehr."

I: "warum/Sie sich/haben/ausgesucht/gerade diesen Platz?"

S: "ist/ein bisschen Schatten hier! ist/es/jetzt viel zu heiß/mitten auf dem Platz. der Platz/gut/ist. viele Leute/in das Kaufhaus/gehen, über den Platz/kommen, durch die Fußgängerzone/laufen. ein guter Platz/schon/ist/das."

I: "Ist das nicht anstrengend?"
S: "Arbeit ist immer anstrengend."

DOSSIER

Zu Auftrag 1, Auftrag 5 und A14b:

Den historischen Überblick über München können Sie
- als Muster zum Sammeln und Recherchieren von Informationen verwenden (Daten zur Geschichte, Architektur usw.),
- als Lösungshilfe für A14b benutzen.

Geschichte Münchens:

1158 Gründung Münchens
Älteste Gebäude Münchens in der Innenstadt: Peterskirche (1368) und der Weinstadl an der Burgstraße, das älteste erhaltene Bürgerhaus (1552)
1255 München wird Residenzstadt der Bayerischen Herzöge
1468 Grundsteinlegung der Frauenkirche
1470 Erbauung des Alten Rathauses
1632 Gustav Adolf von Schweden besetzt im 30-jährigen Krieg München
1663 Baubeginn der Theatinerkirche und des Nymphenburger Schlosses
1789 Anlage des Englischen Gartens wird begonnen
1826 Verlegung der Universität nach München
1867 Baubeginn des Neuen Rathauses (vollendet 1908)
1906 Grundsteinlegung Deutsches Museum (eingeweiht 1925)
1918 Am 7.11. ruft Kurt Eisner den Freistaat Bayern aus.
1923 Am 9.11. scheitert der Hitler-Putsch gegen die Bayerische Regierung.
1933 Am 9.3. Machtergreifung der Nationalsozialisten im Rathaus
1938 Am 9./10.11. Reichspogromnacht (Zerstörung jüdischer Synagogen, Geschäfte und Einrichtungen)
1945 Am 30. April Einmarsch der Amerikaner (Kriegsfolgen in München: 82 000 Wohnungen zerstört, 7 Mio. m³ Schutt, 22 346 gefallene und gestorbene Wehrmachtsangehörige, 6 632 Luftkriegsopfer, ca. 10 000 Vermisste)
1957 Offiziell 1 000 000 Einwohner (15.12.)
1972 Übergabe der Fußgängerzone zwischen Stachus und Marienplatz (30.6.)
1972 Spiele der XX. Olympiade in München (26.8.–11.9.)
1992 Eröffnung des neuen Flughafens bei Erding (17.5.)
1996 München ist Unicef-Partnerstadt

Stadt-Information im Münchner Rathaus
Geöffnet: Mo–Fr 10.00 – 20.00 Uhr
Sa 10.00 – 16.00 Uhr
Telefon: 00 49/89/22 23 24 und 23 32 82 42, Fax 00 49/89/23 32 56 56

Der Stadtplan illustriert den Hauptschauplatz des Kapitels: Marienplatz und Umgebung. Darüber hinaus enthält er bekannte Münchner Adressen: Hofbräuhaus, Viktualienmarkt, Residenz; Nationaltheater (Oper). Sie können den Stadtplan
- zum Ausbauen der Stadtführung im Lehrbuch verwenden (A1 – A2, Auftrag 1),
- als Spielvorlage für Wegbeschreibung bzw. Besichtigungstipps einsetzen.

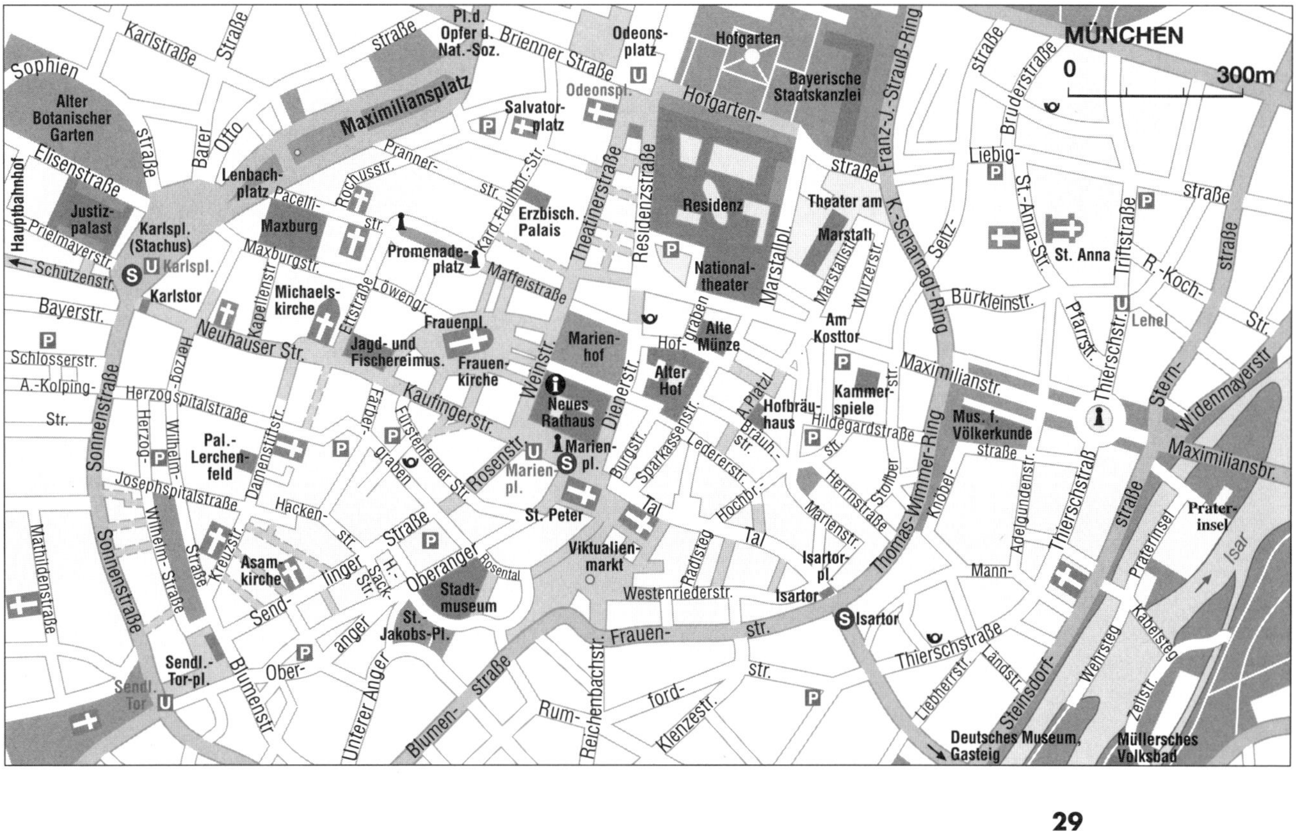

Eine Radiosendung

Ü1 1 Beruf: Redakteur

Aktivitäten ordnen und beschreiben

a) Was haben Sie gemacht? Wählen und nummerieren Sie.

___ Überschrift gelesen
___ Foto von Daniel Goeudevert angeschaut
___ Wortnetz/Mind-map gezeichnet
___ Biografie gelesen
___ Hypothesen gebildet
___ Notizen gemacht
___ Fotos mit Biografien verglichen
___ Foto von Ernst Buchmüller genau angeschaut
___ Gegenstände auf dem Foto identifiziert
___ Text über FOCUS überflogen
___ Text über FOCUS genau gelesen

b) Schreiben Sie einen kurzen Text.

1. Zuerst las ich ...

Ü2

Satzbaupläne

a) Beschreiben Sie die beiden Personen. Schreiben Sie die Sätze im Präteritum und ergänzen Sie die fehlenden Präpositionen.

1. **Buchmüller** – studieren – Universität Zürich – Journalistik
2. B. – ausüben – Studium – verschiedene Berufe – In- und Ausland
3. Radio DRS – engagieren – B. – 1982 – Moderator – Musiksendungen
4. B. – arbeiten – 1990 – Redakteur – Gesprächssendung FOCUS
5. B. – arbeiten – meistens – Studio Zürich – manchmal – Studio Bern
6. B. – fahren – oft – Bern
7. B. – erzählen – Interview – Arbeit – Radio

8. **Goeudevert** – sein – 16 – französischer Vizemeister – Kugelstoßen
9. G. – arbeiten – Studium – Paris
10. G. – haben – Erfolge – Verkäufer – Automobilbranche – Frankreich
11. Später – gehen – G. – Generaldirektor – Renault – Deutschland
12. G. – sein – erfolgreich – Manager – Deutschland
13. G. – sein – bekannt – unkonventionelle Art
14. Gesprächssendung FOCUS – sprechen – G. – Buch

b) Markieren Sie in den Sätzen von Ü2a) alle Elemente, die nicht „notwendig" sind.

1. E. Buchmüller studierte an der Universität Zürich Journalistik.
8. Goeudevert war mit 16 französischer Vizemeister im Kugelstoßen.

c) Zu welchem Bauplan gehören die Sätze?

Bauplan 1	Bauplan 2	Bauplan 3	Bauplan 4	Bauplan 5	Bauplan 6
Subj. + Akk.	Subj. + Nom.	Subj. + Dir.	Subj. + lok. Sit.	Subj. + Qual.	Subj. + Präp.
1	8				

Ü3

Personen vergleichen

Schreiben Sie einen Text mit Hilfe der Ausdrücke im Redemittelkasten.

Der eine ... der andere dagegen/aber ...
Beide aber ...
Im Vergleich zu Goeudevert ...
Buchmüller jedoch ...
einerseits ... andererseits ...
Im Unterschied zu Buchmüller ...
Während Goeudevert ...

Während Goeudevert in seinem ersten Beruf Deutschlehrer war, hatte Buchmüller nach dem Studium ...

Wer?	
Mit wem?	ein Gast aus Politik,
Was?	
Wann?	
Wo?	
Wie?	
Warum?	

Ü4 W

Informationen nach W-Fragen ordnen

Ergänzen Sie den Stichpunktzettel mit Ihren Notizen aus A3.

2 Im Radiostudio

Redaktionsteam

1. Das Redaktionsteam besteht aus _____.
2. In einer Konferenz _____ wird entschieden, wer in die Sendung kommt.
3. Es gibt eine Wunschliste, die als _____ dargestellt wird.
4. Der Journalist, der die Sendung gestaltet, geht daran, die Person zu _____:
5. Zuerst _____, wenn man sie nicht erreicht, _____.
6. Falls man die Person erreicht hat, dann _____ die Recherche.

Gästeprofil

1. FOCUS-Gäste sollen Lust haben, _____.
2. FOCUS-Gäste sollten für ein breiteres _____.
3. FOCUS-Gäste können Menschen sein, die man nicht _____.

FOCUS-Hörer

1. FOCUS wird gehört von einem _____.
2. Wir möchten mit der Sendung Menschen ansprechen, die _____ sind, sich auf eine einstündige Gesprächs-_____ _____ und dabei vielleicht auch _____ oder sogar _____ schmunzeln können dabei.

Ü5

Informationen ergänzen

Hören Sie den Text von A4b) noch einmal und ergänzen Sie die Sätze.

Zuerst muss ich _____

Ich darf nicht vergessen, _____

Für mich ist auch sehr wichtig, _____

Dann muss ich unbedingt noch _____

Ich muss auch daran denken, _____

Nach der Sendung ist es üblich, _____

Ü6

Stichpunkte ausformulieren

Lesen Sie noch einmal die „FOCUS"-Arbeitsbeschreibung aus A4 und ergänzen Sie die Sätze.

Ü7
Aussagen zuordnen

a) Wer ist dafür, wer ist dagegen? Wer ist unsicher? Markieren Sie die Sätze mit drei Farben.

b) Notieren Sie je zwei wichtige Äußerungen:

| dafür |
| dagegen |
| unsicher |

1. Ich schlage ... vor.
2. Für mich ist nicht klar, ob ... .
3. Das finde ich überhaupt nicht.
4. Ich bin skeptisch, weil ... .
5. Aber ... ist doch gar nicht ... .
6. Ich bin gegen diesen Vorschlag!
7. Ich bin überhaupt nicht einverstanden mit ... .
8. Ich bin dafür, weil ... .
9. Ich finde auch, dass ... .
10. Ich bin nicht sicher, ob ... .
11. Außerdem meine ich ... .
12. Ich frage mich, ob ... .

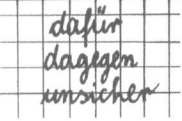

Ü8
Texte thematisch ordnen

Zu welchen Bildern/Texten (1–8) von A6 passen die Texte Ⓐ–Ⓕ?

Ⓐ
Die Organisation wurde nach der Umweltkonferenz in Rio 1992 gegründet. Ihr Ziel ist es, die Kräfte aller Ökologieorganisationen zu bündeln und eine weltweit gültige Gesetzgebung für den Umweltschutz zu erreichen. Die Organisation soll ein offenes Forum sein für Umweltaktivisten und politische oder wirtschaftliche Entscheidungsträger.

Ⓑ
Goeudevert war als Manager immer ein Mann der Öffentlichkeit. Er hatte guten Kontakt zu den Medien. Das hatte auch negative Auswirkungen: 1989 zum Beispiel sagte er als Chef von FORD Deutschland, dass er mit einer Geschwindigkeitsbeschränkung leben könnte. Damit machte er sich nicht beliebt bei den Kollegen in der Autoindustrie.

Ⓒ
„Es wurde die spektakulärste Produkteinführung, die je in Deutschland stattgefunden hatte. Die ganze Stadt Köln war in die Aktion, an der neben HA Schult noch andere Künstler teilnahmen, involviert. Auf dem Domplatz stand zehn Tage lang ein riesiger Eisblock. Das Eis schmolz langsam dahin, und am Tag der Einführung konnte man den neuen Fiesta im Eis erkennen." (Daniel Goeudevert)

Ⓓ
Zusammen mit dem Pädagogikprofessor A. Gruschka möchte Goeudevert ein Projekt realisieren, in dem Manager praxisbezogen ausgebildet werden. Arbeiten und Lernen sollen nicht nacheinander, sondern integriert nebeneinander stattfinden. Das Gelände ist gekauft. Jetzt suchen die Organisatoren Firmen und Verbände, die bei dem Projekt mitmachen.

Ⓔ
„Eine Autobiografie zu schreiben, ist ein schmerzhafter Prozess. Aber ich wollte mir mit diesem Buch auch Klarheit darüber verschaffen, woher ich gekommen bin und wer ich war." (Daniel Goeudevert)

Ⓕ
„Seit 1965 waren Sie in der Autoindustrie und seit 1971 als Topmanager tätig. Sie waren also mehr als 20 Jahre an der Macht. Wie ist es, wenn man keine Macht mehr hat? Fehlt Ihnen die Macht nicht?" (Ernst Buchmüller)

A _____ B _____ C _____ D _____ E _____ F _____

TIPP: Ein Gespräch vorbereiten = mit Hilfe von Fotos Inhalte sammeln und strukturieren
Suchen Sie ein passendes Bild zu einem thematischen Schwerpunkt, über den Sie gern sprechen. Schreiben Sie dazu einen Stichpunktzettel mit Wörtern und wichtigen Ausdrücken für ein Gespräch.

```
Risiko    Gefahr für Zuschauer
       Autorennen
              Kosten

• Wie haben Sie reagiert?
• Wurde jemand verletzt?
```

```
       Fußgänger    Motorradfahrer
              Unfall
   Sicherheit

• Was ist passiert?
• War der Krankenwagen sofort da?
```

Ü9

Ein Gespräch vorbereiten

a) Sprechen Sie über die Bilder. Was denken Sie zu dem Thema?
b) Bereiten Sie mit dem Autorennfahrer (links) oder mit dem Polizisten (rechts) ein Gespräch vor.
c) Sammeln Sie Themen.
d) Vergleichen Sie im Kurs:
– Welche Themen kommen oft vor?
– Sind sie wichtig für das Zertifikat oder eine andere Prüfung?
e) Formulieren Sie Fragen und spielen Sie zu zweit.

Ü10

Termine bestätigen

a) Lesen Sie das Muster.

Absender — Gesprächssendung „FOCUS"
Radio DRS 3

FAX

Zürich, 8. Oktober — **Ort, Datum**

Anrede — Sehr geehrter Herr Goeudevert,

ich freue mich, dass Sie diese Woche Gast in unserer Gesprächssendung sind. Wir treffen uns, wie telefonisch vereinbart, am — **Einleitung**

Termin: Ort, Zeit, Adresse — **Donnerstag, 10. Oktober, um 15.00 Uhr in unserem Studio in Bern (Radio DRS, Schwarztorstr. 21, 3007 Bern, Tel. 0 31/38 89 10 01).**

Die Aufzeichnung des Gesprächs dauert eine Stunde. Die Sendung wird dann am Samstag, 12. Oktober, zwischen 13 und 14 Uhr auf DRS 3 ausgestrahlt. Falls Sie noch Fragen oder Anregungen haben, rufen Sie mich einfach an. — **weitere Informationen**

Schluss — Ich freue mich auf unser Gespräch und grüße Sie freundlich.

Unterschrift —

Mittwoch, 13. Juli	Donnerstag, 14. Juli
19.30 Uhr Petra: Hotel Krone, Clausthal Essen + Heinefestival vorbereiten	14.30 Uhr Frau Bauer/Contact AG: Vorstellungsgespräch: Werdauerstr. 32, Zwickau

b) Bestätigen Sie die beiden Termine in kurzen Briefen.

Ü11

Bürokommunikation

a) Hören Sie den Text und machen Sie einen Wort-Igel.

b) Lesen Sie den Text und ergänzen Sie die Lücken.

c) Hören Sie den Text noch einmal und kontrollieren Sie.

1. Ich schreibe alle meine Notizen _____. 2. Für kurze wichtige Mitteilungen (z.B. Terminbestätigung) benutze ich _____ oder _____. 3. Ich _____ aber nicht mehr so gern. 4. Ich _____ heute lieber E-Mail. 5. Das Fax dient mir zu Hause oft als _____, obwohl _____ nicht sehr gut sind. 6. Bei mir auf dem Computer ist jede Sendung _____. Unter dieser Datei _____ ich alle Notizen und Texte. 7. Auch für Recherchen _____ _____ Computer. 8. Ich suche Meldungen zu bestimmten Themen _____. 9. Bevor ich ins Büro gehe, kann ich diese Dateien _____ und dann im Büro _____. 10. Manchmal _____ die Dateien auch _____ ins Büro. 11. Am wichtigsten aber ist für mich immer noch das _____. Ich finde es für _____ immer noch am sympathischsten. 12. Ich habe natürlich auch einen _____, und für unterwegs habe ich ein _____.

Ü12

Sprachen vergleichen

Sie hören Dialekt. Ergänzen Sie Hochdeutsch.

Daniel Goeudevert hat _____ (1) _____ (2),
ist mit 23 Auto_____ _____ (3),
mit _____ (4) General_____ (5) von der deutschen CITROËN-Niederlassung,
mit _____ (6) Chef der deutschen RENAULT,
mit _____ (7) Chef von FORD _____ (8) und
mit _____ (9) der zweitmächtigste Mann bei VW.

Daniel Goeudevert hat sich in der _____ (10) immer ein bisschen unkonventionell benommen:
– Beim Umweltschützer Frédéric Vester _____ (11) die Auswirkungen vom Auto bestellt.
– Mit Nicolas Hayek hat er über das Swatch-Mobil nachgedacht und in der _____ (12) gesagt, er könnte mit einem Tempolimit auf deutschen _____ (13) leben.

Ü13

Schreiben Sie den Satz auf Hochdeutsch.

De ehemaligi Top-Manager DANIEL GOEUDEVERT isch z'Gascht im FOCUS bim Ernst Buchmüller, dä Samstig Mittag vo eis bis zwei, da uf DRS3.

_____
_____

4 Die Sendung

1. Ich habe im Jahre 1990 beim Radio angefangen. _____
2. Meistens arbeite ich am Vormittag. _____
3. Der Weg vom Bahnhof zum Studio beträgt etwas mehr als einen Kilometer. _____
4. Für eine Sendung muss ich etwa drei Tage recherchieren.   *Wie lange?*
5. Kurz vor der Sendung fühle ich mich oft gestresst. _____
6. Ich nehme mich nervöser Gäste an und beruhige sie. _____
7. Ich lasse für sie eine Flasche Mineralwasser holen.   /
8. Das hilft bei großer Nervosität. _____
9. Während der Sendung möchte ich nicht gestört werden. _____
10. Oft lasse ich meine Gäste längere Zeit reden.   /
11. Das Gespräch dauert genau eine Stunde. _____
12. Ich bin immer froh, wenn alles gut gegangen ist. _____

Ü14

Verb + Ergänzungen

a) Notieren Sie zu jedem Satz ein Fragewort, das sich auf den markierten Satzteil bezieht.

Qualitativ-ergänzungen	Temporale Situativ-ergänzungen	Quantitativ-ergänzungen	Genitiv-ergänzungen	Verbativ-ergänzungen
_____	_____	_____	_____	7
antworten auf die Fragen	antworten auf die Frage	antworten auf die Fragen	antworten auf die Frage	/
_____	_____	_____	_____	

b) Ordnen Sie die Sätze in das Schema ein.

c) Notieren Sie zu den Ergänzungen die Fragewörter.

1. Abschnitt

a) Der Redakteur muss sich oft nicht mehr vorbereiten.
b) Wichtig für den Redakteur ist, dass er im Gespräch offen bleibt für Neues.
c) In der Prüfung sollte man nicht etwas Neues ausprobieren.
d) Man sollte in der Prüfung auch Unsicherheiten zeigen und Fragen stellen.

2. Abschnitt

e) Fehler in der Fremdsprache macht man immer wieder.
f) Fehler in der Fremdsprache sind ein Problem.
g) Vor allem Grammatikfehler sollte man in einem Gespräch vermeiden.
h) Wichtig beim Sprachenlernen ist, dass man lernt zu sagen, was man möchte.

3. Abschnitt

i) Der Redakteur hat fremde Sprachen sehr gern.
j) Erst durch das Lesen in der Fremdsprache versteht man eine andere Kultur.

Ü15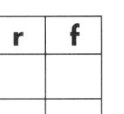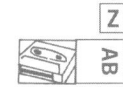

Hörtexte genau verstehen

a) Hören Sie das Gespräch mit dem Redakteur, ohne zu schreiben.
b) Lesen Sie abschnittsweise die Sätze und markieren Sie beim zweiten Hören.

Ü16

Sprachverhältnisse

Lesen Sie und ergänzen Sie das Raster.

Die Sprachsituation in der Deutschschweiz

In der Deutschschweiz werden viele verschiedene Dialekte gesprochen. Dialekt wird von allen – in der Stadt und auf dem Land – für die ganz alltägliche, spontane Kommunikation benutzt: in der Familie, mit Freunden und Bekannten. Im Kindergarten wird Dialekt gesprochen, weil die kleinen Kinder noch gar nicht Hochdeutsch können. Das lernen sie erst später in der Schule. Aber auch bei der Arbeit wird überall Dialekt verwendet. Wenn jemand in ein Geschäft kommt, zum Beispiel in Zürich an der Bahnhofstraße, wird er im Dialekt angeredet. Auch im Radio und im Fernsehen spricht man viel Dialekt, vor allem in Sendungen, die eine besondere Nähe zum Publikum haben. Die Nachrichten, aber auch andere Sendungen, etwa Hörspiele oder Vorträge, werden dagegen auf Hochdeutsch gesendet. Aber es gibt auch andere Situationen, in denen Hochdeutsch gesprochen wird: in offiziellen Situationen, in Reden oder im Parlament zum Beispiel. Auch mit den französischsprachigen Schweizern, mit Tessinern und natürlich mit ausländischen Touristen wird Hochdeutsch gesprochen.

Die gesprochene Sprache unterscheidet sich sehr von der geschriebenen Sprache. Die meisten Frauen und Männer lesen und schreiben nur Hochdeutsch. Fast alles, was in Büchern oder in Zeitungen steht, ist in Hochdeutsch geschrieben. Briefe, Bewerbungen und offizielle Mitteilungen werden auch in Hochdeutsch geschrieben. Aber auch bei der geschriebenen Sprache gibt es Ausnahmen. Es gibt zum Beispiel eine lange Tradition der Mundartliteratur. Eine Norm, wie man Mundart schreiben soll, gibt es aber nicht. Heute kann man auch in der Werbung, auf Plakaten oder in der Zeitung immer mehr Dialekt entdecken. Auch unter Jugendlichen ist der Dialekt „in": Es gibt viele, die sich kurze Briefe oder persönliche Mitteilungen im Dialekt schreiben.

Gesprochene Sprache		Geschriebene Sprache	
Dialekt:	Hochdeutsch:	Hochdeutsch:	Dialekt:
• im Alltag	• Nachrichten im Radio/Fernsehen	• _____	• _____
• _____	• _____	• _____	• _____
• _____	• _____	• _____	• _____
• _____	• _____	• _____	• _____
• _____	• _____	• _____	• _____
• _____	• _____	• _____	• _____
• _____	• _____	• _____	• _____

Ü17

Notieren Sie Antworten. Unterscheiden Sie Hochsprache, regionale Varianten, Dialekte und andere Sprachen.

Wie spricht/schreibt man bei Ihnen?   Land: _____

1. zu Hause?
2. in der Schule?
3. bei der Arbeit?
4. im Radio / im Fernsehen?
5. in der Presse?
6. mit Touristen?

Besonderes:

	r	f
1. Er hatte schon als Lehrer das Gefühl, nicht im richtigen Element zu sein.		
2. Er war mit seiner Leistung an der Schule trotzdem zufrieden.		
3. Die Schule war nicht seine Welt, die Schüler lernten nicht genug.		
4. Er fühlte sich oft wie ein Vogel im Wasser.		
5. Die Umwelt war leider nicht wie die Luft, in der seine Phantasie fliegen konnte.		
6. Er fühlte sich wie ein Fisch im Wasser.		
7. Er hatte Glück, weil er alle seine Ideen realisieren konnte.		
8. Er denkt heute, die Menschen müssen lernen, anders zu denken.		
9. Er meint: Die Menschen machen sich oft keine Gedanken über ihr Umfeld.		

Ü18

Detail-Informationen verstehen

Was sagt Goeudevert? Hören Sie A11a) noch einmal und kreuzen Sie an.

NORDEN
Element: Luft
Jahreszeit: Herbst
Verstand, Weisheit

WESTEN
Element: Erde
Jahreszeit: Winter
Körper, Veränderung, Tod

MITTE
Element: Leere, Nichts
Jahreszeit: Sonnenwende
Seele, Balance

OSTEN
Element: Feuer
Jahreszeit: Sommer
Visionen, Träume, Ästhetik

SÜDEN
Element: Wasser
Jahreszeit: Frühling
Herz, Emotionen, Vertrauen

Ü19

Vorlieben vergleichen

a) Suchen Sie Ihre Lieblingsjahreszeit und lesen Sie: Was passt (nicht) zu Ihnen?

b) Lesen Sie das ganze Schema: Was passt noch zu Ihnen? Diskutieren Sie in Gruppen.

c) Was ist wohl das Element von Daniel Goeudevert?

Die indianische Tradition kennt nicht nur vier, sondern fünf Elemente. Viele Menschen haben zwar eine Vorliebe für *ein* Element, aber jeder Mensch hat Anteile von *allen* Elementen in sich. Es ist gut, wenn man die eigenen Vorlieben und Abneigungen kennen lernt. Je besser man sich und seine Stärken und Schwächen kennt, desto mehr ist man „in seiner Mitte". Der Idealzustand eines Menschen wäre „die Mitte". Wenn ein Mensch ganz bewusst lebt, wenn er bei sich „in der Mitte" ist, dann ist er auch in Balance und Harmonie mit allen anderen Elementen.

Ü20

a) Lesen Sie den Text und ergänzen Sie die Sätze unten.
b) Welche Bedeutung haben die Elemente in *Ihrer* Tradition? Erzählen Sie.

Am liebsten habe ich ...
Ich fühle mich nicht so wohl ...
Am wenigsten mag ich ...

 Ü21

Ein Interview genau verstehen

Was sagt Ernst Buchmüller? Hören Sie noch einmal A12b) und kreuzen Sie an.

1.	a) eine Sendung verbreiten		4.	a) wohin das Gespräch dreht	
	b) eine Sendung vorbereiten			b) wohin er im Gespräch geht	
2.	a) das eine Eigendynamik hat		5.	a) wo ich nie genau wusste	
	b) das eine eigene Dramatik hat			b) wo ich ganz genau wusste	
3.	a) festzuhalten		6.	a) die hab ich dann auch eingebracht	
	b) ein Fest abhalten			b) die hab ich dann auch angebracht	

 Ü22

Texte genau verstehen

Lesen Sie den Text von A13 noch einmal und kreuzen Sie an.

1. Was tat Goeudeverts Frau Liliane? (Zeile 1–5)

☐ a) Sie musste mit seinem Aufstieg Schritt halten.

☐ b) Sie musste den Kindern immer wieder ein neues Heim schaffen.

☐ c) Sie tat viel für sich selbst.

2. Wie verfolgte sie seine berufliche Karriere? (Zeile 6–9)

☐ a) Sie bewunderte ihn wegen seiner Karriere.

☐ b) Seine Karriere war ihr gleichgültig.

☐ c) Sie war eifersüchtig auf ihn.

3. Was sagt Goeudevert über den deutschen Markt und den Weltmarkt? (Zeile 10–16)

☐ a) Man kann in Deutschland mit jedem Produkt erfolgreich sein.

☐ b) Deutsche Produkte lassen sich überall auf der Welt verkaufen.

☐ c) Wer mit einem Produkt in der Welt erfolgreich ist, ist es auch in Deutschland.

 Ü23

Wortschatz: „Medien"

Lesen Sie die Ausdrücke in der Wort-Kiste und ergänzen Sie die Lücken in der korrekten Form.

| auf einen Knopf drücken   einen anderen Sender einstellen |
| Informationen blitzschnell weitergeben   aus dem Studio senden |
| ein Cassettengerät und ein Mikrofon   Gespräche aufzeichnen   Aufnahmen machen |

1. Als Hörer sitzen Sie zu Hause und _*drücken auf einen Knopf*_. Dann ist das Gerät eingeschaltet. 2. So können Sie live dabei sein: bei einer Diskussion zum Beispiel, die direkt _____. 3. Aber nicht alle Diskussionen sind live. Oft werden _____ und zu einem späteren Zeitpunkt gesendet. 4. Wenn Sie eine Diskussion langweilig finden, können Sie leicht _____. 5. Die besondere Stärke des Radios liegt darin, dass aktuelle _____ können. 6. Auf dem letzten Foto sehen Sie einen Reporter, der mit _____ unterwegs ist. 7. Probieren Sie es doch auch mal, es ist gar nicht so schwierig, gute _____.

5 Aussprache: frei sprechen

der Atem ist ruhig und gleichmäßig – man ist entspannt – <u>die Knie werden ganz weich</u> – man fühlt sich gut – die Hände werden feucht – Schweiß steht auf der Stirn – die Stimme zittert – der Kopf ist leer – man hat kluge Gedanken – die Stimme ist ganz ruhig – man macht dauernd Witze – die Hände sind kalt – die Stimme wird hoch – die Stimmung ist locker – man hat ein komisches Gefühl im Bauch – der Atem ist flach – man sucht nach Worten – man lacht fröhlich

①
Man kann sagen, dass ohne Atmung kein Leben möglich ist – weder bei Menschen noch bei Tieren noch bei Pflanzen, dabei ist bei uns Menschen die Ausatmung besonders dafür wichtig, dass wir eine Stimme haben und sprechen können, denn mit dem Ausatmungsstrom bilden wir die Laute, Wörter und Sätze und lassen unsere Stimme klingen.

②
Ohne Atmung ist kein Leben möglich. // Menschen, Tiere und Pflanzen müssen atmen. Bei uns Menschen ist die Ausatmung besonders dafür wichtig, dass wir eine Stimme haben und sprechen können. Mit der Luft, die wir ausatmen, bilden wir Laute, Wörter und Sätze. Beim Ausatmen bringen wir den Luftstrom in Bewegung – dann hören wir unsere Stimme.

Es ist exakt achtzehn Uhr hier ist der Hessische Rundfunk wir bringen Nachrichten Berlin der Bundesbauminister hat gestern den Fortschritt der Regierungsbauten kontrolliert bei dieser Gelegenheit wurde ihm sein Hut geklaut der Kauf eines neuen kurbelt die Wirtschaft an Bonn im Kabinett wird heute ein brisantes Thema beraten es geht um die Frage ob auch Minister in Zukunft die Hälfte der Arbeit im familiären Haushalt übernehmen sollen wir wären sehr froh darüber Basel auf dem Bankenplatz hat gestern ein Manager seinen Geldbeutel verloren schade für ihn gut für den Finder das Wetter das können Sie vergessen

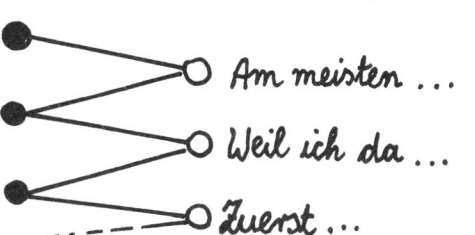

TIPP: Mit dem Lampenfieber leben = mehr Sicherheit beim Sprechen bekommen
- Beobachten Sie sich: Was sind für *Sie* typische Lampenfieber-Situationen?
- Wie atmen Sie am Morgen nach dem Aufwachen? Spüren Sie, wie der Atem gleichmäßig fließt, sich der Bauch dehnt und wieder zusammenzieht.
- Machen Sie die Atemübungen aus A16 täglich mehrmals. Dann können sie Ihr Lampenfieber vor Gesprächen, Vorträgen, Prüfungen besser kontrollieren.

Ü24

Lampenfieber erkennen

a) Was gehört zu Lampenfieber? Markieren Sie.
b) Wie zeigt sich bei *Ihnen* Lampenfieber?

Ü25

a) Lesen Sie die Texte halblaut. Welcher ist leichter zu verstehen? Begründen Sie.
b) Hören Sie Text ②. Markieren Sie Pausen, Melodie, Hauptinformation.

c) Sprechen Sie Text ②.

Ü26

Richtig atmen

a) Lesen Sie halblaut: Wo können Sie atmen (//)?
b) Wo sind nur kurze Pausen möglich (/)?
c) Was stimmt an dem Text nicht?
d) Lesen Sie laut.

Ü27

Stellen Sie Interviewfragen. Hören Sie auf die Antwort: Entwickeln Sie daraus die nächste Frage.

DOSSIER

TIPP: Lernpartner kritisch beobachten und Feedback geben = voneinander lernen

1. Beobachten Sie höchstens zwei Punkte auf einmal und machen Sie dazu Notizen auf dem Beobachtungsraster.
2. Nach dem Training für Prüfung oder Vortrag äußert sich immer zuerst der Kandidat / die Kandidatin: Was ist gut gelungen? Wo gibt es noch Probleme?
3. Geben Sie dann als Beobachter/Beobachterin ein Feedback: Sagen Sie zuerst, was Ihnen positiv aufgefallen ist; dann machen Sie den Kandidaten / die Kandidatin auch auf die Schwächen aufmerksam.

Versuchen Sie beim Feedback nicht zu werten: Das war schlecht.
  Das würde ich nie machen.

Verwenden Sie eher Formulierungen wie: Ich habe gemerkt, dass/wie du … .
  Mir ist aufgefallen: Du hast mehrmals … .

Beobachtungsraster:

Wissen
Kann/Weiß der Kandidat /
die Kandidatin genug?
Kann er/sie zum Thema viel
sagen?
Kann er/sie die Informationen
klar strukturieren?
Gibt es Informationslücken?

Körper
Steht/Sitzt der Kandidat /
die Kandidatin ruhig da?
Sind die Füße auf dem Boden?
Ist die Gestik natürlich?
Ist die Körperhaltung entspannt?
Klingt die Stimme ruhig?

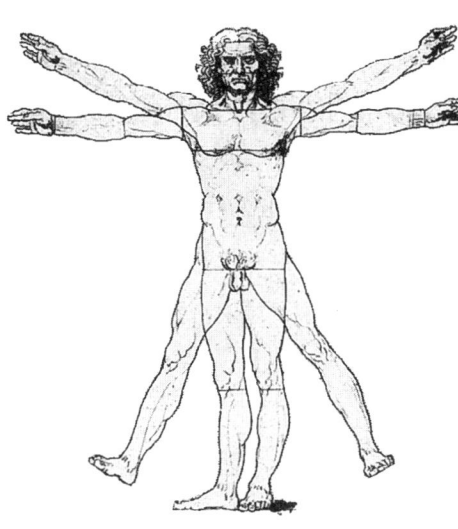

Kontakt
Hat der Kandidat /
die Kandidatin Kontakt
mit dem Publikum?
Hat er/sie Kontakt mit dem
Prüfer / der Prüferin?
Geht er/sie genau auf die Fragen ein?
Kann er/sie präzise nachfragen?

Sprechen
Spricht der Kandidat /
die Kandidatin laut und deutlich?
Spricht er/sie zusammenhängend?
Spricht er/sie zu schnell
oder zu langsam?
Macht er/sie oft die gleichen Fehler?

Wissen	Kontakt	Körper	Sprechen

Zu Auftrag 8 oder 9:

Das Rasterblatt „Lernkontrolle/Prüfung" von Frederic Vester, das Sie unten sehen,
- hilft Ihnen bei der Vorbereitung auf eine Prüfung;
- hilft Ihnen, über unterschiedliches Verhalten in Prüfungen nachzudenken und zu diskutieren;
- sollte zuerst in Einzelarbeit bearbeitet werden;
- kann danach in Partner- oder Kleingruppenarbeit diskutiert werden;
- kann zusammen mit dem Lehrer / der Lehrerin besprochen werden.

Kreuzen Sie an, was zutrifft:

1. Meine Eltern (bzw. Partner) unterhalten sich mit mir über den Lernstoff.
2. Meine Eltern (bzw. Partner) interessieren sich vor allem für die Noten (Prüfungsergebnisse etc.).
3. Ich habe Angst vor meinen Eltern (Partnern), was die Noten (das Examensergebnis etc.) betrifft.
4. Meine Eltern (Partner) interessieren sich nicht für die Schule (Weiterbildung, Studium).
5. Ich brauche meist jemanden, der mich antreibt.
6. Ich habe lieber schriftliche als mündliche Prüfungen.
7. Mir sind schriftliche wie mündliche Prüfungen gleich recht.
8. Ich freue mich auf Prüfungen.
9. Ich hasse Prüfungen.
10. Bei Prüfungen ist das, was ich gelernt habe, oft wie weggeblasen.
11. Ich kann gerade während einer Prüfung gut denken.
12. Einen Stoff, den ich für eine Schulaufgabe oder eine Prüfung gelernt habe, vergesse ich hinterher meist sehr schnell.
13. Ich kann viele Dinge sehr fest und lange speichern, kann mich jedoch im geeigneten Moment oft nicht an sie erinnern.
14. Von einem Stoff, den ich für eine Prüfung lernen musste, mag ich hinterher nichts mehr hören.
15. Ich mag nicht mehr über einen Stoff wissen als das, was abgefragt wird.
16. Wenn ich einen Lernstoff einmal einige Stunden später noch weiß, ist er meist fest gespeichert und später gut abrufbar.
17. Bei Prüfungen erinnere ich mich meist an Zusammenhänge, aber nicht an Details.

Ich kann einen Lernstoff gut (+), mittelmäßig (o), schlecht (–) wiedergeben,

18. wenn mich die Lehrperson fragt.
19. wenn mich ein Mitschüler oder Kollege abfragt.
20. wenn mich meine Eltern oder ein Verwandter abfragen.
21. wenn wenig davon abhängt, ob ich es weiß oder nicht.
22. wenn ich unbekümmert bin.
23. wenn ich mich vorher intensiv vorbereitet habe.
24. wenn ich mir die möglichen Antworten vorher laut vorgesagt habe.

Frederic Vester ist Lernbiologe und Fachmann für Umweltfragen. Im Auftrag von Daniel Goeudevert hat er eine größere Studie zum Thema „Auto und Umwelt" erarbeitet.
Das obige Rasterblatt stammt aus Vesters wohl bekanntestem Buch: „Denken, Lernen, Vergessen" (dtv, 1972, S. 149–150). Die Fragen sind Teil eines größeren Lerntypentests: „Wie kann ich mein Lernverhalten kennen lernen?"

Wohnungssuche

  Ü1 1 Der Zeitungsartikel und ein Leserbrief

Texte im Detail verstehen

Steht das im Text zu A2 oder nicht? Kreuzen Sie an und notieren Sie die Zeilen.

	r	f	Zeilen
1. Herr Schlinkert hat Wohnungsanzeigen gezählt.			
2. Er hat mit Bekannten und Verwandten gesprochen.			
3. Die dreiköpfige Familie hat sich fotografieren lassen.			
4. Ihre jetzige Wohnung ist ungefähr siebzig Quadratmeter groß.			
5. Sie laden manchmal Freunde ein, um gemeinsam zu kochen.			
6. Die Atmosphäre im Wohnblock gefällt ihnen nicht.			
7. Julia Schlinkert braucht ein eigenes Zimmer.			
8. Herr Schlinkert wird an der Universität zum Technischen Redakteur ausgebildet.			
9. Auf ihre Briefe haben Herr Schlinkert und Frau Brinkmann keine Antwort bekommen.			
10. Sie wollen mit ihrer Aktion vor allem Vermieter ansprechen, die Humor haben.			

 Ü2 Die folgenden Redewendungen … … bedeuten dasselbe wie:

Redewendungen verstehen

Was bedeuten die Redewendungen A–G? Ordnen Sie zu.

A. Sie *hatten die Nase voll*.

B. Sie *haben sich die Finger wund geschrieben*.

C. Ihnen *kam spontan der Gedanke*, …

D. *Gesagt – getan.*

E. Die Qualität *lässt zu wünschen übrig*.

F. Sie möchten auch einmal *die Tür hinter sich zumachen können*.

G. Sie *haben nichts unversucht gelassen*.

1. Sie hatten plötzlich die Idee, …

2. Sie haben alles Mögliche probiert.

3. Sie möchten die Möglichkeit haben, auch einmal allein zu sein, wenn sie das wollen.

4. Sie haben sehr viele Briefe geschrieben.

5. Sie hatten keine Lust mehr.

6. Sie haben ihre Idee sofort realisiert.

7. Die Qualität ist nicht gut.

A: ___ B: ___ C: ___ D: ___ E: ___ F: ___ G: ___

34

Ü3

Redewendungen gebrauchen

Welche Redewendung aus Ü2 passt? Ergänzen Sie die Sätze.

„Wohnst du immer noch bei deinen Eltern?" – „Ja." – „Wieso das denn?!" – „Glaub mir, ich _____ (1), aber momentan ist kein Zimmer zu bekommen, das für mich passt. Du glaubst gar nicht, wie viele Briefe ich schon losgeschickt habe; ich habe mir fast _____ (2)."

„Versuch doch mal, ein Zimmer in einer WG zu bekommen!" – „Hm. Hat in eurer WG jeder ein eigenes Zimmer?" – „Natürlich! Schließlich möchte man _____ _____ (3)."

Den ganzen Tag hat Peter versucht, Petra telefonisch zu erreichen; jetzt _____ (4). Er gibt es auf.

Da _____ (5), einfach zu Petra hinzufahren. _____ (6): Er nimmt den nächsten Bus, fährt zu ihr hin und klingelt an ihrer Wohnungstür. Aber Petra öffnet nicht.

TIPP: Idiomatische Redewendungen verstehen = Kontext und Wörterbuch benutzen

- **Lesen Sie die folgende Definition von „idiomatische Redewendung":**
  Eine idiomatische Redewendung ist ein sprachlicher Ausdruck aus mehreren Wörtern. Die Bedeutung kann man nicht aus den Bedeutungen der einzelnen Wörter ableiten. Beispiel: „jemanden durch den Kakao ziehen".

- **Achten Sie auf den Kontext: Was könnte die Redewendung ungefähr bedeuten?**
  „Gestern war ich im Kabarett; ich habe mich köstlich amüsiert: Die haben einige unserer Politiker so richtig <u>durch den Kakao gezogen</u>."

- **Wählen Sie ein Wort aus der Redewendung und schauen Sie im Wörterbuch nach.**
  Beispiel: „ziehen".
  Unter diesem Stichwort finden Sie z. B. in „Langenscheidts Großwörterbuch Deutsch als Fremdsprache" zwar 30 verschiedene Konstruktionen und Bedeutungsvarianten, aber nicht die Redewendung „jemanden durch den Kakao ziehen".

- **Wählen Sie deshalb ein anderes Wort aus der Redewendung aus und schauen Sie unter diesem Stichwort nach.**
  Beispiel: „Kakao".

Ka·kao [ka'kau] *der*; *-s*; *nur Sg*; **1** ein braunes Pulver, das aus großen (Samen)Körnern des Kakaobaumes gewonnen wird u. aus dem man Schokolade macht ⟨stark / schwach entölter K.⟩ ‖ K-: **Kakao-, -pulver 2** der Samen, aus dem man K. (1) macht ⟨K. rösten⟩ ‖ K-: **Kakao-, -bohnen 3** die Pflanze, an der K. (2) wächst ⟨K. anbauen⟩ ‖ K-: **Kakao-, -baum, -pflanze, -plantage, -strauch 4** ein Getränk aus Milch, K. (1) u. Zucker ⟨e-e Tasse K.⟩ ‖ ID ***j-n / etw. durch den K. ziehen*** *gespr*; über j-n / etw. (*mst* auf lustige, gutmütige Weise) spotten
Ka·ker·lak *der*; *-s / -en, -en*; ein großes schwarzes In-

Hinweis:
In diesem Wörterbuch werden idiomatische Redewendungen mit „ID" markiert. Suchen Sie also gezielt nach dieser Markierung innerhalb eines Wörterbuchabschnitts.

Z **Ü4**

Texte im Detail vergleichen

Lesen Sie die Briefe aus A4 und A5 und kreuzen Sie an.

2 Ein Haus im Grünen

Die Information steht: A = im Brief aus A4   C = in beiden Briefen
B = im Brief aus A5   D = in keinem der Briefe

	A	B	C	D
1				
2				
3				
4				
5				
6				
7				
8				

1. Die Person bedankt sich für etwas.
2. Der Brief ist an Frau Brinkmann und Herrn Schlinkert gerichtet.
3. Thema des Briefes ist die Wohnungssuche per Litfaßsäule.
4. Die Person äußert ihre Freude darüber, dass die Zeitung über die Aktion der notleidenden Familie berichtet hat.
5. Die Person möchte den Vermieter der neuen Wohnung kennen lernen.
6. Die Person kritisiert, dass die Zeitung über die Wohnungssuche per Litfaßsäule berichtet hat.
7. Die Person möchte Herrn und Frau Brinkmann persönlich kennen lernen.
8. Die Person ist der Meinung, dass die Familie Schlinkert-Brinkmann mehr Geld verdient als viele andere Familien.

Z **Ü5**

Aussagen thematisch ordnen

Ordnen Sie die Ausschnitte aus dem Interview von A6 den Themen zu.

1. die Wohnungsangebote _f_
2. die Vermieterin ___
3. die neue Wohnung ___
4. die Realisierung der Idee ___
5. die Nachbarn ___
6. die Idee mit der Litfaßsäule ___
7. der Bericht in der Zeitung ___

a) „Wir wohnen in einem Haus, wir haben ungefähr 120 Quadratmeter Wohnfläche … und auch 'n schönen großen Garten."
b) „Ein kleiner Nachteil zum Beispiel ist die Entfernung von hier zu meinem Arbeitsplatz."
c) „… wir standen also vor der Situation, dass wir uns was Neues … einfallen lassen mussten … Wenn auf … Plakatwänden geworben werden kann für alle möglichen und unmöglichen Dinge, warum sollten wir dann nicht für unsere Wohnungssuche werben können?"
d) „Die Zeichnungen hat eine ganz alte Bekannte von mir gemacht, die Grafikerin ist, … . Das Plakat selber hab ich dann gemalt."
e) „Die Redakteurin, mit der ich gesprochen habe, hat das Thema in der Redaktionskonferenz gebracht, die Redaktionskonferenz hat beschlossen: Jawohl, das interessiert uns."
f) „… davon waren zehn wirklich Angebote, die … einfach außergewöhnlich waren, …"
g) „… beispielsweise waren sehr schöne Altbauwohnungen dabei …"
h) „… es war also hinterher so, dass uns die Auswahl wirklich schwer wurde."
i) „… wichtig war's uns vor allen Dingen …, im Grünen zu wohnen …"
j) „… die jetzige Vermieterin hat uns sehr zugesagt …"
k) „… wir waren also bereit zuzuwarten, bis dieses Haus irgendwann frei würde; Gott sei Dank war das nach circa drei Monaten dann der Fall."
l) „… wir versuchen immer am Wochenende, wie gesagt, auch mit den Leuten in Kontakt zu treten …"

Die neue Wohnung

Neue Wohnung
- Haus im Grünen
- schöner als erträumt
- ca. 120 m²
- eigene Zimmer
- großer Garten
- kleine Nachteile:
  - Entfernung zum Arbeitsplatz
  - Fahrerei im Berufsverkehr

Familie Schlinkert wohnt in _____ _____ (1). Die Wohnung ist schöner, als sie es sich _____ (2).

Sie ist _____ (3) groß.

Jede Person hat _____ (4).

Zum Haus gehört auch _____ (5).

Neben diesen Vorteilen gibt es aber auch _____ _____ (6). Zum Beispiel _____ _____ (7) ziemlich groß. Das bedeutet: Sie _____ _____ (8).

Ü6

Aus Notizen einen Text machen

Ergänzen Sie den Text.

Was ist ein technischer Redakteur?

Herr Schlinkert erklärt:

Ich _____ (1) Anleitungen und _____ (2) Unterlagen im Kundenauftrag, meistens für _____ (3) aus dem mittelständischen Maschinenbau; ich hab zunächst eine handwerkliche _____ (4) gemacht, ich _____ (5) Maschinenbauer, habe danach Germanistik _____ (6) und habe diese beiden Qualifikationen zusammengeführt zum Schreiben über _____ (7). Mm, Hintergrund ist der, dass in den Konstruktionsabteilungen _____ (8) Firmen _____ (9) tüchtige Ingenieure _____ (10), die ganz bestimmt gut _____ (11) bauen können, die aber wenig in der Lage sind, über ihre _____ (12) Maschinen zu schreiben; und in dem Fall _____ (13) ich als Dienstleister engagiert und schreibe _____ (14) Betriebsanleitungen.

Ü7

Gehörtes im Detail verstehen

Hören Sie und ergänzen Sie.

Frau Brinkmann …

☐ 1. … ist berufstätig.
☐ 2. … ist gelernte Zahnarzthelferin.
☐ 3. … ist Zahnärztin.
☐ 4. … hat eine eigene Praxis.
☐ 5. … hat in einer Praxis selbstständig gearbeitet.
☐ 6. … arbeitet im Büro von Herrn Schlinkert mit.
☐ 7. … studiert auch noch nebenher an der Uni.

Ü8

Gehörtes verstehen und wiedergeben

a) Was hören Sie? Kreuzen Sie an.

b) Was macht Frau Brinkmann beruflich? Schreiben Sie.

3 Wohnung/Zimmer gesucht

Ü9

Abkürzungen ordnen und ausschreiben

a) Was bedeuten die Abkürzungen? Lesen Sie laut.
b) Ordnen Sie die Wörter thematisch.

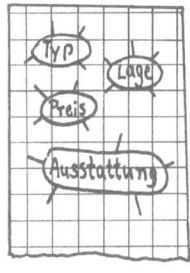

c) Schreiben Sie zwei Anzeigen aus A7 im vollen Wortlaut.

App.: Appartement	**NKVZ:** Nebenkosten-Vorauszahlung (d.h.: Man muss die Nebenkosten am Anfang jedes Monats zahlen)
Balk.: Balkon	
Bi: Bielefeld	
Bj: Baujahr	**o.:** ohne
DG-Whg.: Dachgeschoss-Wohnung	**Part.:** Parterre (= Erdgeschoss)
DU: Dusche	**ruh.:** ruhig
EBK: Einbau-Küche	**S-Bahnanschl.:** S-Bahn-Anschluss
EG-Whg.: Erdgeschoss-Wohnung	**Sout.-Whg.:** Souterrain-Wohnung (d.h.: Wohnung im Keller)
gemütl.: gemütlich	
GF: Grundfläche	**su.:** sucht/suchen
Kaut.: Kaution (d.h.: Der Vermieter verlangt 2 bis 3 Monatsmieten als Sicherheit.)	**T:** Terrasse
	teilmöbl.: teilmöbliert
KM: Kaltmiete	**TG-Platz:** Tiefgaragen-Platz
Kochgel.: Kochgelegenheit	**ÜB:** Übernahme
L 3: Linie 3	**verm.:** vermieten
Log.: Loggia	**VHS:** Verhandlungssache (d.h., man kann über den Preis verhandeln)
m²: Quadratmeter	
m. Geschirrsp.: mit Geschirrspülmaschine	**WC:** Toilette
MFH: Mehrfamilienhaus	**westl. Stadtm.:** westliche Stadtmitte
MM: Monatsmiete(n)	**z.:** zu(m)
Möbl. Wohng.: Möblierte Wohngelegenheit/Wohnung	**ZKBB:** Zimmer, Küche, Bad, Balkon
	Zuschr. u.: Zuschriften unter
NK: Nebenkosten (zum Beispiel für Heizung und Wasser)	**zw.:** zwischen

Ü10

[z]

Anzeigen schreiben

a) Schreiben Sie die Anzeige mit möglichst vielen Abkürzungen.
b) Schreiben Sie Ihre eigene Anzeige.
c) Sie suchen einen Nachmieter. Antworten Sie auf die Anzeige oben bei a).

Wir (ein junger Mann im Alter von 25 Jahren und eine junge Frau im Alter von 23 Jahren, beide berufstätig) suchen eine Wohnung mit drei Zimmern, Küche, Bad und Balkon in der Innenstadt von Bielefeld, in der Nähe einer S-Bahn-Haltestelle, circa sechzig bis siebzig Quadratmeter groß, ab dem ersten Dezember, bis zu achthundert Mark plus Nebenkosten. Telefon 05 21/66 01 87.

Muster

Mietgesuche

Wohnungen

Berufst. Paar, 23, 27 J. su. komf. Whg. ab 3 ZKBB o. Terr., Garten ab 90 m² in ruh., grüner Lage bevorz., evtl. Neubau. AP 72173.

2-3 ZKB in ruhiger Lage z. 1.4.98

4 ZKBB od. Terr., 90 m², bis 10 DM/m² Kaltm., Raum Brockhagen/Steinhg., ☎ (05204) 76 35.

2-Zi.-Whg. ab sof. in Kirchdornb./

Meine Anzeige

34

Anzeige:

A	B	C	D

Ü11

Selektiv lesen

Lesen Sie die Anzeigen Ⓐ – Ⓓ in Ü12: Welche Aussage trifft zu? Kreuzen Sie an.

Aussagen:

1. Angeboten wird ein Zimmer in einer Wohngemeinschaft (WG).
2. Mehrere Personen suchen eine(n) Mitbewohner(in).
3. Die angegebenen Telefonnummern haben die Vorwahl null-fünf-zwei-eins.
4. Gesucht wird ein männlicher Mitbewohner.
5. Gesucht wird eine Zwei- bis Drei-Zimmer-Wohnung mit Küche und Bad.
6. Das Zimmer / Die Wohnung soll in Bielefeld sein.
7. Das Zimmer / Die Wohnung ist oder soll zentral gelegen sein.
8. Das Zimmer kostet insgesamt weniger als dreihundert Mark.
9. Man erfährt, wie viele Quadratmeter das Zimmer / die Wohnung hat oder haben soll.
10. Man erfährt, was das Zimmer / die Wohnung kostet oder kosten darf.

Ü12

Auf Anzeigen schriftlich antworten

a) Welche Anzeige(n) finden Sie gut/originell?
b) Schreiben Sie einen Antwortbrief oder machen Sie eine ähnliche Anzeige für Ihr Zimmer/Ihre Wohnung.

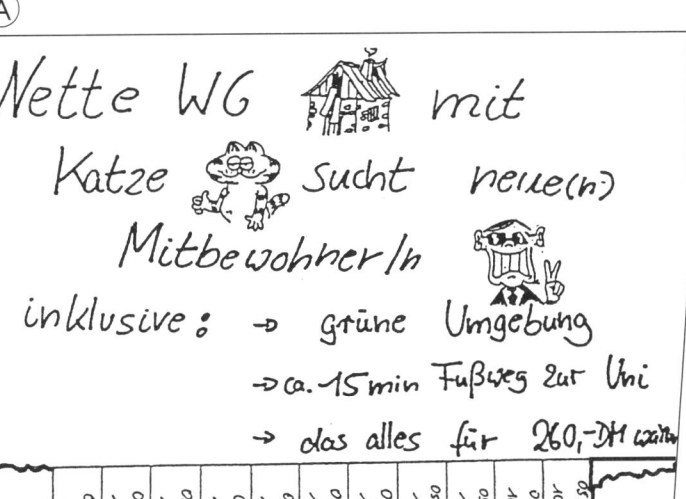

Ⓐ Nette WG mit Katze sucht neue(n) Mitbewohner/in inklusive:
→ grüne Umgebung
→ ca. 15 min Fußweg zur Uni
→ das alles für 260,- DM warm

(Tel: 0521-...)

Ⓑ **Vormieter gesucht**

Wer sucht schon jetzt einen Nachmieter für seine Wohnung?

Ich (24, m) suche für September/Oktober eine 2er-WG-taugliche 2–3 ZKB-Wohnung in der Bielefelder Weststadt.
Jochen Müller,
Großes Holz 32,
33729 Bielefeld

Ⓒ DIE ANNIE & DER TOBI SUCHEN NE WOHNUNG!
2-3 ZKB. BI-NÄHE ZENTRUM
-BALKON WÄRE KLASSE-
naja.. und das ganze soll/ü kann/darf NICHT MEHR als 700 DM WARM KOSTEN!
LASST UNS NICHT HÄNGEN!!!
Tel: 0521/783983

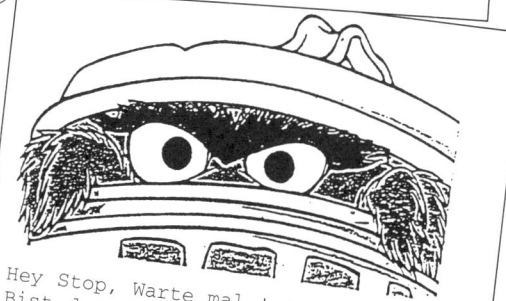

Ⓓ Hey Stop, Warte mal!!!
Bist du männlich, Student, und suchst zum 1.9. oder zum 1.10. ein Zimmer? Dann haben wir was für dich! 18 qm groß, zentral gelegen, 280 DM kalt, in einer 4-er WG (m 25, w 24, w 23).
Wenn du interessiert bist, dann schreib oder ruf durch:
Steffi Gerlach, Furtwänglerstr. 8,
33604 Bielefeld, Telefon: 0521/13 83 11

Ü13

Gehörtes in Stichwörtern notieren und wiedergeben

a) Hören Sie das Telefongespräch aus A8 a) und notieren Sie Stichwörter zu den 6 Begriffen.
b) Ergänzen Sie den Brief an eine(n) Bekannte(n).

Größe: _____

Mietpreis: _____

Nebenkosten: _____

Verkehrsverbindung: _____

Besichtigungstermin: _____

Adresse: _____

_____ (Ort, Datum)

Liebe(r) _____,

am _____ schaue ich mir ein Zimmer in _____ an. Es ist _____ groß und soll _____ kosten, inklusive _____. Nur den _____ muss ich selbst _____. Die _____ sind nicht besonders gut: Die Busse _____.

Ü14

Auf eine Anzeige telefonisch reagieren

a) Schreiben Sie ein Telefongespräch zu einer Anzeige.
b) Spielen Sie mit einem Partner / einer Partnerin. Die Klasse errät die Anzeige.

Redemittel für ein Telefonat:

– Ich interessiere mich für Ihr Wohnungs-/Zimmer-Angebot in der Zeitung vom …
– Ab wann ist die Wohnung / das Zimmer frei?
– Wie groß ist die Wohnung / das Zimmer?
– Was soll sie/es kosten?
– Sind darin die Nebenkosten enthalten? Wie hoch sind die Nebenkosten?
– Wie viele Parteien wohnen in dem Haus?
– Wie sind die Verkehrsverbindungen?
– Wann kann ich die Wohnung / das Zimmer einmal besichtigen? Geht es am … um …?
– Wie ist die Adresse?
– Wie komme ich am besten dahin?

4 Mietvertrag, Hausordnung, Nachbarn

Besichtigung der Wohnung

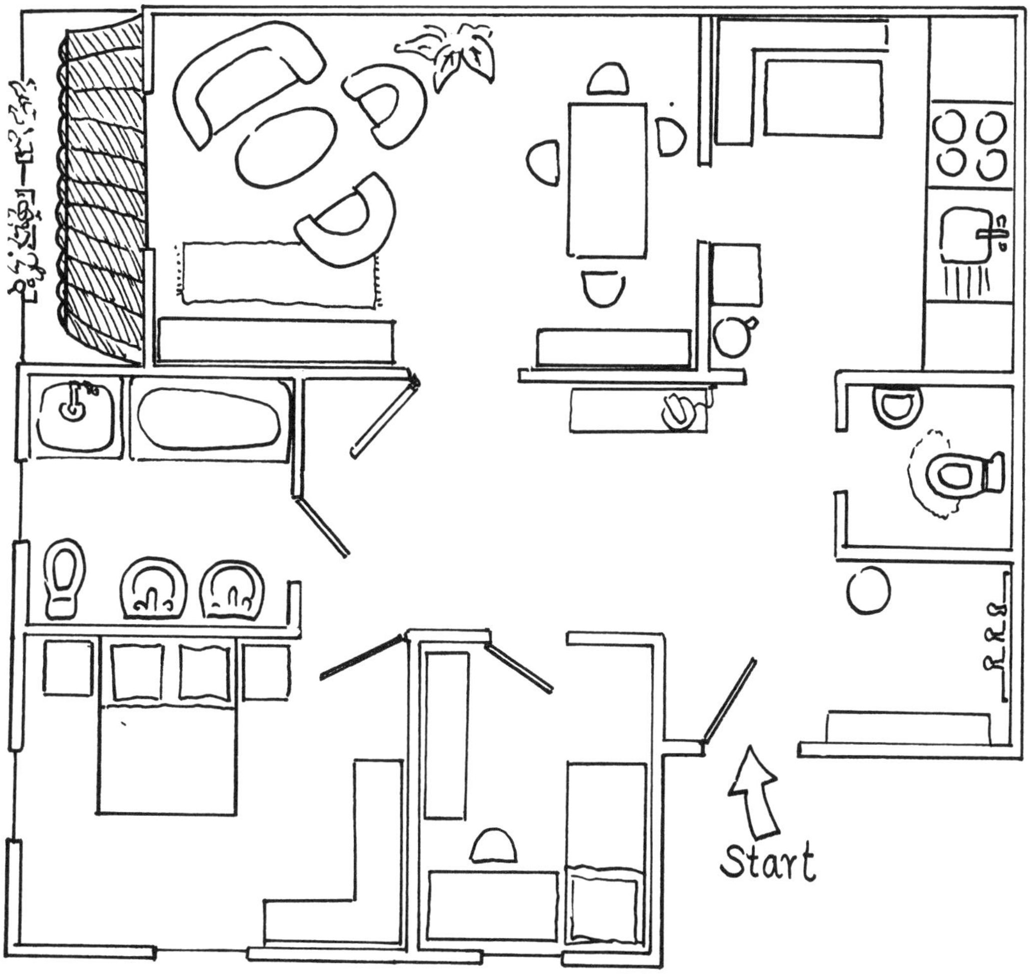

Ü15

Gehörtes global verstehen

Hören Sie noch einmal Gespräch ① von A10a): Folgen Sie dem Weg durch die Wohnung und schreiben Sie die Zimmer in die Skizze.
b) Schreiben Sie Informationen über die Zimmer dazu.

Besichtigung des Zimmers

Frau Kruse und Herr Hein sind für _____ (1) verabredet, aber Herr Hein kommt

erst _____ (2). Herr Hein nennt folgende Gründe für seine Verspätung:

1. _____ (3); 2. _____ (4).

Das Zimmer muss noch _____ (5) werden. Herr Hein möchte das selbst

_____ (6), aber Frau Kruse möchte, dass das ein _____ (7) macht,

weil angeblich sonst in kürzester _____ (8) die _____ (9) abblättert. Herr

Hein soll diese Renovierung selbst _____ (10). Herr Hein möchte das Zimmer

erst ab dem übernächsten Ersten _____ (11), aber Frau Kruse möchte das Zimmer

sofort _____ (12). Das Zimmer soll _____ (13) Mark kosten; darin

sind die Kosten für den _____ (14) aber nicht enthalten, die _____ (15) Herr

Hein _____ (16) bezahlen. In dem Haus wohnen _____ (17) Parteien.

Ü16

Gehörtes im Detail verstehen

Hören Sie Gespräch ② von A8a) und A10a). Ergänzen Sie den Text inhaltlich korrekt.

49

Ü17 Argumente Pro und Kontra

Argumente sortieren

Sortieren Sie nach „Pro" und „Kontra".

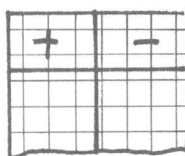

1. Das **Haus** hat keinen Lift, das spart Nebenkosten. 2. Die Küche muss übernommen werden. 3. Die Wohnung hat eine gute Lage (Wohnzimmerbalkon nach Südwesten). 4. Die Zimmer sind ziemlich klein. 5. Die Wohnung bekommt erst nachmittags Sonne. 6. Das Wohn- und Esszimmer haben zusammen circa dreißig Quadratmeter. 7. Die Küche ist schon eingerichtet. 8. Das Haus hat keinen Aufzug, da muss man alles drei Stockwerke hochschleppen.

9. Das **Zimmer** ist sofort frei. 10. Das Zimmer soll von einem Fachmann renoviert werden. 11. In dem Haus wohnen zweiundzwanzig Parteien. 12. Die Verkehrsverbindungen sind gut. 13. Das Zimmer muss sofort gemietet werden. 14. Es gibt keine Waschmaschine für alle Mieter.

Ü18

Vertragstexte gezielt lesen und auswerten

a) In welchem Paragraphen (§) von A11 stehen die Informationen 1–8?

Die folgenden Informationen stehen in …	§
1. Den Vertrag kann man nur schriftlich kündigen.
2. Die Hausordnung gehört ebenfalls zum Vertrag.
3. Die Miete und die Nebenkosten müssen am Anfang des Monats gezahlt werden.
4. Die Wohnung / Das Zimmer ist ab dem _____ gemietet.
5. Im Vertrag ist kein Zeitpunkt genannt, zu dem das Mietverhältnis endet.
6. Nach fünf Jahren ist die Kündigungsfrist sechs Monate.
7. Bei einer Kündigung muss man die Kündigungsfristen beachten.
8. Miete und Nebenkosten müssen bis zum dritten Werktag jedes Monats bezahlt werden.

b) Zu welchem Paragraphen (§) passen die Informationen 9–14?

Die folgenden Informationen passen zu …	§
9. Neben der Miete müssen Betriebskosten bezahlt werden.
10. Der Vermieter hat das Recht, die Hausordnung zu ändern.
11. Der Vertrag wird für ____ Jahre geschlossen.
12. Der Mieter muss (unter anderem) auch die Kosten für Trinkwasser, Schmutzwasser, Straßenreinigung, Müllabfuhr, Gartenpflege und Kabelfernsehen bezahlen.
13. Der Vermieter darf die Miete im Rahmen der gesetzlichen Bestimmungen erhöhen.
14. Das Mietverhältnis endet am _____.

Ü19

Gegen welche Vorschriften der Hausordnung hat Herr Hueber verstoßen? Vergleichen Sie mit dem Text von A12.

Hausordnung

I. Rücksichtnahme auf die Hausbewohner
1) Die gegenseitige Rücksichtnahme erfordert es:
   a) Jedes störende Geräusch, insbesondere das Türenschlagen und solche Tätigkeiten, die die Mitbewohner belästigen und die häusliche Ruhe beeinträchtigen, zu vermeiden.
   b) Musizieren in der Zeit von 22.00 bis 8.00 Uhr und von 13.00 bis 15.00 Uhr zu unterlassen. Rundfunk-, Fernseh- und Phonogeräte auf Zimmerlautstärke einzustellen.
2) Das Ausklopfen von Teppichen, Decken und anderen Gegenständen hat nur auf dem Hof oder an einem sonst dafür bestimmten Ort zu geschehen und zwar nur werktags von 8.00 bis 12.00 Uhr und von 16.00 bis 18.00 Uhr.

II. Sorgfaltspflicht der Hausbewohner
1) Die Haus- und Hoftüren sind in den Sommermonaten gegen 22.00 Uhr, in den Wintermonaten gegen 21.00 Uhr abzuschließen, (…)
2) Haus und Grundstück sind sauber zu halten, Verunreinigungen sind vom Verursacher unverzüglich zu beseitigen.

Verben	Ergänzungen		Angaben
gesucht haben:	**2** eine Wohnung	**1** Familie Schlinkert	per Litfaßsäule
gewohnt haben:	Herr Schlinkert	in einem Wohnblock	mit seiner Familie
gewesen sein:	zu klein	die Wohnung	für drei Personen
sich vorbereiten müssen:	die Tochter	auf das Abitur	bald
sich freuen werden:	der Hausherr	über ein bisschen Ruhe	sehr
sprechen wollen:	Herr Schmidt	mit Familie Schlinkert	nächste Woche
berichtet haben:	Frau Brinkmann	über die Aktion	gerne
bekommen haben:	sie	viele Angebote	bereits am ersten Tag
sich interessieren:	wir	für die Wohnung	sehr
schicken sollen:	der Vermieter	die Unterlagen an die angegebene Adresse	möglichst bald
beginnen werden:	das Mietverhältnis	am 1. Oktober	vereinbarungsgemäß
sich verlängern:	die Kündigungsfrist	um drei Monate	nach fünf Jahren

1: Subjekt   2: Akkusativergänzung   3: Qualitativergänzung   4: Präpositionalergänzung
5: (lokale) Situativergänzung   6: (temporale) Situativergänzung   7: Direktivergänzung

Ü20

Ergänzungen im Mittelfeld: Reihenfolge

a) Bestimmen Sie die Art der Ergänzungen: Nummerieren Sie.

b) Bilden Sie Sätze mit Verb und Ergänzung(en). Schreiben Sie sie in die Tabelle.

Ergänzungen im Mittelfeld

Vorfeld	VERB	SATZKLAMMER	
		Mittelfeld	VERB(-TEIL)
F. Schl.	hat	eine Wohnung	gesucht.

Ergänzungen links im Mittelfeld: _____
Ergänzungen rechts im Mittelfeld: _____

c) Ergänzen Sie die Regel.

Ergänzungen und Angaben im Mittelfeld

Vorfeld	VERB	SATZKLAMMER	
		Mittelfeld	VERB(-TEIL)
F. Schl.	hat	per Litfaßsäule eine Wohnung	gesucht.

Ü21

Ergänzungen und Angaben im Mittelfeld: Reihenfolge

Ergänzen Sie Angaben und schreiben Sie die Sätze in die Tabelle.

Ü22

Einen literarischen Text analysieren

a) Ersetzen Sie alle Konjunktiv-Formen durch Indikativ-Formen.

b) Ergänzen Sie in den Sätzen ohne Verb wenigstens *ein* Verb.

c) Welcher Text ist schöner? Begründen Sie.

5 Wohn-Träume

Der Traum …	… wird Wirklichkeit
A	**B**
… Das Haus *läge* am See, und es *hätte* fünf Zimmer: Es *wäre* ein altes Haus, aber die Zimmer *wären* sonnig, man *müsste* vielleicht Geranien wegnehmen. Das „weiße Zimmer" *wäre* das Diskussionszimmer.	… Das Haus _____ am See, und es ____ fünf Zimmer. Es _____ ein altes Haus, aber die Zimmer _____ sonnig, man _____ vielleicht Geranien wegnehmen. Das „weiße Zimmer" _____ das Diskussionszimmer.
An den Wänden Plakate und Zeitungsausschnitte zu gerade aktuellen Themen. Matratzen und Kissen am Boden.	An den Wänden _____ Plakate und Zeitungsausschnitte zu gerade aktuellen Themen. Matratzen und Kissen _____ am Boden.
Dann das „rote" Zimmer. In der Ecke ein hohes, altes Kirschbaumbett, die Matratze mit rotem Stoff überzogen …	Dann _____ das „rote Zimmer". In der Ecke _____ ein hohes, altes Kirschbaumbett, die Matratze _____ mit rotem Stoff überzogen.
Das „blaue Zimmer" mit taubenblau gestrichenen Wänden und weißen Fensterrahmen *wäre* der kreativen Muße gewidmet. Eine Hängematte aus Hanf für den Denker und Träumespinner. Für den Dichter der alte Sekretär, … Für den Maler und Hersteller eine ganze Wand … In diesem Zimmer *würden* die Ausstellungen stattfinden …	Das „blaue Zimmer" mit taubenblau gestrichenen Wänden und weißen Fensterrahmen _____ der kreativen Muße gewidmet. Eine Hängematte aus Hanf _____ für den Denker und Träumespinner. Für den Dichter _____ der alte Sekretär, … Für den Maler und Hersteller _____ eine ganze Wand … In diesem Zimmer _____ die Ausstellungen _____.

Ü23

Einen literarischen Text inszenieren

Machen Sie eine Gruppenrezitation: 1 Zimmer = 1 Stimme.

Rezitation eines literarischen Textes

Manchmal denke ich mir ein Haus, in dem ich leben möchte:

6 Wohnen – weltweit

1. Schlusserklärung 2. Wasseranschluss 3. Stromanschluss 4. Lebensverhältnisse
5. Vergleichsbasis 6. Aktionsplan 7. Weltbevölkerung 8. Stadtbewohner
9. Hüttenviertel 10. Trinkwasserknappheit

Ü24

Substantiv-Komposita analysieren

Zerlegen Sie die Komposita und notieren Sie dazu die Artikel.

Wenn eine Wohnung über _____ (1) verfügt, kann man in ihr elektrische Geräte anschließen.

_____ (2) bezeichnet im Text ein Dokument, das am Ende einer Konferenz vereinbart und veröffentlicht wird.

Von _____ (3) spricht man, wenn es in einer Wohnung eine Wasserleitung gibt.

Wenn man etwas tun, erreichen, verändern will, braucht man einen _____ (4).

Von _____ (5) spricht man, wenn man die ganze Menschheit meint.

Von _____ (6) spricht man, wenn es nicht genug Wasser gibt, das man trinken kann.

Menschen, die in einer Stadt leben, nennt man _____ (7).

Ü25

Substantiv-Komposita gebrauchen

Ergänzen Sie Komposita aus Ü24.

Leben in der Stadt

In 52 Städten der Welt wurden Informationen darüber gesammelt, wie die Menschen in diesen Städten wohnen. Dabei wurde unterschieden zwischen drei Gruppen von Ländern: Zur ersten Gruppe gehören die armen Länder, zur zweiten Gruppe die Entwicklungsländer und zur dritten Gruppe die reichen Industrienationen.

Wie zu erwarten, sind die Wohnverhältnisse in den Industrieländern am besten: Hier haben fast alle Wohnungen Wasseranschluss, die Wohnungen sind mindestens 35 Quadratmeter groß, und jede Person hat ihr eigenes Zimmer. Am schlechtesten sind die Wohnverhältnisse in den armen Ländern: Hier müssen sich im Durchschnitt zwei bis drei Personen einen Raum teilen, für jede Person stehen maximal 6,1 Quadratmeter Wohnfläche zur Verfügung, und 44 Prozent der Wohnungen haben keinen Wasseranschluss.

Zwischen den armen Ländern und den reichen Industrieländern liegen die „Schwellenländer": Hier haben immerhin schon 94 Prozent der Wohnungen Wasseranschluss, hier kann jede Person 15,1 Quadratmeter bewohnen. Und das Verhältnis Raum zu Personen beträgt 1,69, das heißt: Jede Person hat einen bis zwei Räume zur Verfügung.

Leben in der Stadt
wie die städtische Bevölkerung wohnt*

	verfügbare Wohnfläche pro Person	Personen pro Raum	Wohnungen mit Wasseranschluss
arme Länder	6,1 m²	2,47	56%
Schwellenländer	15,1 m²	1,69	94%
reiche Industrieländer	35,0 m²	0,66	100%

*Erhebung in 52 Städten der Welt
INDEX FUNK 3810   Quelle: UNFPA

Ü26

Einen Text mit einer Grafik vergleichen

Vergleichen Sie den Text mit der Grafik:
a) Markieren Sie die Fehler im Text.
b) Korrigieren Sie diese Textstellen.

Ü27

Wortschatz kombinieren und anwenden

a) Ergänzen Sie passende Wörter.
b) Wie haben Sie Ihr Zimmer / Ihre Wohnung gefunden? Schreiben Sie.

eine Wohnung	suchen	sich nach _____	erkundigen
_____	aufgeben	_____	vereinbaren
_____	lesen/studieren	_____	besichtigen
sich für _____	interessieren	sich für _____	entscheiden
_____	auswählen	über _____	verhandeln
_____	anrufen	sich auf _____	einigen
_____	schreiben	_____	unterschreiben
um _____	bitten		

Ü28

a) Sammeln Sie Wörter für Einrichtungsgegenstände.
b) Beschreiben Sie *Ihre* Wohnung / *Ihr* Zimmer.

Ich wohne in ... . Meine Wohnung / Mein Zimmer ist ungefähr ... groß.
Ich habe nur ein Zimmer, ... In dem Zimmer stehen ... . An der Wand hängt ... .

Ü29

Selektiv lesen

Ordnen Sie passende Anzeigen den Begriffen zu.

1. **Kleidereckschr.,** 2,05 × 2,05, Esche weiß + Kieferneckbank, bezog., 1,70 × 1,27, günstig. ☎ 0521/491732
2. **Kleiderschrank,** weiß, ca. 150 × 220 cm, Schiebetüren plus Kleiderschrank norm. 150 cm × 220 cm + Schlafcouch, Br. ca. 150 cm, gut erhalten, gute Qualität. ☎ 0521/136 0195
3. **Kombi-Kinderwagen** PEG Perego mit Zubehör, guter Zustand; NP 950,– DM, VHB 250,– DM, Kinderbett 60,– DM. ☎ 05252/5686
4. **Kombi-Kinderwagen** Teutonia Quadro, jeansblau kariert, inkl. So./Wi. Fußsack 200,– DM. ☎ 05257/4507
5. **Kommunionanzug,** Gr. 140, und Schuhe, Gr. 35, 2 × getragen, für 150,– DM. ☎ 05250/50814
6. **Küche,** L: 270 cm, braun-beige, Herd + Spüle + Kühlschrank + Abzugshaube, 750,– DM. ☎ 05261/96629
7. **Küchenblock,** 4 m in der Mitte Fensterausschnitt ca. 1 m, Eiche rust., Front mass., incl. Einbaugeräte, Spülmasch. 1½ J. alt, 950,– DM VHB, rd. Glastisch 1 m ⌀ + 6 Stühle Eiche rust., 290,– DM. ☎ 05252/3245 ab 16 Uhr
8. **Küchenteile,** Unter- u. Hängeschr., Kühlschrank, s. günst. abzug. ☎ 0521/870834 ab 17 Uhr.
9. **Nerzmantel,** Gr. 40–42, neuw., 1200,– VHB, H.-Trenchcoat, Gr. 50, m. Futter, fast neu, 180,– DM VHB. ☎ 0521/134635
10. **Neues Single-Schlafzi.,** Eiche hell, 50% unter Neupreis zu verk., ☎ 05223/85285
11. **Neuw. Polstergarnitur** Rundecke mit Sessel und Hocker abzug., mit ausziehb. Bett, dazu pass. Couchtisch, escheweiß. ☎ 05732/71862
12. **Nintendo 64** mit 3 Spielen, für 350,– DM zu verkaufen oder gegen Sony Playstation zu tauschen. ☎ 05250/1434
13. **Nissan 200 SX,** Turbo 16 V, 124 kW, 90 tkm, EZ 6/94, Alu neu, Turbo neu Targa, Sport, G-Kat., Leder, Alarm, + v. Extras, FP 10000,– DM. ☎ 05252/973175
14. **Opel Astra 1,6 GL,** Bj. 1993, 1. Hd., grau-met., G-Kat., TÜV/AU neu, 50 tkm. Top-Zust., VHB 9800,– DM. ☎ 01773/418269
15. **PC 586 233** MHZ, 32 MB-Ram, 3,2 GB-HD, 2 MB-PCI, VGA, 6fach CD, SNDK 16, Tast., Maus, Akt.-Bx, 1150,– DM. ☎ 0521/205927
16. **PC P 266** 64 MB, CD, Monitor, Win. 95, 1150,– DM. ☎ 0172/5686855.
17. **Pelzjacke,** Breitschwanzpersianer mit Leder, Gr. 42, für 180,– DM zu verkaufen. ☎ 05251/39280
18. **Peugeot 106 Diesel,** anthr.-met., EZ 96, 2500 km, Zustand wie neu, für 12000,– DM ☎ 05731/51203
19. **Polsterstühle,** (2) Buche dunkel je 40,– DM. ☎ 05206/3828
20. **PKW-Anhänger,** 600 kg, voll verzinkt, Bj. 94, TÜV 8/99, 850,– DM VHB. ☎ 05254/1435
21. **POLO CL** Bj. 3/93, G-Kat, TÜV neu, Listenpreis DM 7000,–, für 5500,– DM. ☎ 05231/69764
22. **Polo Coupé,** Bj. 92, 55 tkm, 40 kW, TÜV neu, Frontspoiler, tiefer gelegt, Grillblende, Radio, FP 7400,– DM. ☎ 05771/2047

Autos	Computer	Einrichtung/Möbel	Kleidung

DOSSIER

Zu Auftrag 6:

In dem Zeitungsartikel wird ein Buch über das Thema WG (Wohngemeinschaft) vorgestellt. Neben vielen anderen Informationen enthält es „umfassende Überlebenstipps für moderne WG-Insassen".
Das Buch ist im Eichborn-Verlag erschienen.
Sie können

- den Zeitungsartikel lesen, indem Sie Informationen suchen
  - zur „Geschichte der WG",
  - über Typen von WGs,
  - über Typen von WG-Bewohnern und -Bewohnerinnen,
  - zu „Überlebenstipps";
- sich das Buch besorgen und ein Kurzreferat über ein Kapitel aus dem Buch halten;
- im Internet Formulare herunterladen (z. B. einen Putzplan);
- eigene Erfahrungen in einer WG mit dem Inhalt des Zeitungsartikels vergleichen (sind Sie einigen der beschriebenen Typen begegnet?);
- selbst „Überlebenstipps" aufschreiben und vortragen, z. B.
  - Tipps für Bewerber und Bewerberinnen,
  - Tipps für die Auswahl von Mitbewohnern und -bewohnerinnen;
- für den mündlichen Teil der Zertifikatsprüfung trainieren, z. B. Teil C (gemeinsam eine Aufgabe lösen): Planen Sie mit Ihrem Partner / Ihrer Partnerin gemeinsam die Suche nach einem Platz in einer WG; simulieren Sie ein Vorstellungsgespräch.

Ratgeber gibt Tipps für das Überleben in Wohngemeinschaften

Von Frauen-WG und recyceltem Klopapier

Von Ralf Neukirch

In den 60er Jahren galt sie als Hort der freien Liebe, in den 70ern mutierte sie zur Keimzelle der Systemverweigerung, um dann in den 80ern zur bloßen Zweckgemeinschaft finanzschwacher Studenten zu verkommen. An der Anziehungskraft der Wohngemeinschaft hat sich aber bis heute nichts geändert – und auch nicht an den Problemen.

Ein WG-Führer gibt nun umfassende Überlebenstipps für moderne WG-Insassen, die sich mit Abfallbergen, schmarotzenden Mitbewohnern und stehend pinkelnden Männern herumschlagen müssen. Die Autoren des im Eichborn-Verlag erschienenen „WG-Buchs" haben bei ihrer Analyse keinen Bereich ausgelassen. Das beginnt mit einer Typologie der wichtigsten Erscheinungsformen dieser Keimzelle gesellschaftlicher Selbstorganisation.

Da ist zum Beispiel die Polit-WG, deren Bewohner davon träumen, endlich einmal wieder von der Polizei weggetragen zu werden; die Öko-WG, die Regenwasser für die Klospülung sammelt und den Umsatz der Firma Birkenstock ankurbelt; und die Frauen-WG, deren großer Vorteil ist, „dass hier Frauen unter sich sein können. Der Nachteil ist, dass hier Frauen unter sich sein müssen". Bei der Männer-WG verhält es sich übrigens genau andersherum.

Auch eine Auflistung der wichtigsten WG-Bewohner und -bewohnerinnen (kurz: BewohnerInnen) fehlt nicht: Der Schnorrer ist immer dann in der Nähe, wenn gerade gekocht oder gegessen wird. Die Veganerin vermiest jedes gesellige Spareribs-Fest. Der Saubermann wartet nur darauf, seinen Mitbewohnern Schmutzränder beim Spülen nachweisen zu können. Der ultimative WG-Alptraum ist das Pärchen: Es macht doppelten Dreck, blockiert das Bad dreimal so lange und ist nachts mindestens fünfmal so laut. Doch nicht nur auf reine Beschreibungen beschränkt sich das WG-Kompendium. Auch die häufigsten Probleme und mögliche Lösungen werden erörtert. Das betrifft zum Beispiel die heikle Frage der internen Entscheidungsfindung, die im Idealfall im Konsens enden soll, oft aber lang andauernde Friktionen zur Folge hat.

Die Verfasser raten denn auch in Extremfällen zu Mehrheitsentscheidungen. Tipps gibt es auch für die gefürchteten Vorstellungsgespräche. So sollte der Bewerber auf die Frage, warum er denn einziehen möchte, auf keinen Fall antworten: „Ach, wisst ihr, das ist mir eigentlich scheißegal, ich muss sowieso in zwei Monaten aus der Stadt und suche nur etwas für den Übergang." Ergänzt wird das Ganze mit bewegenden Erlebnisberichten erfahrener WG-Bewohner und einem Glossar, in dem wichtige Begriffe wie „Mülltrennung", „Fruchtfliegen" und „Klopapier, recycled" erläutert werden.

Einen besonderen Service gibt es für die global vernetzte WG. Unter der Internetadresse www.eichborn.de lassen sich Formulare herunterladen, etwa ein Putzplan oder eine Strichliste für Mahlzeiten. AP

Das trifft sich gut. Männern muss man/frau Hygiene immer eintrichtern.

Von der Idee zum Produkt

Ü1

1 Eine Firma

Wortschatz ordnen

a) Ordnen Sie die Wörter der Wort-Kiste in die Tabelle.

die Beförderung   der Betriebsausflug   das Betriebsfest   der/die Betriebswirt(in)
das Büro   der/die Chef(in)   der/die Direktor(in)   die Einstellung   die Empfangsdame
die Entlassung   der/die Facharbeiter(in)   der/die Forscher(in)   der Gewinn
der/die Grafiker(in)   die Industriezone   der Kamin   die Kosten (Pl.)   das Labor   das Lager
der Lärm   der Lohn   der/die Manager(in)   der Parkplatz   die Putzfrau   die Sauberkeit
der Schmutz   der/die Sekretär(in)   der Sitzungsraum   die Sozialabgaben (Pl.)
der Sportplatz   der Stadtrand   die Steuern (Pl.)   der/die Telefonist(in)   die Toilette
der Umsatz   der Verlust   der/die Vertreter(in)   die Werkstatt   die zentrale Lage   …

Standort	Mitarbeiter/innen	Räume	Geld	?
die Industriezone				

b) Werten Sie die Fotos aus. Ergänzen Sie die Tabellen aus a).

Ü2

Gespräche im Betrieb spielen

1 Private Probleme   2 Lohn   3 Gesundheit   4 Kollegen und Kolleginnen
5 Wetter   6 Politik   7 Sport   8 Fernsehen
9 Freizeit   10 Chefin/Chef   11 Ihre Zukunft   12 Urlaub

a) Worüber spricht man wie oft bei Ihnen in der Arbeit? Ordnen Sie die Themen ein.
b) Vergleichen Sie und begründen Sie.

nie ◄――――――――― ab und zu ―――――――――► jeden Tag

Ü3

Worüber können Sie gut auf Deutsch sprechen? Notieren Sie wichtige Ausdrücke und Wendungen.

1. Sich entschuldigen
Sie haben morgen um 10 Uhr eine Sitzung mit Frau Nowalt. Sie haben vergessen, dass Sie zu diesem Zeitpunkt einen Termin bei Ihrem Arzt haben. Rufen Sie Frau Nowalt an.

2. Über Namen/Herkunft/Arbeitserfahrung Auskunft geben
Sie machen ein Praktikum in einem deutschen Betrieb. Am ersten Tag wollen Ihre neuen Kollegen und Kolleginnen wissen, wer Sie sind.

3. Sich beklagen
Sie sind unzufrieden, weil Sie zu viel Arbeit haben. Sie wollen mit Ihrem Chef / Ihrer Chefin sprechen.

1, Leider muss ich mich für …   /   Entschuldigung, ich kann …

Dialog 1: In der Kantine

● Guten Appetit.

○ _____ (1)

● Schon lange nicht mehr gesehen. Wie geht's denn so?

○ _____ (2)

● Danke, immer viel Arbeit. Und wie finden Sie das Essen heute?

○ _____ (3)

Dialog 2: Am Morgen

● _____ (4)

○ Morgen, Michael.

● _____ (5)

○ Ferngesehen. Das war ein tolles Spiel! 2:1 für Werder Bremen, der Torhüter war einfach Klasse. Und du, was hast du gemacht?

● _____ (6)

Dialog 3: Bei der Chefin, Frau Giesler

● Guten Tag, Herr Weil.

○ _____ (7)

● Nehmen Sie _____ (8). Was kann ich für _____? (9)

○ Nun, äh. Wie sie _____ (10) wissen, möchte ich mich ganz gern ein bisschen verändern, _____ (11) ich _____ (12)

● Das _____ (13) ich, so nach 6 Jahren immer in der gleichen Abteilung. Ich habe gehört, dass Frau Müller-Backes _____ (14) verlässt. Da könnten Sie doch _____ (15) übernehmen.

Ü4

a) Ergänzen Sie die Dialoge.
b) Vergleichen Sie.

> **TIPP: Aktiv zuhören = besser kommunizieren**
>
> • **Ignorieren Sie Störungen.**
>   Konzentrieren Sie sich ganz bewusst auf den Lernstoff.
> • **Urteilen Sie später.**
>   Konzentrieren Sie sich auf den Inhalt, auch wenn Sie zum Beispiel die Stimme stört. Warten Sie bis zum Ende des Vortrags, bevor Sie urteilen. Vielleicht kommt noch etwas, was Sie interessiert.
> • **Achten Sie auf Blickkontakt.**
>   Wenn Sie sich nicht mehr so gut konzentrieren können, blicken Sie zum Redner / zur Rednerin.
> • **Wiederholen Sie das Gehörte.**
>   Bei Diskussionen können Sie Missverständnisse vermeiden, wenn Sie dem Vorredner / der Vorrednerin aufmerksam zuhören und anschließend seine/ihre wichtigsten Punkte zusammenfassen, bevor Sie Ihre Meinung sagen.
> • **Versetzen Sie sich in die Rolle des Sprechers / der Sprecherin.**
>   Ihre Aufmerksamkeit ist nicht groß, wenn Sie etwas schon mehrmals gehört haben oder der Vortrag schlecht strukturiert ist. Dagegen hilft, sich in den Sprecher / die Sprecherin hineinzuversetzen, um seinen/ihren Standpunkt besser zu verstehen.
> • **Unterbrechen Sie nicht.**
>   Um festzustellen, ob Sie wirklich noch zuhören, sollten Sie sich von Zeit zu Zeit fragen: „Höre ich wirklich zu oder warte ich nur auf eine Gelegenheit, selbst etwas zu sagen?"

  Ü5

Einen Vortrag verstehen

a) Hören Sie den Text von A3b) in Abschnitten. Richtig oder falsch? Markieren Sie.

	r	f
1. Frau Rösch ist Sekretärin bei Vitopharm.		
2. Sie spricht über die Firmengeschichte, die Firmenphilosophie und die verschiedenen Produkte.		
3. Die Firma wurde 1955 gegründet.		
4. 1957 kam D3 Vitopharm auf den Markt.		
5. Vitopharm kaufte 1988 die Firma Kerntaun-Pharma.		
6. Vitopharm-Produkte gibt es in 40 Ländern.		
7. Es arbeiten etwa 150 Mitarbeiter und Mitarbeiterinnen im Betrieb in Frankfurt.		

b) Ergänzen Sie.

Nun, was ist das _____ (1) an unseren Produkten? Vitopharm _____ (2) sogenannte OTC-Präparate _____ (3) pflanzlicher Basis _____ (4). OTC ist eine englische _____ (5) und heißt „over the counter". Das sind also Produkte, die ohne ärztliche Verordnung in _____ (6), _____ (7) oder Reformhäusern erhältlich sind. Die modernen Konsumenten möchten vermehrt natürliche Präparate, die genauso _____ (8), _____ (9) und verträglich sind wie herkömmliche synthetische Präparate.

Die Apotheker sind unsere wichtigsten Partner für den _____ (10) von Vitopharm PhytoPlan Products. Der Ausdruck Vitopharm PhytoPlan Products _____ (11) pharmazeutische Kompetenz und wissenschaftliche Glaubwürdigkeit. Die Pflanzenextrakte, die zur _____ (12) unserer Produkte _____ (13) verwendet werden, sind alle standardisiert. Nur so wird sichergestellt, dass jede _____ (14) oder _____ (15) immer die gleiche Menge an Wirkstoffen enthält, und nur so lassen sich auch klinische _____ (16) mit gesicherten Resultaten durchführen.

c) In welcher Reihenfolge hören Sie die Wörter? Ziehen Sie den Pfeil weiter.

```
                    wachsendes Gesundheitsbewusstsein
                                 ↑
   moderne Gesellschaft                        Verantwortung

   Gesundheit              ( START )           Gesundheitspflege

   Spitzenprodukte                             Trend

                        Selbstmedikation
```

 **Ü6**

Stichpunkte ausformulieren

Formulieren Sie die Tipps von A3c) in ganzen Sätzen.

> Vorbereitung
> 1) Zur Vorbereitung gehört, dass …
> 2) Vor einer Präsentation muss man sich überlegen, …

35

C	die Firma	mehrere große Firmen, die sich zu einer größeren Einheit zusammengeschlossen haben und zentral geleitet werden, aber rechtlich selbstständig sind	A
	die Gesellschaft	Gesellschaft mit beschränkter Haftung, die im Falle des Konkurses nur so viel Schulden zurückzahlen muss, wie sie eigenes Kapital hat	B
	die GmbH	ein Unternehmen, das Waren produziert oder mit Ware handelt oder Dienstleistungen anbietet	C
	der Betrieb	alle Gebäude, technischen Anlagen usw., die zusammengehören und in denen bestimmte Waren produziert oder Dienstleistungen erbracht werden	D
	der Konzern / die Gruppe	eine Vereinigung von mehreren Personen, die zusammen ein wirtschaftliches Unternehmen führen, z.B. Aktien-, Bau-, Eisenbahn-, Flug-	E
	die Tochtergesellschaft / das Tochterunternehmen	eine Firma, die zu einer größeren (Mutter-) Gesellschaft gehört und von ihr abhängig ist	F

Ü7

Begriffe definieren

a) Ordnen Sie zu.

1. Unter _____ versteht man _____.
2. Man kann _____ als _____
   _____ definieren.
3. Lufthansa ist _____.

b) Ergänzen Sie die Sätze.

Eine Betriebsbesichtigung

1. Die neue Fabrik für die Computerproduktion, die mitten auf dem Land am Ufer eines blauen Flusses mit vielen Segelbooten liegt, hat eine große Zukunft vor sich. 2. Der erstaunlich junge Besitzer des Betriebs begrüßte uns am Eingang, wo er schon auf uns gewartet hatte.

Ü8

Attribute zu Attributen

Was gehört wie zusammen? Schreiben Sie die Sätze neu und machen Sie Pfeile.

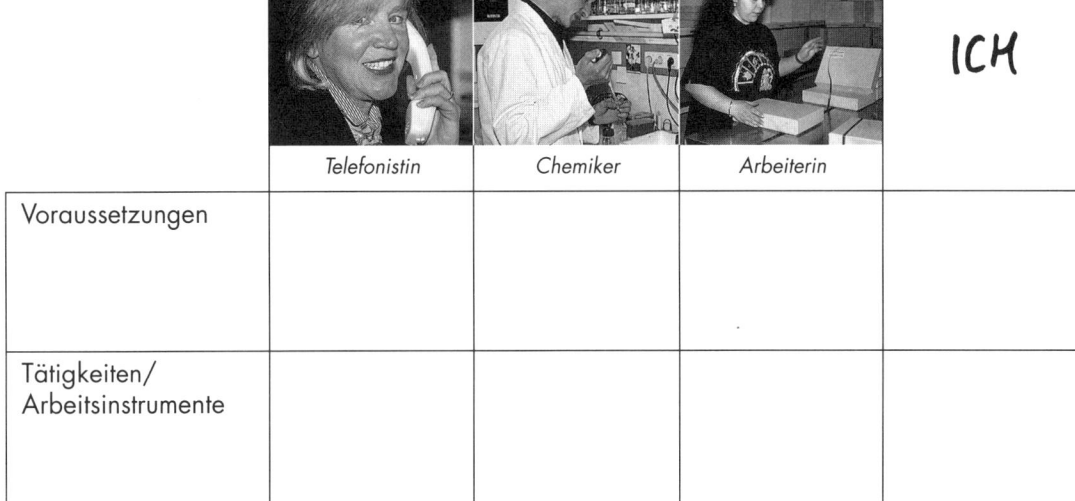

	Telefonistin	Chemiker	Arbeiterin
Voraussetzungen			
Tätigkeiten/ Arbeitsinstrumente			

Ü9

Einen Arbeitsplatz beschreiben

a) Lesen Sie die Texte von A4 und notieren Sie.

b) Sie sind Telefonist/in, … . Erklären Sie Ihrem Partner / Ihrer Partnerin, warum Sie für die Firma wichtig sind.

59

Ü10

Statistiken beschreiben

Betrachten Sie die Statistiken zu A5 und bilden Sie Sätze. Ergänzen Sie das richtige Produkt, das richtige Land, die richtige Zahl.

Beispiel: die Statistik – zeigen – (Überschrift der Statistik)
Die Statistik zeigt den Verkaufsumsatz in Europa.

1. beim Gesamtumsatz – an erster Stelle stehen – (Produkt)

___

2. in der Rangliste – am Schluss / an letzter Stelle stehen – (Produkt)

___

3. (Produkt) – den dritthöchsten Anteil haben – am Gesamtumsatz

___

4. im Vergleich zu Deutschland – Frankreich – (Zahl) Prozent weniger verkauft werden

___

5. in Österreich – 1,9 Prozent mehr als in (Land) – verkauft werden

___

6. die höchsten Zahlen – haben – (Land)

___

7. die niedrigsten Zahlen – sich finden – in (Land)

___

8. im Durchschnitt – die Verkaufszahlen – deutschsprachige Länder – liegen – bei (Zahl) Prozent

___

Ü11

Vergleichen Sie die Zahlen und beschreiben Sie die zwei Grafiken. Verwenden Sie die Ausdrücke im Redemittelkasten.

Verkaufsumsatz 1997 im amerikanischen Markt mit Vitopharm-Produkten

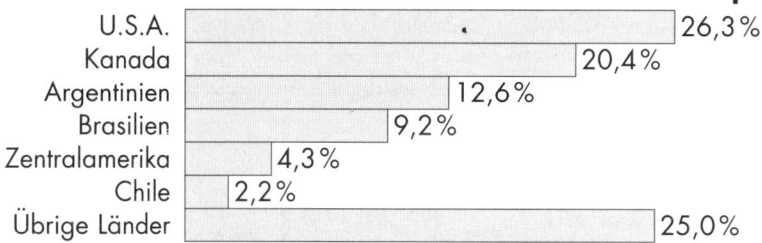

U.S.A.	26,3%
Kanada	20,4%
Argentinien	12,6%
Brasilien	9,2%
Zentralamerika	4,3%
Chile	2,2%
Übrige Länder	25,0%

Verkaufsumsatz 1998 im amerikanischen Markt mit Vitopharm-Produkten

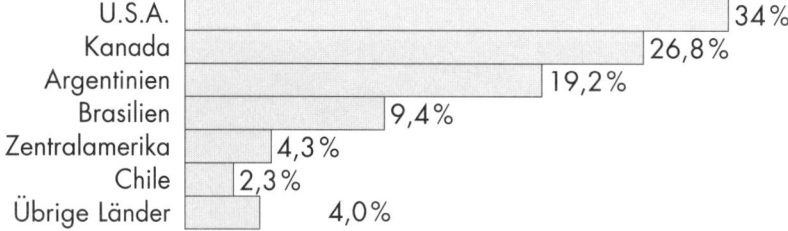

U.S.A.	34%
Kanada	26,8%
Argentinien	19,2%
Brasilien	9,4%
Zentralamerika	4,3%
Chile	2,3%
Übrige Länder	4,0%

Die Grafik zeigt, dass / wie / in welchem Land / ...   Die Statistik macht deutlich, dass / wo / warum / ...   Es fällt auf, dass ...   Interessant ist, dass ... .
mehr (als)   weniger (als)   gleich (wie)   so viel (wie)   höher (als)   niedriger/geringer (als)
steigen – fallen   zunehmen – abnehmen   (sich) verändern   konstant bleiben
unverändert   leicht/stark verändert   nach oben / nach unten gehen
im Vergleich zu ...   verglichen mit ...   im Gegensatz zu ...

---

*Die Grafik zeigt die Umsatzzahlen von 1997 und 1998 im amerikanischen Markt.
Verglichen mit 1997 ist der Umsatz in ...*

2 Die Idee

„Mein Arbeitsplatz ist die Straße"

„Bei meiner Arbeit als Sozialarbeiterin bin ich oft <u>auf mich allein gestellt</u>. Natürlich komme ich mit vielen Menschen in Kontakt: mit Alten, Drogenabhängigen und Ausgestoßenen, die die Arbeit oder ihre Wohnung verloren haben und jetzt auf der Straße stehen. Die Arbeit ist nicht immer leicht, wenn man sieht, welche Perspektiven diese Menschen haben. Es braucht viel Geduld, Ruhe und Verständnis für die Einzelnen. Trotzdem muss ich ab und zu auch sehr bestimmt sein und Forderungen stellen, um den Leuten einen Halt zu geben und mich selbst zu schützen. Ich fühle mich dann immer ein bisschen unwohl, weil ich mich nicht gern hart gebe. Zum Glück haben wir einmal in der Woche unsere Team-Sitzung, wo wir dann über unsere eigenen Probleme mit der Arbeit reden können."

Marion T., 32

„Arbeit bedeutet für mich Sicherheit"

Ich arbeite nun seit 15 Jahren hier und habe nicht die Absicht, die Stelle zu wechseln. Mir gefällt es hier. Das ist das Wichtigste. Bei uns ist alles durchorganisiert, und jeder weiß, was er zu tun hat. Da braucht man nicht mehr viel miteinander zu quatschen. Wenn einer mal Mist baut, dann knallt's, weil wir alle unter Zeitdruck stehen. Das mag ich, dann bringe ich meine besten Leistungen. Überhaupt, so ein gewisser Druck schadet nicht, dann spürt man, dass man noch lebt.
Nach der Arbeit sieht es dann ganz anders aus. Wir gehen dann oft noch etwas trinken und erzählen dies und das – und am Wochenende laden wir uns gegenseitig ein. Mit meinem besten Arbeitskollegen und seiner Familie haben wir auch schon mal zusammen Urlaub gemacht.

Hannes B., 42

Ü12

Arbeitsformen und Arbeitsklima beschreiben

a) Was finden Sie gut/schlecht für das Arbeitsklima? Sammeln Sie Beispiele aus den Texten und ordnen Sie in die Tabelle unten.

So fühle ich mich wohl … / So möchte ich arbeiten …	*auf mich allein gestellt,* …
Dies entspricht nicht meinen Vorstellungen / … Da fühle ich mich nicht gut …	*duzen,* …

duzen   siezen   kleines Büro   Großraumbüro   Pflanzen   gutes Einkommen
viel Entscheidungsfreiheit   klare Hierarchie   Rauchverbot   frei wählbare Arbeitszeit
praktische Arbeit   kleine Aufgaben, bei denen man das Resultat schnell sieht
Betriebsfest   Freundschaften   Flirten …

b) Ordnen Sie die Wörter und Ausdrücke der Wort-Kiste in die Tabelle oben ein.

 Ü13 Die Entwicklung eines neuen Produkts

Lese- und Hörtext vergleichen

Preis festlegen – Material beschaffen – Fachzeitschriften lesen – Inhaltsstoffe bestimmen – Ideen sammeln – Marktzahlen studieren – produzieren – Konkurrenz beobachten – Form und Dosierung bestimmen – Stärken-Schwächen-Analyse machen – mit Verkaufsmanagern sprechen – Nutzen für Konsumenten beschreiben – Leute vor Ort befragen – Zielgruppe festlegen – Namen für Produkt suchen

a) Hören Sie den Text von A7a). Markieren Sie die Aktivitäten, die Sie hören.
b) Ordnen Sie alle Ausdrücke den Phasen A–C zu.
c) Vergleichen Sie mit dem Schema von A7.

Phase A: Zuerst ...	Phase B: Dann ...	Phase C: Danach ...

 Ü14 Phase D: Erarbeitung einer Werbekampagne

Ergänzungen beim Substantiv

Die Werbeagentur bekommt beim ersten Treffen von uns alle Informationen über das Produkt, die zur Ausführung des Auftrags nötig sind. Die Werbeagentur erarbeitet Vorschläge, die sie dann beim zweiten Treffen vorstellt. In der Diskussion mit den Werbeleuten werden dann die Details festgelegt. Das Entwerfen von Verpackungsmaterial übernimmt eine spezialisierte Design-Agentur.

a) Unterstreichen Sie alle Substantive, die zu einem anderen Substantiv gehören.

b) Ordnen Sie die Ergänzungen aus a).

Substantiv im GENITIV = GENITIVERGÄNZUNG	PRÄP + Substantiv = PRÄPOSITIONALERGÄNZUNG
Erarbeitung einer Werbekampagne	

c) Ergänzen Sie die Regel.

> Wenn bei einem Substantiv ein anderes **Substantiv als Ergänzung** steht, dann verbindet man sie mit dem _____ oder einer _____.
> Wenn die **Genitiv-Ergänzung** ein Substantiv **ohne Artikel** ist, verwendet man die Präposition _____.
> **TIPP:** Die Präposition beim Substantiv ist oft gleich wie die Präposition beim Verb.
> Beispiel: teilnehmen **an** → die Teilnahme **an**

 **Ü15**

Bilden Sie Ergänzungen mit Substantiven.

Beispiel: das Projekt erfassen → *die Erfassung des Projekts*

1. die Produktion vorbereiten _____
2. den Preis festlegen _____
3. mit den Verantwortlichen sprechen _____
4. Rohmaterial einkaufen _____
5. über Strategien diskutieren _____

_____   _____   _____
_____   _____   _____

Ü16

Einen Ablauf beschreiben

a) Wählen Sie ein Thema:
– Ferien
– Hobby
– Kochen
– Sport
und sammeln Sie passende Ausdrücke.
b) Beschreiben Sie den Ablauf.

Der erste Okoubaka-Baum

_____ 1 In einem Anfall von Eifersucht verwandelte sich der Geist des stärksten toten Kriegers in eine giftige Spinne und tötete den Jungen.
_____ 2 An dieser Stelle wuchs der erste Okoubaka-Baum.
_____ 3 Dort wurde ein sehr starker Junge geboren.
_____ 4 Es lebte einmal ein Volk mitten im Urwald.
_____ 5 Er war so stark, dass die Waldgeister wütend wurden.
_____ 6 Die Dorfbewohner begruben seinen Körper in der Nähe des Dorfes, die Leber jedoch begruben Sie im Wald.

Ü17

Geschichten erzählen

a) Ordnen Sie die Sätze.

b) Was bedeutet: „Die Pflanze wächst aus der Leber"?

3 Der Auftrag

Auftraggeber	
Firma: _____	
Kontaktperson: _____ Name der verantwortlichen Person	Tel.: _____ Fax: _____
Auftrag	
Ziel/Teilziele: _____ _____ _____	
Termin: _____	
Abgabeform/Umfang: _____ (Rohfassung/Reinschrift – Papier/Diskette – Präsentation)	
Finanzieller Rahmen: _____	
☐ Rechnungsstellung pauschal (inkl. Administration/Bürospesen)	
☐ Rechnungsstellung nach Aufwand (Ansatz/Tag/Stunde):	
Datum: _____ Unterschrift: _____	

Ü18

Einen Auftrag verstehen

Hören und lesen Sie den Text von A8b) und füllen Sie das Auftragsformular aus.

Briefe schreiben

Ergänzen Sie.

Ü19 Sehr _____ (1) Herr Künzle,

wir _____ (2) uns _____ (3) unser _____ (4) Treffen _____ (5) Frankfurt:
Briefing _____ (6) Namensfindung _____ (7) ein Stärkungs_____ (8).
Wir _____ (9) hiermit _____ (10) Auftrag _____ (11) folgt: (...)

Mit _____ (12) Grüßen

Ü20

a) Ordnen Sie die Ausdrücke.

| Lieber Michi, ...   Mit freundlichen Grüßen   Sehr geehrte Damen und Herren, ...
Herzliche Grüße   Mein liebster Schatz, ...   Mit besten Grüßen   Bis bald!
Ich freue mich auf Ihre Antwort und grüße Sie freundlich   Hallo, Sonja, ...   1000 Küsse
Mit lieben Grüßen   Sehr geehrter Herr Feigl, ... |

	Formell	Informell	Persönlich
Anrede			
Schluss			

b) Formulieren Sie eine Anfrage als Brief oder E-Mail.

Absender: Firma Mix-Max
Adressat: Frau Stocker, Firma Idee & Konzept
Anfrage: Werbeslogan für neuen Mixer
Termin: 2 Wochen
Bitte: Bestätigung des Auftrags

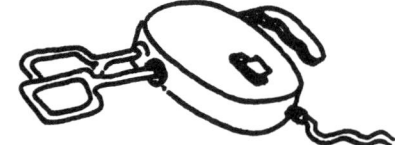

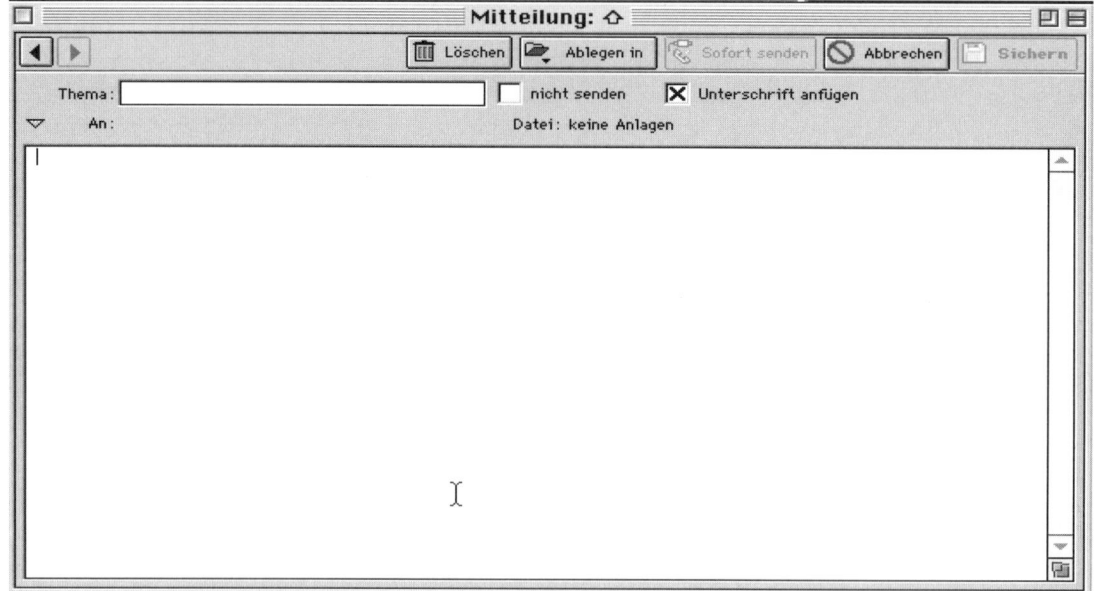

4 Der Name

	r	f
1. Wir überlegen, für wen das Produkt bestimmt ist.		
2. Wir machen ein Brainstorming zu den Assoziationen.		
3. Wir nehmen alte Namen und bilden neue.		
4. Wir machen Recherchen in Zeitungen und Zeitschriften.		
5. Wir bestimmen, wie man das Wort aussprechen muss.		

Ü21 Z

Einen Vorgang verstehen

Hören Sie A10a): richtig oder falsch? Kreuzen Sie an.

1. Es ist nicht immer leicht, einen guten Namen zu finden. 2. Es ist spannend, für neue Produkte Namen zu finden. 3. Ein Brainstorming zu machen, ist vorgesehen. 4. Alle Sprachen zu berücksichtigen, ist schwierig. 5. Ein neues Produkt auf den Markt zu bringen, ist riskant. 6. Es ist beruhigend, für einen Auftrag genug Zeit zu haben. 7. Es ist vorgesehen, dass die Produktnamen getestet werden. 8. Dass ein Team kreativer ist als eine einzelne Person, ist für Herrn Künzle selbstverständlich.

Ü22

Nebensätze als Subjekt

a) Ergänzen Sie die Tabelle.

Satz	Adjektiv	Subjekt	„es": ja/nein?
1.	leicht	einen guten Namen zu finden	ja
2.			
3.			
4.			
5.			
6.			
7.			
8.			

b) Ergänzen Sie die Regel.

Wenn das **Subjekt** ein _____-Satz mit „zu" oder ein _____-Satz ist und das Subjekt **nach dem Adjektiv** steht, dann verwendet man das Wort _____ **als Subjekt-Ersatz**.

Adjektive und Partizipien, nach denen häufig ein Infinitiv-Satz mit „zu" oder ein „dass"-Satz steht:

(un)gefährlich	korrekt	(un)gerecht	unverantwortlich
schön	richtig	(un)praktisch	vorgeschrieben
gut	notwendig	sinnvoll	ausgeschlossen
(un)interessant	natürlich	(un)wichtig	verboten
(un)angenehm	selbstverständlich	schlecht	beruhigend
(un)bequem	(un)günstig	peinlich	aufregend
(un)nötig	(un)klug	problematisch	

1. spannend: (die Forschung) immer neue Entdeckungen machen; 2. in der Wirtschaft wichtig: (man) Konkurrenz beobachten; 3. heute notwendig: (man) Fremdsprachen können; 4. ausgeschlossen: (für alle) Arbeit finden; 5. problematisch: (die Industrie) immer mehr produzieren; 6. vorgeschrieben: (die Arbeiter und Arbeiterinnen) sich gegen Unfälle im Betrieb schützen; 7. verboten: Kinder als Arbeitskräfte anstellen; 8. selbstverständlich: (in allen Berufen) gute Arbeit leisten

Ü23

Bilden Sie Sätze.

> 1. Es ist spannend, immer neue Entdeckungen zu machen. / Immer neue Entdeckungen zu machen, ist spannend.
> Es ist spannend, dass die Forschung immer neue Entdeckungen macht.

5 Das Produkt

Ü24

Über Gesundheit und Krankheit sprechen

a) Beantworten Sie zwei Fragen schriftlich.
b) Fragen Sie Ihren Partner / Ihre Partnerin.

1. Was heißt für Sie krank?
2. Was heißt für Sie gesund?
3. Wie fühlen Sie sich, wenn Sie gesund sind?
4. Wann sind Sie oft krank?
   Zu bestimmten Jahreszeiten,
   vor/nach gewissen Ereignissen?

Ü25

Hauptinformationen verstehen

Lesen Sie zuerst den Zeitungsartikel und kreuzen Sie dann die richtige Antwort an.

Vitaminpräparate ersetzen gesunde Kost wie Obst und Gemüse nicht

Müde, schlapp und gestresst? Da liegt der Griff zu Multivitaminpräparaten nahe. Immer mehr Studien aber zeigen: Allzu viel ist ungesund, und künstliche Präparate ersetzen Obst und Gemüse nicht.

◆ **Anita Baumgartner**

Jetzt haben sie wieder Hochsaison. In fast jedem Schaufenster von Apotheken und Drogerien locken Multivitamin- und Mineralstoffpräparate mit verheißungsvollen Wirkungen: Sie sollen die Abwehr stärken und gesund halten.

Die Werbung zieht: Wer ist nicht ab und zu müde, abgeschlagen, gestresst oder spürt eine beginnende Erkältung? Wer hat nie ein schlechtes Gewissen, weil er oder sie sich in den letzten Tagen von Fastfood ernährte statt von Gemüse und Vollkornteigwaren? So greifen 27 Prozent der Schweizer regelmäßig zu einem Vitamincocktail in der Meinung, ihrer Gesundheit Gutes zu tun.

„Es gibt keinen Beweis"

Doch ob die Pillen wirklich gesund sind, ist unklar. „Es gibt keinen Beweis dafür, dass Vitaminpräparate einen Nutzen haben, wenn nicht wirklich Vitaminmangel vorliegt", sagt der deutsche Lebensmittelchemiker Udo Pollmer. „Und ein Mangel ist äußerst selten." Auch die diplomierte Ernährungsberaterin Monica Crisan konstatiert: „Die Vorstellung ‚mehr nützt mehr' stimmt nicht."

Zu viel ist ungesund

Im Gegenteil: Ein Zuviel an künstlichen Vitaminen ist wahrscheinlich sogar schädlich. „Mehrere Studien haben gezeigt, dass künstliche Vitamine im Übermaß lebensverkürzend wirken", sagt Udo Pollmer. In den USA etwa erhielten 18000 Raucher eine Kombination aus hochdosiertem Betacarotin und Vitamin A in der Hoffnung, die Lungenkrebsrate zu senken. Resultat: Die Krebsrate stieg um 28 Prozent. Die Studie musste vorzeitig abgebrochen werden – ebenso wie eine ähnliche zuvor in Finnland.

Künstlich vitaminisiert

Ein Übermaß ist aber auch im Alltag schneller erreicht als angenommen.

1. Multivitaminpräparate
   - ☐ a) machen Obst und Gemüse überflüssig.
   - ☐ b) sind eine Ergänzung zu Obst und Gemüse.
   - ☐ c) sind kein Ersatz für Obst und Gemüse.

2. Mehr als ein Viertel der Schweizer
   - ☐ a) tun regelmäßig etwas für die Gesundheit.
   - ☐ b) nehmen regelmäßig spezielle Vitaminpillen.
   - ☐ c) trinken regelmäßig ein gesundes Getränk.

3. Herr Pollmer meint, dass
   - ☐ a) Vitamin-Pillen allgemein einen großen Nutzen haben.
   - ☐ b) Vitamin-Pillen nur beim Fehlen von Vitaminen helfen.
   - ☐ c) es nicht klar ist, ob Vitamin-Pillen bei Mangel helfen.

4. Die Ernährungsberaterin Frau Crisan bestreitet, dass
   - ☐ a) es oft Vitaminmangel gibt.
   - ☐ b) zu viel Vitamine ungesund sind.
   - ☐ c) mehr Vitamine auch mehr nützen.

5. Künstliche Vitamine und Betacarotin in hoher Dosis
   - ☐ a) helfen gegen Rauchen.
   - ☐ b) helfen gegen Lungenkrebs.
   - ☐ c) fördern Lungenkrebs.

1. Die Behauptung von Herrn Pollmer ist: „Es gibt selten Vitaminmangel." – (behaupten) 2. Die Frage der Journalistin lautet: „Wer isst nicht ab und zu ungesund?" – (fragen) 3. Die Antwort des Fachmannes: „Nicht zu viel Vitamine zu sich nehmen." – (raten dazu) 4. Die Überlegung vieler Leute: „Ernähre ich mich richtig?" – (nachdenken über) 5. Der Versuch von immer mehr Leuten in Deutschland: „Weniger essen, sich mehr bewegen." – (versuchen) 6. Die Befürchtung gewisser Leute: „In Zukunft wird Gemüse und Obst wegen der Gentechnologie ganz anders aussehen." – (befürchten) 7. Die Forderung der Politiker: „Die Wissenschaft soll sich beschränken." – (fordern)

Beispiel: Der Auftrag der Firma an die Experten lautete: „Finden Sie einen Namen für ein neues Produkt." – (beauftragen)

Ü26

Nebensätze als Ergänzungen bei Verben

Bilden Sie Sätze.

> *Die Firma beauftragte die Experten (damit), einen Namen für das neue Produkt zu finden.*

● Bist du interessiert an einem neuen Job?
○ Aber sicher. Ich bin jetzt seit 2 Monaten arbeitslos. Das ist nicht gut für die Moral. Und mit der Zeit wird man richtig neidisch auf die, die Arbeit haben.
● Ja, wenn das so weiter geht, wirst du noch vom Sozialamt abhängig. Aber vielleicht ergibt sich da etwas? Melde dich morgen früh bei der Firma Bau & Technik, aber sag nicht, dass du mit mir befreundet bist. Die glauben immer noch, ich sei verantwortlich für den Unfall auf der Baustelle vor zwei Wochen, von dem ich dir erzählt habe.
○ Okay, ich danke dir für den Tipp und bin neugierig auf die Firma.

Ü27

Adjektive mit Präpositionen

a) Unterstreichen Sie das Adjektiv und die dazugehörige Präposition.

b) Ergänzen Sie die Liste mit den Adjektiven aus dem Dialog.

an	
auf	konzentriert – stolz –
für	geeignet – interessant – nützlich – schädlich – schlecht – wichtig – zuständig –
mit	beschäftigt – bekannt – einverstanden – fertig – verbunden – verabredet – verwandt – zufrieden –
über	froh – traurig –
von	
zu	bereit – fähig – freundlich –

c) Bilden Sie Sätze.

1. Die meisten Menschen _____ zufrieden _____ ihrer Arbeit; 2. vor allem, wenn sie das Gefühl haben, nützlich _____ andere zu _____ 3. Dann _____ sie auch freundlicher _____ ihren Kollegen und Kolleginnen und weniger neidisch _____ einander. 4. Denn Neid und Frust _____ schädlich _____ das Arbeitsklima, da_____ verbunden _____ dann oft eine geringere Leistung. 5. Es ist deshalb interessant _____ einen Betrieb, für ein gutes Betriebsklima zu sorgen. 6. So hilft es zum Beispiel, wenn alle genau wissen, wer wo_____ zuständig ist. Das erleichtert die Kommunikation.

  Ü28

Linksattribute und Rechtsattribute beim Substantiv

a) Bestimmen Sie die Attribute und notieren Sie die Kreisziffern von unten.

1. Schlumpeters Bedeutung für die Volkswirtschaft ____, ____ 2. das zu lösende Problem ____
3. das Produkt der Konkurrenz ____ 4. die diplomierte Ernährungsberaterin ____ 5. die Mitarbeiter, die neu eingestellt worden sind ____ 6. die Frage, wie es in 10 Jahren aussieht ____
7. das Fax, das schnell beantwortet werden muss ____ 8. die wachsende Wirtschaft ____
9. der Computer von morgen ____ 10. die Antwort auf die dringenden Fragen ____, ____
11. die neue Firma in Hamburg ____, ____ 12. die Diskussion, ob die Mitarbeiter und Mitarbeiterinnen entlassen werden müssen, ____.

Beispiel: Dr. Hofmanns Entdeckung ⑤

LINKSATTRIBUTE ◄		KERN DER NOMINALEN GRUPPE		► RECHTSATTRIBUTE
Adjektiv	①		⑥	Genitiv-Attribut
Partizip I	②		⑦	Präpositional-Attribut
Partizip II	③		⑧	Temporalangabe
„zu" + Partizip I	④		⑨	Lokalangabe
Namen im Genitiv	⑤		⑩	Relativsatz
			⑪	„dass"-Satz
			⑫	„zu" + Infinitiv
			⑬	Indirekter Fragesatz

b) Welche Linksattribute können Sie in Rechtsattribute umwandeln und umgekehrt?

Beispiel: Dr. Hofmanns Entdeckung → *Die Entdeckung von Dr. Hofmann*

Ü29

Arbeit und Arbeitsbedingungen

a) Sortieren Sie die Äußerungen:
1. Bewerbungs-/Einstellungsgespräch
2. In der Kneipe
3. Am Arbeitsplatz
4. Lohnverhandlungen

b) Wählen Sie Sätze aus und schreiben Sie Minidialoge.

a) Wer hat heute noch die Aussicht, eine bessere Stelle zu bekommen? ___
b) Wie viele Bewerbungen haben Sie in den letzten zwei Wochen verschickt? ___
c) Kann ich mich bei Ihnen in den nächsten Tagen einmal vorstellen? ___
d) 8 Stunden am Tag sind genug; aber wenn es sein muss, arbeite ich auch mehr. ___
e) Am Sonnabend möchte ich freihaben. ___
f) Womit haben Sie sich in der früheren Stelle beschäftigt? ___
g) Ohne eine Arbeitserlaubnis kann ich für Sie gar nichts machen. ___
h) Haben Sie Ihre Aufenthaltserlaubnis schon beantragt? ___
i) Wollen Sie den Vertrag gleich unterschreiben? ___
j) Und wann soll ich mich erholen? ___
k) Nehmen Sie doch einfach mal Urlaub. In der Zwischenzeit vertritt Sie Frau … ___
l) Und ohne Mittagspause arbeiten wir genau 9 Stunden. ___
m) Haben Sie an Ihrem früheren Arbeitsplatz schon gekündigt? ___
n) Zum Glück mussten wir nur 500 Leute entlassen. ___
o) Haben Sie schon mal eine solche Maschine bedient? ___
p) Was haben Sie sich als Einkommen vorgestellt? ___
q) Wenn ich dann mal in Pension bin, dann hat der Staat sicher vorher Bankrott gemacht. Wenn niemand mehr Steuern bezahlen will, kann auch niemand einen Anspruch auf Rente haben. ___
r) Und die Leute im Gastgewerbe werden auch unter Tarif bezahlt, so wie wir! Lohn oder Gehalt ist egal. Am Monatsende ist so oder so alles weg! ___

6 Aussprache: frei sprechen

Werbung informiert → Übergang → Werbung regt zum Kauf an
Auf der einen Seite, ... → auf der anderen Seite ...
Durch Werbung ... . → Aber ... auch ...
Manche Leute sagen ... . → Stimmt das? Werbung will auch ...

TIPP: Vor Publikum sprechen
- Stehen Sie beim Reden aufrecht vor Ihrem Publikum.
- Variieren Sie Ihr Sprechtempo: Wichtiges langsamer, weniger Wichtiges schneller sprechen.
- Setzen Sie deutliche Akzente auf die Wörter, die *Ihnen* wichtig sind.
- Machen Sie Pausen: Ihr Publikum braucht genügend Zeit zum Mitdenken.
  Nutzen *Sie* die Pausen zum Vorformulieren des nächsten Gedankens.

Thema: _____
Publikum: _____
Ziel: _____

Titel: _____

Anfang: _____
Situation jetzt? _____

Ursachen? _____
Was in Zukunft? _____

Wie Ziel erreichen? _____

Schluss-Satz: _____

Ü30

Eine Rede vorbereiten

a) Notieren Sie Thema, Publikum, Ziel auf Kärtchen.
b) Sammeln Sie Stichwörter dazu: Notieren Sie immer Substantiv und passendes Verb.
c) Ordnen Sie nach den 4 Fragen aus A15.

Ü31

a) Hören Sie.
b) Formulieren Sie die Übergänge halblaut.
c) Suchen Sie Alternativen.

Ü32

Hören Sie und atmen Sie.

Ü33

Eine Rede genau planen

a) Sammeln Sie Stichwörter auf Kärtchen. Ordnen Sie sie nach den 4 Fragen.
b) Formulieren Sie Übergänge halblaut.
c) Planen Sie erst Ihren Schluss, danach Ihren Anfang.
d) Machen Sie Ihren Stichwortzettel. Sprechen Sie damit halblaut.

e) Halten Sie Ihre Rede vor dem Kurs.

DOSSIER

> **Zu A3 und Auftrag 5:**
>
> Die 10 Tipps können Sie
> - mit den Tipps für Präsentationen (in A3) und Lerntipp 76 vergleichen,
> - auf Stichwörter reduzieren,
> - mit eigenen Erfahrungen oder anderen Tipps, die Sie kennen, vergleichen,
> - auf den Deutsch-Kurs übertragen,
> - im Kurs als Präsentationsübung vorstellen.

10 gute Tipps für effiziente Sitzungen

1. Definieren Sie die Ziele des Meetings. Sonst werden am Ende keine Beschlüsse gefasst.
2. Stellen Sie eine Themenliste auf und halten Sie sich an sie. Sorgen Sie dafür, dass man nur über eine Sache zur gleichen Zeit spricht.
3. Halten Sie den Kreis der Teilnehmer klein. Wenn Entscheidungen getroffen werden sollen, laden Sie nicht mehr als sechs Leute ein.
4. Laden Sie nur Leute ein, die tatsächlich unverzichtbar sind. So vermeiden Sie, dass die Sitzung zum Ritual wird.
5. Sorgen Sie für eine positive Stimmung. Es macht sogar Sinn, negative Äußerungen in den Meetings zu verbieten.
6. Leiten Sie das Meeting bestimmt, aber kollegial. Nur so entwickelt sich eine vertrauensvolle Atmosphäre.
7. Vermeiden Sie emotionale Diskussionen. Versuchen Sie auszugleichen.
8. Kritisieren Sie nie einen Mitarbeiter vor anderen.
9. Lassen Sie die Leitung der Meetings unter den Mitarbeitern rotieren.
10. Geben Sie einem Mitarbeiter die Möglichkeit zu gehen, wenn die Themen, die ihn betreffen, behandelt worden sind.

> **Zu A5:**
>
> Sie finden in der folgenden Statistik Informationen zu den drei deutschsprachigen Ländern und anderen wichtigen Wirtschaftsnationen. Sie können
> - die drei deutschsprachigen Länder untereinander vergleichen,
> - ihr Land mit anderen Ländern vergleichen,
> - eine eigene Statistik aufstellen,
> - einen kurzen Text schreiben,
> - einen kurzen Vortrag zu ein oder zwei Vergleichen halten.

Internationaler Vergleich 1996	Belgien	Deutschland	Frankreich	Großbritannien	Italien	Niederlande	Österreich	Schweiz	EU	Japan	USA
Wohnbevölkerung in Mio	10,2	82,4	58,5	58,8	58,0	15,7	8,1	7,1	373,6	126,5	266,4
Fläche in 1000 km²	30,5	356,9	544,0	244,1	58,0	41,5	83,9	41,3	3233,8	377,8	9372,6
Anzahl Einwohner pro km²	334	231	108	241	192	378	96	172	116	335	28
Arbeitende Bevölkerung in Mio	4,3	38,6	26,6	28,1	22,9	6,6	3,9	3,9	158,3	65,8	133,9
Arbeitslosenquote in %	13,7	10,3	12,4	7,4	12,2	6,6	3,9	4,7	10,9	3,4	5,4
Bruttoinlandsprodukt in Mrd US-$	279,1	2374,7	1550,8	1150,1	1220,0	385,2	218,9	291,6	8790,9	4595,6	7572,1
Reale Veränderung 95/96 in %	+1,5	+1,4	+1,3	+2,3	+0,8	+2,7	+1,1	−0,7	+1,6	+3,6	+2,4
Bruttoinlandsprodukt pro Einwohner in US-$	27362	28819	26509	19560	21034	24551	27350	41022	23527	36329	28424

> **Zu A4:**
> Der Text ist eine literarisch-fantastische Beschreibung eines Arbeitsplatzes. Die beruflichen Tätigkeiten und Handlungen bekommen in dieser Textsorte einen poetischen Sinn.
> *Beim Lesen* können Sie sich überlegen:
> - Warum gefällt dem Autor seine Arbeit?
> - Worin besteht diese Arbeit in Wirklichkeit und in der Fantasie?
> - Was ist poetisch an diesem Text?
>
> *Nach dem Lesen:*
> - Was machen *Sie* bei *Ihrer* Arbeit? Schreiben Sie eine fantastische Geschichte und lesen Sie sie vor.
> - Schreiben Sie eine Woche lang ein Tagebuch über Ereignisse und Tätigkeiten bei Ihrer Arbeit.

Ueltsch Arnd:
Die Kunst des Busfahrens

Spätestens seit Beuys weiß man es: Jeder Mensch ist ein Künstler, und alles ist Kunst.
Jedenfalls das Busfahren.
Es gibt das Busfahren und das Busfahren. Ich fahre Bus, und nichts anderes. Auch gut.

Dann gibt es Stunden, wo ich mit dem Busfahren reine Kunst mache. Der Unterschied vom einen zum anderen hat etwas zu tun mit Bewusstheit und Unbewusstheit, mit Wollen und Nichtwollen, mit mich Hineingeben in meine Aufgabe ohne Wenn und Aber. Wenn ich Kunst mache, wenn ich kunstfahre, ist es, als ob alle Poren an meinem Körper geöffnet wären. Ich bin im Eifer, in einem verhaltenen Eifer. In diesem Moment fahre ich schön Bus.
Zuerst zur rein technischen Seite des Kunstfahrens. Der Fahrlehrer würde von vorausschauendem Fahren sprechen. Meine Fahrweise ist flüssig, ohne die kleinste Abruptheit. Kein Verkehrshindernis, keine Ampel, kein anderer Verkehrsteilnehmer überrascht mich. Ich rechne alles ein in meine Möglichkeiten und agiere und reagiere, ohne dass nach außen etwas bemerkbar wäre. Alles spielt sich in meinem Inneren ab – die Abruptheiten, und nach außen liegt ruhig der See, spiegelglatt. Mein Bild für diese Fahrweise: Eine achtzigjährige Dame steht in meinem Bus, hält sich nirgends fest, und sie steht auf einem Bein, und dieses Bein steht sogar auf einem Ei, wobei dieses Ei hochkant steht. Und die Dame wankt und schwankt nicht während meines Fahrens.

Dies zum inneren Bild.

Ich fahre seidig, Samt und Seide, königlich. Kein Fahrgast bemerkt das Anhalten bei den Haltestellen, noch das Wegfahren. Die Kurven sind, als ob sie gerade wären, und dies auch noch für den Fahrgast auf dem hintersten Sitz.
Die Stationen rufe ich am Mikrophon klar und vernehmlich aus. Aber nicht nur das – und hier wechsle ich von der technischen Seite des Kunstfahrens zur künstlerischen Seite des Kunstfahrens: Ich rufe die Stationen derart aus, dass ich mit dem einen und einzigen Wort ganze Geschichten erzähle und Assoziationen heraufbeschwöre. Wenn ich also beispielsweise die Station „Blumenfeld" ausrufe, ohne dass die Fahrgäste unwillkürlich auf den Boden des Busses blicken und nach Blumen Ausschau halten, dann habe ich bei meiner Stationsansage versagt. Ich hätte besser geschwiegen. Beim reinen Kunstfahren sehe ich meinen Bus als großen Pinsel. Ich male mit ihm geheimnisvolle Zeichen durch die Stadt, ähnlich japanischen Schriftzeichen auf weißem Blatt. Ich bin in diesem Moment der Maler, der wohl in vorgegebenen Bahnen, aber darin in völliger Freiheit, das heißt, in völliger Schönheit, seine Schwünge und Kurven zieht. Ich beherrsche meinen Riesenpinsel bis zum letzten Härchen, und ich kann auch den hinteren Busteil millimetergenau um den Trottoirrand herumziehen. Mein Bus steht präziser vor der Ampel, als der weiße Mittelstreifen gemalt auf dem Asphalt liegt – mittlerweile verzogen durch die Temperaturschwankungen.

Busfahren als höchste Kunst, höchste Kunst auch deshalb, weil sie unsichtbar ist. Ob der Fahrgast von dieser Kunst etwas ahnt? Ob höchste Kunst nicht darin besteht, dass sie nur für den Künstler lebt, im Künstler lebt, im Buschauffeur?
Jedenfalls hat die Kunst des Busfahrens den speziellen Charme, sich laufend in Luft aufzulösen, spurlos. Die Energie bleibt, für den, der sie spürt.

Foto: Daniel Wietlisbach

Ulrich Arnd hat als politischer Journalist jahrelang über Dinge geschrieben, die mit ihm selbst wenig zu tun hatten.
Mit 56 Jahren hatte er genug davon und wurde Busfahrer bei den Städtischen Verkehrsbetrieben in Bern. Er schreibt seitdem als Ueltsch Arnd über Dinge, die ihn und andere mehr berühren.

Soziale Sicherheit

Ü1 **1 Nur ein kleiner Fisch**

Ein Ereignis beschreiben

a) Ordnen Sie die Wörter und Ausdrücke den Bildern zu.

der Vater	der Sohn	der Bach	das Wasser	das Ufer	die Steine (Pl.)
der Fels(brocken)	das Gebüsch	die Mütze	die Jacke	die Gummistiefel (Pl.)
die Angel	die Angelrute	die Angelschnur	das Angelzeug

① Vater, ...
②
③

am Ufer stehen   angeln   die Angelschnur auswerfen/einholen
einen Fisch an der Angel haben / herausziehen   helfen wollen
ans andere Ufer waten   auf dem glitschigen Felsen abrutschen   stürzen
sich verletzen   allein nicht aufstehen können   Hilfe holen

b) Schreiben Sie die Geschichte.

 **Ü2**

Einen Text rekonstruieren

Hören Sie den Text von A1b) noch einmal und ergänzen Sie.

Zwei Stun**den** (1) später stei_____ (2) Vater und So_____ (3) in ih_____ (4) Gummistiefel und pa_____ (5) das Angel_____ (6) aus. Der Ta____ (7) war hei____ (8) und an de_____ (9) Bach, de____ (10) sich hi____ (11) zu ein_____ (12) kleinen Tüm_____ (13) staut, i_____ (14) es ange_____ (15) kühl.

„Vati, i_____ (16) versuch's da drü_____ (17)."

„Mach n_____ (18), Walter, ab____ (19) pass a_____ (20), die Stei____ (21) sind ziem_____ (22) glitschig!" „Kl_____ (23) doch! Ich b_____ (24) ja kein Ki_____ (25) mehr."

Walter klet_____ (26) mit sei_____ (27) Angelrute a_____ (28) moosbewachsene Fel_____ (29) und hä_____ (30) seinen Köd_____ (31) in d____ (32) strudelige Was_____ (33). Das Ang_____ (34) wird z_____ (35) entspannenden Mono_____ (36). Auswerfen, lan_____ (37) die Schn_____ (38) einholen, Kö_____ (39) kontrollieren, aus_____ (40) ...

... Bei dem Ver_____ (41), seinem S_____ (42) zu hel_____ (43), rutscht Ho_____ (44) Baier v____ (45) einem Fe_____ (46) ab, ger____ (47) mit sei_____ (48) Bein in ei_____ (49) Spalte, verl_____ (50) das Gleich_____ (51) und fä_____ (52).

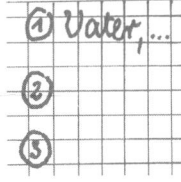

Ein Handlungsschema

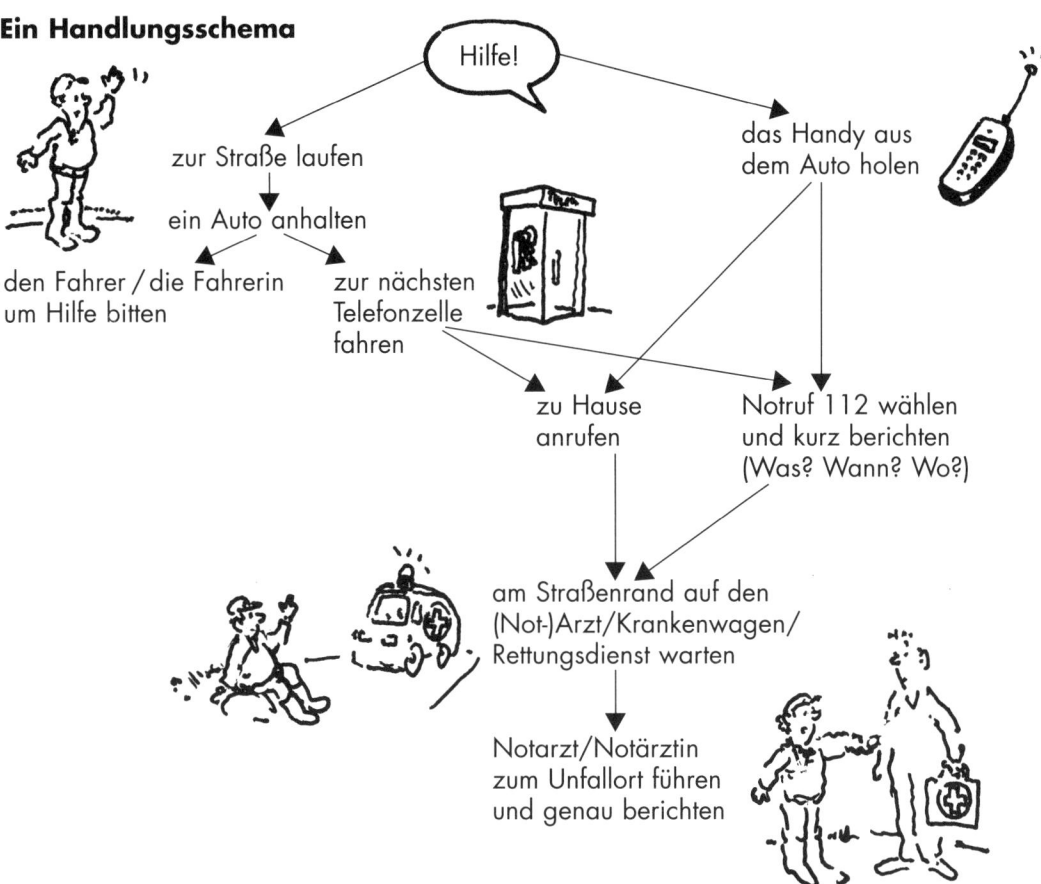

Ü3
Über einen Unfall berichten

a) Lesen Sie das Handlungsschema.
b) Wählen Sie einen möglichen Weg aus und spielen Sie das Gespräch / die Gespräche.
c) Erzählen Sie die Geschichte aus der Perspektive von
– Walter,
– dem Autofahrer,
– dem Notarzt / der Notärztin.

2 Ein komplizierter Beinbruch

```
Firma Elektro Fischer
Fax: 0871 - 89119


Krankmeldung meines Mannes Horst Baier

Sehr geerte Herr Fischer, Sehr geerte Frau Hering,
hiermitteile ich Ihnen mit, das mein Mann, Horst Baier, für
einige zeit nicht zu Arbeit komen kann. Er hat sich an Wochen-
ende beim angeln das rehte Bein gebrochen und legt jetz im
krankenhaus. Die Arbeitsunfähigkeitsbescheinigung schicke ich
ihnen in kürze zu. Mein Mann lesst Ihnen miteilen, das er ales
tun wird, um so schnell wie möglich wider auf die beine zu
kommen, vorallem wegen des grossauftrags.

Mit freundlichen Grüsen
```

Ü4
Ein Fax korrigieren

Marianne Baier war im Stress: Sie hat ein Fax geschrieben und in der Eile viele Fehler gemacht. Korrigieren Sie.

 Ü5

Ein Telefonat verstehen

a) Lesen Sie die Fragen von Marianne.
b) Hören Sie den Text von A3a) und notieren Sie Antworten.

- Arbeitsunfähigkeitsbescheinigung zuschicken?
- Krankengeld:
  - Wann?
  - Antrag?
  - Wie hoch?

Ü6

Wörter ordnen

a) Sammeln Sie Wörter/Ausdrücke aus den Texten von A2–A3; schreiben Sie sie in die Mind-map.
b) Ergänzen Sie Ausdrücke aus der Wort-Kiste.
c) Zeichnen Sie die Mind-map (oder Teile davon) aus dem Gedächtnis.

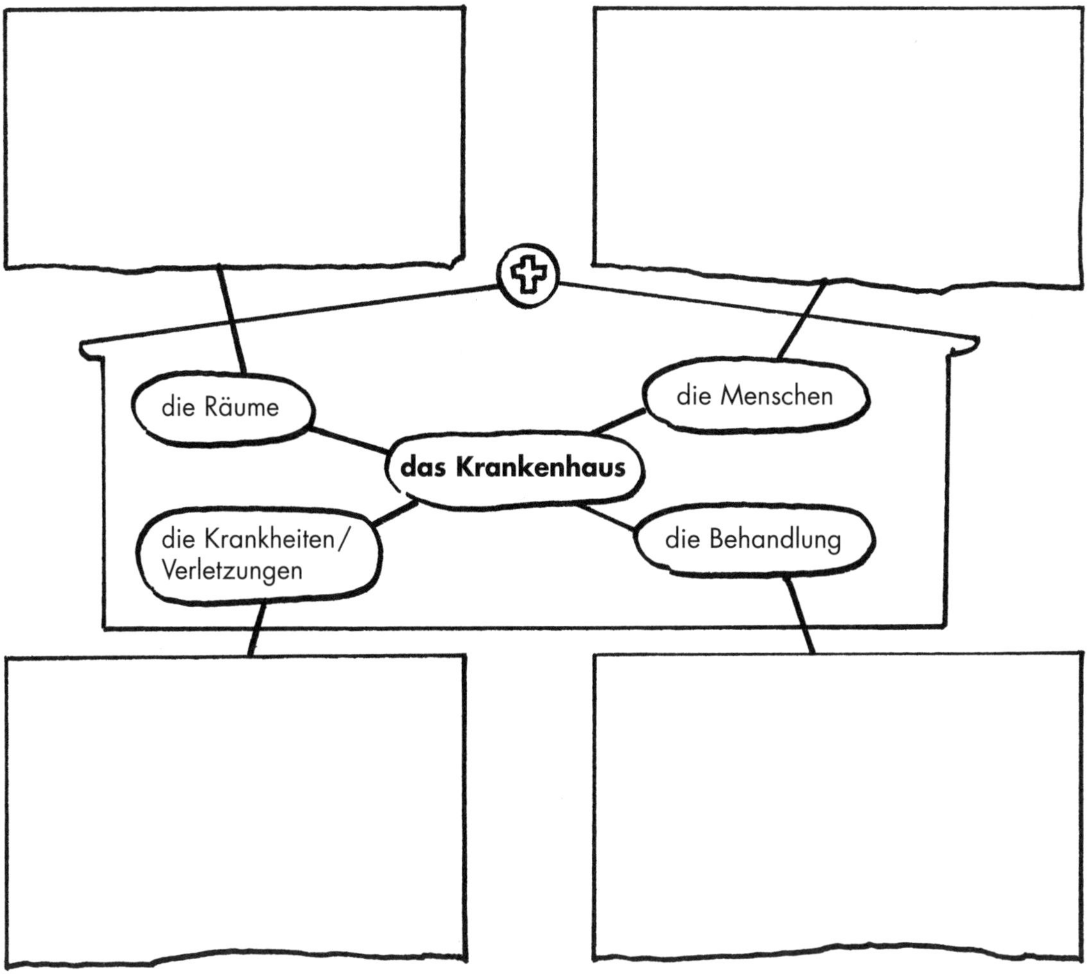

Mind-map: **das Krankenhaus** — die Räume, die Menschen, die Krankheiten/Verletzungen, die Behandlung

---

an Kopfschmerzen leiden   furchtbare Schmerzen haben   Fieber haben
sich verletzt haben   sich das Bein / den Arm gebrochen haben
sich verschlechtern (der Zustand)   sich anmelden
mit dem Arzt / der Ärztin sprechen   untersucht werden
ein Medikament (Tabletten, Tropfen) / ein Mittel gegen Husten, … nehmen
einen Verband bekommen   eine Spritze bekommen   gesund werden
aus dem Krankenhaus / der Klinik entlassen werden   operiert werden (müssen)
künstlich ernährt werden   in Lebensgefahr sein   sterben   tot sein

36

Chef	Kollege von Horst Baier
eröffnet das Gespräch *Guten Tag, Herr ...*	erwidert den Gruß
fragt nach dem Verlauf des Besuchs im Krankenhaus	beschreibt den Besuch im Krankenhaus
erkundigt sich nach dem Zustand von Horst Baier	beschreibt den Zustand von Horst Baier
erkundigt sich nach der voraussichtlichen Dauer der Arbeitsunfähigkeit	kann dazu nichts sagen
bedankt sich für die Informationen und beendet das Gespräch	beendet das Gespräch

Ü7

Informationen austauschen

a) Lesen Sie das Ablaufschema.
b) Schreiben Sie das Gespräch.
c) Spielen Sie das Gespräch.

---

① Liebe Hedwig,
herzlichen Glückwunsch zu deinem großen Erfolg! Sicher bist du froh, dass nun alles vorbei ist. Ich wünsche dir ein paar schöne Urlaubstage.
Herzliche Grüße
Charlotte

② Liebe Liesdri, lieber Gerd,
wir beglückwünschen euch zu eurem Entschluss, euch auf den gemeinsamen Weg durchs Leben zu begeben.
Wir freuen uns schon auf das große Fest!
Herzliche Grüße

③ Liebe Helga,
von Bernd habe ich gehört, dass du am 1. März Assistentin der Geschäftsleitung wirst. Dazu herzlichen Glückwunsch! Ich hoffe, dass wir demnächst gemeinsam auf deinen Erfolg anstoßen können.
Auf bald und
herzliche Grüße
Patrick

④ Liebe Veronika, lieber Thomas,
wir wünschen euch ein frohes Fest und alles Gute im neuen Jahr, vor allem Gesundheit und etwas weniger Stress als in diesem Jahr.
Herzlichst   Hedi und Albert

⑤ Lieber Manfred,
wir freuen uns zu hören, dass es dir inzwischen wieder besser geht und du das Schlimmste überstanden hast. Wir wünschen dir auch weiterhin gute Besserung!
Herzliche Grüße
deine ...

⑥ Liebe Sabi,
auch wenn du im Krankenhaus dein neues Lebensjahr beginnen musst, gratulieren wir dir nicht weniger herzlich dazu. Die Feier können wir ja im nächsten Monat nachholen.
Es grüßen dich herzlich

Ü8

Glückwünsche schreiben

a) Sortieren Sie die Karten nach Anlässen:
– Krankheit
– Geburtstag
– Hochzeit
– Weihnachten/Neujahr
– Prüfung
– Erfolg im Beruf

b) Schreiben Sie selbst eine Karte.

 Ü9 **3 Die Kündigung**

Wortschatz klären

a) Ordnen Sie die Begriffe den Paraphrasen zu.

Begriffe	**Paraphrasen**
1 das Arbeitsamt	A ein Brief, in dem jemandem die Stelle gekündigt wird
2 die Rechtsabteilung	B eine Organisation, die die Interessen der Arbeitnehmer und Arbeitnehmerinnen vertritt
3 das Kündigungsschreiben	C eine Versicherung, die die Kosten eines Rechtsstreits bezahlt
4 der Arbeitgeber	D eine Behörde, die Arbeitsplätze vermittelt
5 der Rechtsanwalt	E gewählte Kolleg(inn)en, die im Betrieb die Interessen der Arbeitnehmer und Arbeitnehmerinnen vertreten
6 die Gewerkschaft	F eine Person, die man nach einer Information oder um Rat fragen kann
7 das Gewerkschaftsmitglied	G eine Person oder eine Gesellschaft, die Arbeitsplätze zur Verfügung stellt
8 die Rechtsschutzversicherung	H eine Abteilung, in der Juristen arbeiten
9 der Betriebsrat	I ein Jurist, dem man den Auftrag geben kann, einen rechtlich zu beraten und zu vertreten
10 der Ansprechpartner	K Angebot von und Nachfrage nach Arbeitsplätzen
11 der Arbeitsmarkt	L Mitglied einer Organisation, die die Interessen der Arbeitnehmer und Arbeitnehmerinnen vertritt

1____ 2____ 3____ 4____ 5____ 6____ 7____ 8____ 9____ 10____ 11____

b) Ordnen Sie die Substantive.

Personen und Institutionen:

1. der Ansprechpartner, 2. das Arbeitsamt, 3. der Arbeitgeber, 4. der Betriebsrat,

5. die Gewerkschaft, 6. das Gewerkschaftsmitglied, 7. die Rechtsabteilung,

8. der Rechtsanwalt, 9. die Rechtsschutzversicherung

Personen	Institutionen	Person(en) und Institution

	r	f
1. Frau Baier ruft direkt bei der Rechtsabteilung des Arbeitsamtes an.		
2. Frau Baier teilt mit, dass ihr Mann gekündigt hat.		
3. Frau Baier möchte, dass das Arbeitsamt ihrem Mann einen neuen Job vermittelt.		
4. Herr Fechter möchte den Grund für die Kündigung erfahren.		
5. Frau Baier kennt den Grund nicht.		
6. Frau Baier berichtet von dem Unfall ihres Mannes.		
7. Herr Fechter empfiehlt Frau Baier, zu einem Rechtsanwalt zu gehen.		
8. Herr und Frau Baier haben eine Rechtsschutzversicherung.		
9. Herr und Frau Baier haben einen Bekannten, der Betriebsrat ist.		
10. Herr Baier muss sich persönlich arbeitslos melden, sobald er wieder gesund ist.		

Ü10

Ein Telefonat im Detail verstehen

Hören Sie das Telefonat von A5c) noch einmal. Richtig oder falsch? Kreuzen Sie an.

Der Anruf bei Ernst Jankowski

● Jankowski, hallo?

○ Hallo?

● Ja, bitte? Wer _____ (1) denn?

○ Hallo, Ernst! Ich _____ (2), Marianne!

● Hallo, Marianne! ... Lange nichts _____ (3) von euch gehört, wie _____ (4) denn so?

○ Ach, du, im _____ (5) nicht so gut. Sag mal, ist mit deinem _____ (6) was nicht in _____ (7)?

● Kann sein, das _____ (8) ist locker. Ist es _____ (9) besser?

○ Ich glaub schon.

● Jetzt _____ (10) mal, was ist denn los?

○ Eine ganz blöde Geschichte ...

Fragen zum Telefonat:

1. Was meint Ernst Jankowski zu dem Fall?
2. Was schlägt er vor?
3. Was möchte er von Marianne wissen?
4. Wann und wo wollen sie sich treffen?
5. Was soll Marianne mitbringen?
6. Wofür bedankt sie sich?

Ü11

Teile eines Telefonats rekonstruieren

a) Hören Sie den (technisch zum Teil gestörten) ersten Teil des Telefonats und ergänzen Sie die Lücken.

b) Hören Sie den (technisch einwandfreien) zweiten Teil des Telefonats und beantworten Sie die Fragen.

 Ü12

Einen Text im Detail verstehen

a) Lesen Sie die Fragen und den Text.
b) Was steht im Text? Kreuzen Sie an. Nur eine Antwort ist richtig.

1. Worum geht es im Text vor allem?
   - [ ] a) um Schimpfwörter
   - [ ] b) um Feiern im Betrieb
   - [ ] c) um Gründe für eine Kündigung

2. Woher hat der Autor seine Informationen?
   - [ ] a) aus seinem Betrieb
   - [ ] b) aus einem Gerichtsurteil
   - [ ] c) aus einem privaten Gespräch

3. Wann kann dem Arbeitnehmer gekündigt werden?
   - [ ] a) wenn er einmal zu viel Alkohol getrunken hat
   - [ ] b) wenn er den Chef in einem privaten Gespräch schwer beleidigt hat
   - [ ] c) wenn er den Chef vor allen Kollegen schwer beleidigt hat

4. Wann kann ihm nicht gekündigt werden?
   - [ ] a) wenn die kritischen Äußerungen dem Betrieb schaden
   - [ ] b) wenn er abends in der Kneipe über seinen Chef schimpft und der Chef davon erfährt
   - [ ] c) wenn er sich entschuldigt

Betrüger! Gauner! Verbrecher!
Wer seinen Chef mit solchen Worten beschimpft, muss mit einer fristlosen Kündigung rechnen. Denn grobe Beleidigungen des Arbeitgebers oder des Vorgesetzten sind ein Kündigungsgrund. Das haben die Richter des Bundesarbeitsgerichts in einem Urteil (2 AZR 38/96) festgestellt.
Das gilt auch dann, wenn der Chef außerhalb der Arbeitszeit vor der versammelten Belegschaft beleidigt worden ist (zum Beispiel bei einer Feier im Betrieb). Denn damit untergräbt der Arbeitnehmer die Autorität seines Arbeitgebers und verstößt damit erheblich gegen seine arbeitsvertraglichen Pflichten. Auch wenn bei der Feier viel Alkohol getrunken worden ist, kann dadurch das Fehlverhalten nicht entschuldigt werden.
Dagegen sind Schimpfwörter, die in einem privaten Gespräch geäußert worden sind, grundsätzlich kein Kündigungsgrund, auch wenn der Chef durch einen der Gesprächspartner davon in Kenntnis gesetzt worden ist.
Merke: Nicht jede kritische Äußerung über den Chef kann ein Kündigungsgrund sein. Sie muss konkrete nachteilige Auswirkungen auf den Betrieb haben oder eine schwere Beleidigung sein.

 Ü13 **Was haben Rauchen, Essen und Trinken mit der Gesundheit zu tun?**

Der Infinitiv als Substantiv

a) Markieren Sie im Text alle Formen von „rauchen", „essen", „trinken".

Auf jeder Zigarettenschachtel ist zu lesen, dass das Rauchen der Gesundheit schadet. Das weiß inzwischen jedes Kind. Viele Raucher versuchen auch, mit dem Rauchen aufzuhören, weil ihnen klar ist, dass jährlich Tausende von Menschen allein in Deutschland an den Folgen des Rauchens sterben; denn durch das Rauchen entstehen zum Beispiel Lungenkrebs und Herz-Kreislauf-Erkrankungen.

Und wie steht es mit dem Essen und Trinken? Die meisten Menschen wissen, dass sie durch zu fettes Essen und durch übermäßiges Trinken ebenfalls ihre Gesundheit gefährden. Aber viele kümmern sich nicht darum, essen und trinken munter weiter und zitieren, wenn man sie auf die Gefahren übermäßigen Essens und Trinkens hinweist, das Sprichwort: „Essen und Trinken hält Leib und Seele zusammen."

VERB	rauchen	trinken	essen
SING.			
NOM	das Rauchen		
AKK			
DAT			
GEN			

b) Schreiben Sie die Formen in die Tabelle.
c) Ergänzen Sie die Tabelle.

Infinitiv als Substantiv:

VERB „rauchen" ⟶ _____ „das Rauchen"

klein geschrieben ⟶ _____ geschrieben

d) Ergänzen Sie die Regel.

mein-, kein-, ein-; welch-

1. „Vati, schau mal, ich glaub, jetzt hat einer angebissen!" – „Toll! Halt die Angel gut fest und zieh langsam die Schnur ein. Guck mal, wie ich das mit meiner mache."
2. „Ich hab mein Handy gerade nicht dabei. Könntest du mir deins mal leihen?" – „Würd ich ja gerne tun, aber ich hab im Moment keins; meins ist gerade in Reparatur."
3. „Horst, hör mal, hast du eigentlich noch genug Bücher?" – „Gut, dass du anrufst, ich hab tatsächlich keine mehr." – „Gut, dann bring ich welche mit."

Ü14

Artikel-Wörter als Pronomen

a) Markieren Sie die Artikel-Wörter ohne Substantiv im Text.

a) Artikel-Wörter als Pronomen im Singular

SING.	MASKULIN	NEUTRUM	FEMININ
NOM	einer / meiner / keiner		
AKK			
DAT			

b) Ergänzen Sie die Tabellen und vergleichen Sie mit der „Deklination der Nominal-Gruppe" im Lehrbuch.

b) Artikel-Wörter als Pronomen im Plural

PLURAL	MASKULIN / NEUTRUM / FEMININ
NOM	welche / meine / keine
AKK	
DAT	

Artikel-Wörter **als Pronomen**: Folgende Formen sind **anders** als bei den Artikel-Wörtern mit Substantiv: _meiner,_ _____

c) Ergänzen Sie die Regel.

Ü15 Rätsel-Texte

a) Ergänzen Sie die Endungen der Artikelwörter.

b) Setzen Sie passende Substantive zu den Artikel-Wörtern.
c) Schreiben Sie ähnliche Texte.

● „Mein___ (1) sind alle; ich habe kein___ (2) mehr. Hast du noch welch___ (3)?"

○ „Nein, ich habe auch kein___ (4) mehr."

● „Aber ich hab noch welch_____ (5). Versuch's doch mal mit mein_____ (6). D_____ (7) sind auch gut."

○ „Komisch, mein_____ (8) ist auch weg; seit wann vermisst du denn dein_____ (9)?"

● „Schon länger. Ich habe alle möglichen Leute gefragt, aber kein_____ (10) konnte mir weiterhelfen."

■ „Entschuldigung, dass ich mich einmische, aber ich habe gerade ein_____ (11) gefunden; vielleicht ist das ja Ihr_____ (12)."

○ „Genau! Das ist mein_____ (13)! Vielen Dank!"

■ „Entschuldigung, dürfte ich mir Ihr_____ (14) mal ausleihen? Mit mein_____ (15) habe ich nämlich Probleme, d_____ (16) funktioniert nicht mehr richtig."

Ü16

Stichwörter versprachlichen

Lesen Sie die Stichwörter und ergänzen Sie die Äußerungen.

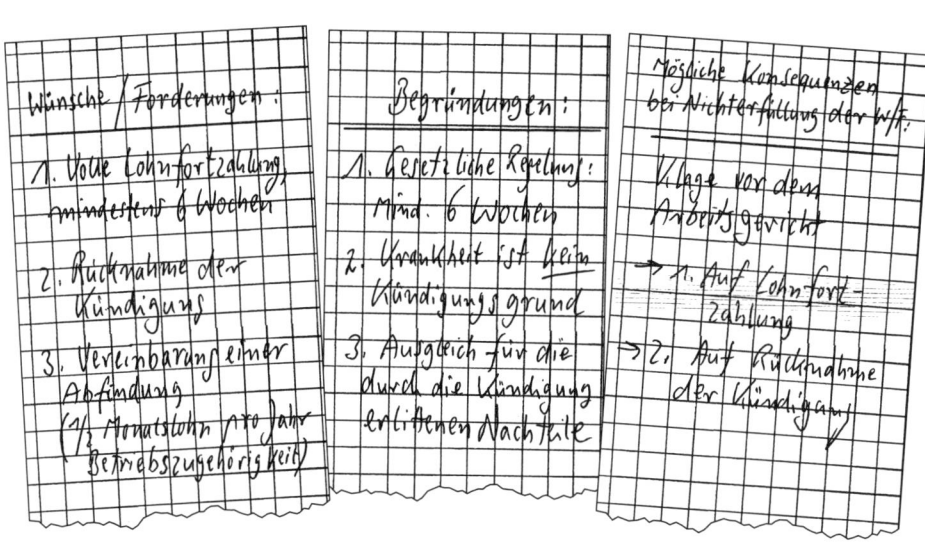

1. „Herr Baier / Mein Mann muss mindestens _____ (1) _____ (2) lang seinen vollen _____ (3) bekommen, _____ (4) ist gesetzlich so geregelt.

   Wenn er diesen _____ (5) nicht bekommt, werden wir vor dem Arbeitsgericht _____ (6)."

2. „Außerdem fordern wir Sie auf, die _____ (7) zurückzunehmen, weil Krankheit _____ (8) Grund ist, einem Mitarbeiter zu _____ (9). _____ (10) Sie die Kündigung nicht _____ (11), werden wir vor dem _____ (12) auch auf _____ (13) der Kündigung _____ (14)."

Das Gespräch mit dem Chef

Der Chef war ziemlich sauer, vor allem, als er erfuhr, dass Herr Jankowski Betriebsrat und Gewerkschaftsmitglied ist. Deshalb war auch eine sachliche Unterhaltung mit ihm unmöglich. Trotzdem bekommt Horst Baier seinen Lohn noch sechs Wochen lang; danach wird der Chef einen neuen Mitarbeiter einstellen, wegen des Großauftrags. Die Kündigung will der Chef nicht zurücknehmen, weil er glaubt, dass Horst Baier so schnell nicht wieder gesund wird. Daraufhin hat Herr Jankowski ihn vor die Alternative gestellt: Entweder Rücknahme der Kündigung oder Klage vor dem Arbeitsgericht.

Der Chef hat dann gesagt, er sei von Herrn Jankowski sehr enttäuscht.

Herr Jankowski hat ihn ausreden lassen und dann gesagt, dass Horst Baier auf Wiedereinstellung klagen wird.

Als Frau Baier und Herr Jankowski gerade dabei waren zu gehen, hat der Chef eine Abfindung ins Gespräch gebracht. Dieses Angebot haben Frau Baier und Herr Jankowski aber abgelehnt.

Ü17

Einen Text korrigieren

a) Hören Sie den Text von A9a) und lesen Sie mit. Markieren Sie falsche Informationen.
b) Korrigieren Sie.

4 Krank und arbeitslos

Ü18

Idiomatik verstehen

Was bedeuten die alltagssprachlichen Ausdrücke? Ordnen Sie zu.

Ausdrücke	Bedeutungen
1 Das kriegen wir hin.	A Das werden wir auf keinen Fall tun.
2 Sie kommen schon wieder auf die Beine.	B Es ist uns gelungen, einen großen Auftrag zu bekommen.
3 Wir haben einen großen Auftrag an Land gezogen.	C Das ist ein großes Problem, für das wir noch keine Lösung gefunden haben.
4 Das kommt überhaupt nicht in Frage.	D Wir können auf keinen Mitarbeiter verzichten.
5 Die Raten fressen uns auf.	E Sie werden wieder gesund.
6 Wir wollen nicht gleich den Teufel an die Wand malen.	F Wir brauchen nicht sofort das Schlimmste zu befürchten.
7 Wir brauchen jeden Mann.	G Wir lassen den Streit durch ein Gericht entscheiden.
8 Wir ziehen vor Gericht.	H Er ärgert sich sehr.
9 Er ist sauer.	I Das gelingt uns. / Das schaffen wir schon.
10 Das macht uns Kopfzerbrechen.	K Wir müssen fast unser ganzes Geld für die Bezahlung unserer Schulden ausgeben.

1____ 2____ 3____ 4____ 5____ 6____ 7____ 8____ 9____ 10____

36

 **Ü19**

Texte vergleichen und zuordnen

a) Welche Anzeigen kommen in Frage?

b) Hören Sie 3 Gespräche: Welches passt zu welcher Anzeige?

c) Marianne hat keinen Job angenommen: Warum nicht? Diskutieren Sie.

Marianne möchte halbtags arbeiten, montags bis freitags, vormittags von circa 8.00 Uhr bis circa 12.00 Uhr; denn in dieser Zeit ist ihr Sohn in der Schule.

Sie hat deshalb die Anzeigen im „Stellenmarkt" ihrer Zeitung gelesen und sich diejenigen herausgesucht, die für sie vielleicht in Frage kommen.

Stellenmarkt

Bürokauffrau in Teilzeit gesucht.
Bewerbungen unter Chiffre 3994

Sie haben das SPAREN satt?
Dann sollten wir uns kennen lernen!
„Zweit-Einkommen"
eigene Existenz – ohne Risiko u. Kapital – in einer zukunftsorientierten Dienstleistungsbranche
Terminv.: Fa. Ernst, Tel. 08 71/93 56 13

SUCHE **NETTE BEDIENUNG**
PANCHOS PASTA
☎ 34105

Wir suchen
Kurierfahrer/in
mit eigenem PKW (weiß)
(tägl. ca. 8 - 15 Uhr)
Firma-Telefon 08 71 / 2 13 90
oder 01 71 / 8 26 64 41

Suche Putzhilfe nach Absprache 1 x wöchentlich in Niederaichbach, ☎ 08702/3210 AB

KFZ überführen, bis DM 3000,- wöchentlich, 0171 / 2 87 23 85

Biete zukunftssicheres **Zweiteinkommen**
von Zuhause aus möglich
Firma Wilde ☎ 0 87 07 / 16 33

Ü20

Tipps verstehen und anwenden

Lesen Sie die Tipps: Was muss Horst Baier wann tun? Von wem bekommt er wann und wie lange Geld?

5 Perspektiven

Tipps für Arbeitslose

1. Wenn Ihnen gekündigt wird:
   Melden Sie sich möglichst sofort, spätestens aber bei Ablauf der Kündigungsfrist, bei Ihrem Arbeitsamt.
2. Wenn Sie arbeitsfähig, aber arbeitslos sind:
   Stellen Sie sofort einen Antrag auf Arbeitslosengeld.
3. Wenn Sie arbeitsunfähig (z. B. krank) sind:
   Während Ihrer Arbeitsunfähigkeit können Sie kein Arbeitslosengeld bekommen. Sie haben aber Anspruch auf Krankengeld, das Ihre Krankenkasse (höchstens 78 Wochen lang) zahlt.
4. Wenn Sie kein Arbeitslosengeld mehr bekommen, aber weiter arbeitslos sind:
   Stellen Sie einen Antrag auf Arbeitslosenhilfe. Nehmen Sie an einer Umschulung teil.
5. Wenn Sie Arbeitslosengeld oder Arbeitslosenhilfe nicht oder nicht in ausreichender Höhe bekommen:
   Stellen Sie einen Antrag auf Sozialhilfe und Wohngeld beim Sozialamt.
6. Wenn Sie weitere Fragen haben:
   Sprechen Sie mit Ihrem Arbeitsvermittler / Ihrer Arbeitsvermittlerin beim Arbeitsamt.

Ihre Rechte · Ihre Pflichten

 Ü21

Funktionsverb-Gefüge

a) Markieren Sie die Funktionsverb-Gefüge.
b) Geben Sie den Inhalt der Sätze mit einem Vollverb wieder.

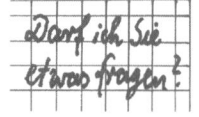

1. „Darf ich Ihnen eine Frage stellen: Wann muss ich einen Antrag auf Arbeitslosengeld stellen?" 2. „Darauf kann ich Ihnen leider keine Antwort geben; diese Frage müssen Sie einem Mitarbeiter des Arbeitsamts stellen." 3. Frau Baier und Herr Jankowski haben mit dem Chef von Horst Baier ein Gespräch über die Lohnfortzahlung geführt. 4. Dabei haben sie auch die Forderung auf Rücknahme der Kündigung erhoben. 5. Sie haben dabei Bezug auf gesetzliche Bestimmungen des Arbeitsrechts genommen. 6. Als sie damit gedroht haben, einen Prozess gegen den Chef zu führen, hat der Chef ihnen eine Abfindung angeboten. 7. Die Hoffnung von Horst Baier, schnell wieder gesund zu werden, ist nicht in Erfüllung gegangen. 8. Ein zu spät eingereichter Antrag auf Arbeitslosengeld kann nicht sofort Berücksichtigung finden. 9. In den Betrieben kommen immer mehr Computer zum Einsatz. 10. Die Ärztin hat dem Verletzten Erste Hilfe geleistet.

Um 14 Uhr packt Horst sein_____ (1) Werkzeug zusammen, ordnet es in sein_____ (2) schwarz_____ (3) Ledertasche, zieht sein_____ (4) blau_____ (5) Arbeitsoverall aus und verstaut d_____ (6) Sachen i_____ (7) leer_____ (8) Kofferraum sein_____ (9) fast neu_____ (10) VW Golf. Sein_____ (11) Pläne für d_____ (12) bevorstehend_____ (13) Wochenende sind: Er will bei ein_____ (14) gut_____ (15) Freund d_____ (16) elektrisch_____ (17) Anschlüsse verlegen und mit sein_____ (18) klein_____ (19) Sohn a_____ (20) nahe gelegen_____ (21) Bach angeln.

Ü22 [W]

Genus- und Kasus-Signale

a) Ergänzen Sie die Endungen.

b) Markieren Sie die Artikelwörter und die Adjektive.

SING.	MASKULIN	NEUTRUM	FEMININ	PLURAL (MASK. = NEUTR. = FEM.)
NOM				
AKK				
DAT				
GEN				

Ü23 [W]

a) Schreiben Sie die Genus- und Kasus-Signale in die Tabelle.

Das **Signal** für **Genus/Kasus** erscheint nur **einmal,**

entweder beim _____ oder beim _____.

b) Ergänzen Sie die Regel.

       er
Ein~~er~~ komplizierte~~s~~ Beinbruch

                                                        in
Horst hat beim Angeln einen komplizierte~~n~~ Beinbruch erlitten. Als er durch de<u>m</u> Bach an das anderen Ufer waten wollte, ist er auf einen glitschige Felsen ausgerutscht und mit sein rechtes Bein in eine engen Felsspalte geraten. Seiner kleine Sohn hat sofort Hilfe geholt: Er ist zu die nächste Straße gelaufen, hat eins Auto angehalten und die Fahrer gebeten, ihn zu der nächste Telefonzelle mitzunehmen. Von der Telefonzelle aus hat er bei seine Mutter angerufen und einen Notarztwagen alarmiert.

Der Arzt und die Sanitäter haben sein ziemlich schwer verletzt Vater untersucht und ihn dann in das nächstes Krankenhaus transportiert. Dort haben die Ärzte festgestellt, dass Horst ein komplizierten Drehbuch mit kaputten Kniescheibe und gerissen Bändern erlitten hat. Die vorgenommen Operation hat zwei Stunden gedauert.

Als Marianne ihrem Mann in Krankenhaus besuchte, lag er in Bett und konnte sich kaum bewegen. Sein Kopf war bandagiert, seiner rechte Arm verbunden, sein rechten Bein steckte in einen weißen Gipspanzer, der bis zu Oberschenkel reichte.

Ü24

a) Lesen Sie den Text und markieren Sie die Fehler.
b) Korrigieren Sie.

Ü25 Das „soziale Netz"

Wortschatz: „Soziales Netz"

Ergänzen Sie die passenden Wörter aus der Wort-Kiste.

> die Bank ~~die Versicherung~~ der Arbeitnehmer der Arbeitgeber die Beiträge (Pl.)
> die Raten (Pl.) die Krankenkasse die Sparkasse das Arbeitslosengeld arbeitslos
> die Arbeitslosigkeit das Krankengeld die Arbeitslosenhilfe die Sozialhilfe krank

In Deutschland besteht das „soziale Netz" unter anderem aus der Krankenversicherung und der Arbeitslosenversicherung. In beide __Versicherungen__ (1) zahlen die

_____ (2) regelmäßig _____ (3) ein.

Bei Krankheit übernimmt die _____ (4) die Kosten. Bei längerer

Krankheit wird _____ (5) bezahlt, aber höchstens 78 Wochen lang.

Bei _____ (6) bekommt der Arbeitnehmer eine Zeit lang

_____ (7), wenn er in den letzten drei Jahren vor der Arbeits-

losmeldung mindestens für 360 Arbeitstage Beiträge in die Arbeitslosenversicherung eingezahlt

hat. Wie viel er wie lange bekommt, hängt von der Höhe und Dauer seiner Einzahlungen ab.

Danach bekommt er eine Zeit lang _____ (8), wenn er weiterhin

_____ (9) ist.

Ü26

Wortfamilien: „Arbeit" und „krank"

a) Ergänzen Sie.

b) Suchen Sie weitere Wörter.

die Arbeit

arbeit/s/los
die _____/s/losig_____
_____/s/fähig
die _____/s/fähig_____
_____/s/unfähig
die _____/s/unfähig_____
der _____/s/pla____
das _____/s/am____
der _____nehm____
die _____nehm_____
der _____geb____
die _____geb_____

krank

die _Krank_heit
das _____/en/haus
das _____/en/zi_____
die _____/en/ka_____
das _____/en/gel__
die _____/en/schwe_____
der _____/en/pfleg_____
der _____/en/wag_____
der _____e
die _____e
er_____en
die Er_____ung

DOSSIER

> **Zu Auftrag 3:**
>
> Der folgende Text enthält Informationen über das „soziale Netz" in Deutschland.
> Sie können
> - in Gruppen die Abschnitte lesen und sich gegenseitig über den Inhalt informieren,
> - mit Hilfe dieser Informationen Auftrag 3 bearbeiten und den weiteren Verlauf von Horst Baiers Geschichte (Variante A oder B) entwerfen.
> - Informationen zu dem „sozialen Netz" in Ihrem Land (wenn es etwas Ähnliches gibt) stichpunktartig notieren und darüber (kurz) berichten,
> - Informationen zu den „sozialen Netzen" in verschiedenen Ländern in einer Tabelle (an der Tafel oder auf einer Wandzeitung) sammeln und ordnen.

Das „soziale Netz" in Deutschland

1. Die Krankenversicherung

In Deutschland müssen alle Menschen Mitglied einer Krankenversicherung sein. Das bedeutet:
a) Sie müssen jeden Monat einen bestimmten Betrag an eine private oder eine sogenannte gesetzliche Krankenversicherung (z. B. die AOK = Allgemeine Ortskrankenkasse) zahlen.
b) Wenn sie krank werden, bezahlt die Krankenversicherung die Kosten der Krankheit (oder einen Teil davon).

2. Die Arbeitslosenversicherung

a) Arbeitnehmer in einem „normalen" Arbeitsverhältnis (mit einem Arbeitsvertrag) müssen jeden Monat Beiträge an die Arbeitslosenversicherung bezahlen.
b) Wenn sie arbeitslos werden, bekommen sie eine bestimmte Zeit lang Arbeitslosengeld. Die Höhe und die Dauer des Arbeitslosengeldes sind abhängig von der Höhe des Verdienstes und der Dauer der Beitragszahlung. Eine weitere Bedingung ist, dass sie dem Arbeitsamt zur Vermittlung eines neuen Arbeitsplatzes zur Verfügung stehen.
c) Wenn das Arbeitsamt kein Arbeitslosengeld mehr zahlt und der/die Arbeitslose immer noch keinen neuen Arbeitsplatz gefunden hat, bekommt er/sie Arbeitslosenhilfe. Die Arbeitslosenhilfe ist wesentlich niedriger als das Arbeitslosengeld, wird aber solange gezahlt, bis er/sie einen neuen Arbeitsplatz gefunden hat.

3. Die Rentenversicherung

a) Arbeitnehmer in einem „normalen" Arbeitsverhältnis (mit einem Arbeitsvertrag) müssen jeden Monat etwa 10% ihres Lohnes (Stand 1998) an die Rentenversicherung zahlen.
b) Bei Erreichen der Altersgrenze (65 Jahre bei Männern, 63 Jahre bei Frauen, Stand 1998) bekommt der Arbeitnehmer / die Arbeitnehmerin bis ans Lebensende eine monatliche Rente. Die Höhe der Rente ist abhängig von der Dauer und der Höhe der Beitragszahlungen während des Berufslebens.

4. Die Sozialhilfe

Die Kommunen (Städte, Gemeinden) sind gesetzlich verpflichtet, an diejenigen ihrer Bürgerinnen und Bürger Sozialhilfe zu zahlen, die nicht aus eigener Kraft ihren Lebensunterhalt verdienen können. Sozialhilfe wird aber nur dann gezahlt, wenn keine Verwandten da sind, die finanziell helfen können.

37 Märchen erzählen

Ü1 1 Eine Märchenerzählerin

Wortschatz zuordnen

a) Aktives Zuhören: Was macht das Publikum? Sortieren Sie.

entspannt sitzen   sich amüsieren   träumen
genau beobachten   angespannt dasitzen
dem Märchen folgen   sich zurücklehnen
die Arme aufstützen   ein Bild im Kopf haben
der Erzählerin zuhören   eine Frage stellen
kurze Bemerkungen machen   mitdenken
sich miteinander unterhalten   lächeln
auf die Gesten achten   auf Blicke reagieren
den Rhythmus der Stimme aufnehmen
sich die Personen vorstellen
sich nach vorne beugen   ernst schauen
sich auf die Erzählung konzentrieren

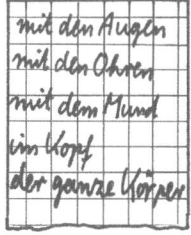

mit den Augen
mit den Ohren
mit dem Mund
im Kopf
der ganze Körper

b) Formulieren Sie ganze Sätze.

mit den Augen: Die Frau mit Brille beobachtet die Erzählerin ganz genau.

Ü2

Vorstellungen formulieren

Ergänzen Sie die Sätze und vergleichen Sie.

1. Wenn ich das Wort „Märchen" höre, denke ich an ...
2. Die meisten Märchen habe ich kennen gelernt, als ich ...
3. Die schönsten Märchen hat ... erzählt, als ...
4. Ein Märchenerzähler / Eine Märchenerzählerin sollte nach meiner Vorstellung ...
5. Meine liebste Märchenfigur ist ..., weil ...
6. Am wenigsten mag ich Geschichten, die ...
7. Zum Erzählen von Märchen gehören für mich auch ...
8. Beim Märchenerzählen kann man als Zuhörer(in) ...
9. Der schönste Ort, um ein Märchen zu hören/erzählen, ist ...
10. „Märchenhaft" ist für mich etwas, wenn ...

1. ..., denke ich an eine ganz fantastische Geschichte.

Ü3

Eine Erzählung beginnen

a) Welche Einleitung hören Sie wörtlich? Kreuzen Sie an.

b) Notieren Sie pro Thema ein Stichwort.

c) Wählen Sie ein Thema und erzählen Sie dazu ein eigenes Erlebnis.

1. Du, hast du einen Moment Zeit? Das muss ich dir unbedingt erzählen! Ich war gestern ...
2. Hör mal zu: Weißt du eigentlich, wo Petra jetzt wohnt? ...
3. Haben Sie das auch schon gehört? Heute früh in den Nachrichten haben sie gemeldet, dass ...
4. Da fällt mir etwas ein. Also, als ich letzte Woche aus dem Computerkurs gekommen bin ...
5. Darf ich einen Augenblick unterbrechen? Ich habe da eine wichtige Frage: ...
6. Übrigens, was ich dir noch erzählen wollte, das finde ich wirklich komisch. Also ...
7. Haben Sie einen Augenblick Zeit? Ich habe gestern gehört, dass ...

a) □ □ □ □ □ □ □

b) _____

Ü4

Ausbildung und Berufstätigkeit: Wortschatz zuordnen

a) Hören Sie noch einmal das Interview von A4: Welche Informationen hören Sie? Markieren Sie.

```
Mag. Karin Tscholl                    Bürgerstr. 7
                                      A-6020 Innsbruck
                                      Tel./Fax 05 12/58 01 02
```

LEBENSLAUF

Persönliche Daten:

geboren 26.02.1968 in Innsbruck; ledig

Sprachen: Englisch fließend in Wort und Schrift, Übersetzungen; Französisch, Italienisch, Flämisch; Basiskenntnisse Haussa und Twi; weitere Kenntnisse: Textverarbeitung mit WinWord

Ausbildung:

1974 – 1978	Volksschule Leopoldstraße, Innsbruck
1978 – 1986	Gymnasium Reithmannstraße, Innsbruck; Matura
1986 – 1987	Studium der Vergleichenden Literaturwissenschaft an der Universität Innsbruck
1987 – 1989	Ausbildung und Praxis als Heilmasseurin in San Diego, USA
ab 1990	Fortsetzung des Studiums
1993 – 1994	Studienaufenthalt an den Universitäten Cape Coast und Legon Accra, Ghana
1995	Abschluss des Studiums der Literaturwissenschaft mit Diplomprüfung
Mai 1996	Erzähler-Fortbildung bei M. Wenzel, Wien

Berufliche Tätigkeit:

April – Sept. 1990	Referentin für Frauenpolitik der Grünen Partei in Tirol
1990 – 1994	jeweils Juli und August: Aushilfe in der Stadt-Bibliothek Innsbruck (Bestellungen und EDV-Erfassung der Bücher)
seit 1996	Lehrbeauftragte an der Universität Innsbruck; Seminarleiterin in der Erwachsenenbildung; freiberuflich tätig als Märchenerzählerin

Beilagen:

---

b) Ordnen Sie die Wörter und Ausdrücke den drei Abschnitten des Lebenslaufs zu. Notieren Sie in einer Tabelle.

eine Ausbildung abschließen   an einem Kurs teilnehmen   geboren werden/sein   als … tätig sein   arbeiten als …   die Adresse angeben   die Schule besuchen   das Abitur / die Matura machen   das Studium fortsetzen   die Ausbildung unterbrechen   ein Praktikum machen   ein Zeugnis / ein Diplom bekommen   eine Ausbildung / ein Studium anfangen   eine Ausbildung als … machen   studieren   freiberuflich arbeiten   eine Fortbildung machen   eine Prüfung bestehen   ein Aufenthalt im Ausland   etwas erfolgreich beenden   in den Kindergarten gehen   in die Lehre gehen   in einen Kurs gehen   lernen   sich vorbereiten   planen   sich im Ausland aufhalten   sich selbstständig machen   die Sprachkenntnisse verbessern

Persönliche Daten	Ausbildung	Berufliche Tätigkeit

c) Was passt zu *Ihrem* Lebenslauf? Markieren Sie.

d) Erzählen Sie Ihren Lebenslauf.

 Ü5

Eine Biografie rekonstruieren

a) Kreuzen Sie die richtigen Aussagen an.

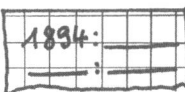

b) Notieren Sie zu den Daten aus der Biografie von Lisa Tetzner Stichwörter:

1894:	
:	

Lisa Tetzner wurde am 10. 11. 1894 in Zittau (D) geboren. Mit elf Jahren erkrankte sie schwer und war in der Folge ihr ganzes Leben lang stark gehbehindert. Gegen den Willen ihres Vaters besuchte sie eine
5 Höhere Schule in Berlin.
Nach dem Krieg und dem Ende des Deutschen Kaiserreiches 1918 wanderte sie durch die Dörfer Mittel- und Süddeutschlands und erzählte den Menschen Märchen. Anfangs machte sie das ganz allein, später reis-
10 te sie zusammen mit ihrem Mann Kurt Kläber, der als Schriftsteller und fahrender Buchhändler die Leute mit den Werken der deutschen Literatur bekannt machen wollte. Beide glaubten nach den Schrecken des 1. Weltkrieges, dass die Menschen durch Bildung und
15 Lesen positiv verändert werden könnten. Wenn Lisa Tetzner gefragt wurde, warum sie dieses mühevolle Leben führe, verglich sie ihre Arbeit und Funktion mit der von afrikanischen Geschichtenerzählern: Wie diese wolle auch sie in ihren Märchen und Geschichten
20 von Menschen oder Figuren erzählen, die lange, erlebnisreiche Wanderungen machen, weil sie eine Aufgabe lösen wollten oder müssten. Und das sei im Leben genauso. Das sollten junge Menschen erkennen, meinte sie.
Schon 1927 erkannte Lisa Tetzner, dass sie über das neue Medium Radio viel mehr
25 Menschen erreichen konnte als auf ihren Wanderungen, und sie wurde beim Berliner Rundfunk Leiterin der „Kinderstunde". 1933 musste ihr Mann aus politischen Gründen emigrieren und ging in die Schweiz. Lisa Tetzner folgte ihm ins Exil nach. Sie lebten dort in bitterer Armut, vor allem deshalb, weil ihr Mann nicht nur in Nazi-Deutschland, sondern auch in der Schweiz Schreibverbot hatte. Von 1937 bis 1953 lehrte Lisa Tetzner Sprecherziehung für
30 künftige Lehrerinnen und Lehrer in Basel. Sie starb 1962 in der Schweiz.
Heute kennt man Lisa Tetzner als Autorin von Jugendbüchern und als Sammlerin von Märchen („Die schönsten Märchen der Welt" 1926, „Europäische Märchen" 1958). Sie hat als erste versucht, Kindern und Jugendlichen über Märchen das Denken von fremden Kulturen näher zu bringen.

1. ☐ a) Weil Lisa Tetzner gehbehindert war, konnte sie keine Höhere Schule besuchen.
   ☐ b) Obwohl Lisa Tetzner gehbehindert war, besuchte sie eine Höhere Schule in Berlin.
   ☐ c) Nach ihrer Krankheit konnte Lisa Tetzner nie mehr gehen.

2. ☐ a) Zuerst wanderte sie allein durch die Dörfer und erzählte den Menschen Märchen.
   ☐ b) Sie reiste allein durch die Dörfer, um Bücher zu verkaufen.
   ☐ c) Sie und ihr Mann waren gute Märchenerzähler, deshalb reisten sie durch die Dörfer.

3. ☐ a) Menschen und Figuren in afrikanischen Märchen machen lange, erlebnisreiche Wanderungen.
   ☐ b) Märchenerzähler machen lange Wanderungen, um eine Aufgabe zu lösen.
   ☐ c) Junge Leute sollten afrikanische Märchenerzähler kennen.

4. ☐ a) Lisa Tetzner wollte keine Märchen im Radio erzählen.
   ☐ b) Auch als sie beim Berliner Rundfunk war, machte sie noch lange Wanderungen.
   ☐ c) Beim Berliner Rundfunk leitete sie die Sendung „Kinderstunde".

5. ☐ a) Lisa Tetzner schrieb viele neue Märchen.
   ☐ b) Sie sammelte Märchen aus aller Welt für ihre Jugendbücher.
   ☐ c) Sie sammelte Märchen, damit Kinder das Denken von fremden Kulturen kennen lernen.

2 Geschichten erzählen oder vorlesen?

1. „Das ist ein Märchen, und darum <u>müsste</u> eine arme, aber kluge Frau kommen, die noch dazu schön ist. Die kann dann <u>bestimmt</u> die Rätsel lösen."
2. „<u>Es mag sein</u>, dass der Khan gar keine Frau haben will. Er will vielleicht lieber allein bleiben."
3. „Wahrscheinlich findet eine hässliche Frau die Lösung. Und dann ist anzunehmen, dass der Khan sie nicht heiratet. Er sucht dann vielleicht noch eine viel schwierigere Aufgabe für sie."
4. „Es ist sehr gut möglich, dass die Frau auch dem Khan eine Aufgabe stellt. Und dann dürfte es wohl ein glückliches Ende geben, denn es ist ja ein Märchen."
5. „Ich kann mir vorstellen, der Khan ist mit keiner Lösung zufrieden, weil er allein bleiben will."
6. „Aber es ist auch gut möglich, dass diese Geschichte wie ein Märchen weitergeht und die beiden heiraten. Das ist sogar sehr wahrscheinlich."

Adjektive und Adverbien	Verben	grammatische Formen
bestimmt	*es mag sein*	*müsste (Konj. II)*

Ü6 🗝

Vermutungen äußern

a) Was macht die Sätze zu Vermutungen? Unterstreichen Sie.

b) Sortieren Sie und ergänzen Sie weitere Möglichkeiten.

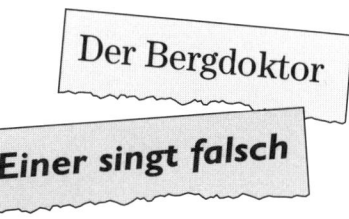

Ü7

a) Wozu passen die Titel? Vergleichen Sie Ihre Vermutungen.
b) Erfinden Sie je einen Titel. Wer findet die beste Geschichte dazu?

Er war groß, *kraftvoll* _____	zufrieden ruhig geduldig
er hatte lange, gerade Beine, _____	interessiert fröhlich einfach
einen knackigen Reiterhintern, _____	höflich nett still stark
schmale, aber nicht zu schmale Hüften, _____	ehrlich erotisch attraktiv
breite, aber nicht zu breite Schultern, _____	sympathisch vernünftig
zärtliche Hände, _____	tolerant selbstbewusst gut
Haare bis zur Hüfte, blond, _____	gemütlich zärtlich lieb
… kleine, wohlgeformte Ohren, _____	entschlossen dynamisch
lange Wimpern, strahlende Augen, _____	mutig verständnisvoll
einen Kussmund, _____	zurückhaltend ~~kraftvoll~~
er roch sehr gut, _____	arrogant traurig böse
er konnte sehr gut zuhören _____	eifersüchtig misstrauisch

Ü8

Eigenschaften: Wörter ordnen

a) Welche Eigenschaften passen zum Khan? Notieren Sie zu jeder Zeile passende Adjektive. Vergleichen Sie.
b) Notieren Sie Adjektiv-Paare mit gegensätzlicher Bedeutung:

gut – böse

c) Beschreiben Sie andere Märchenfiguren.

37

Ü9

Einen Abschnitt genau verstehen

Hören Sie noch einmal Darischmas Antwort aus A7 und ergänzen Sie die Lücken.

Die Entfernung von Osten _____ (1) ist eine Tagesreise, denn _____ (2) geht _____ (3) auf und _____ (4) einen Tag lang, um im Westen wieder unterzugehen." – „Das ist _____ (5)." – „Die _____ (6) zwischen Himmel und Erde ist ein Augenblick, denn ich _____ (7) in den Himmel und ich blicke _____ (8)." – „Das ist richtig." – „Die Entfernung _____ (9) und Wahrheit aber sind _____ (10). Denn das ist die Entferung zwischen Auge _____ (11). Denn ich höre die Lüge, aber ich sehe die Wahrheit, und ich _____ (12) die Lüge, aber ich höre _____ (13)." – „Auch das ist richtig", _____ (14) der Khan. „Willst du denn _____ (15) werden?"

Nun, was _____ (16), sagte sie? „Ja", haben _____ (17) gedacht, „ja wird sie sagen", aber _____ (18), sie sprach: „Mein _____ (19) Khan, wer Rätsel stellt, der muss auch Rätsel _____ (20)."

Ü10

Eine Geschichte gliedern und lernen

Notieren Sie Stichwörter zu den Stationen der Geschichte „Khan Bulabek".

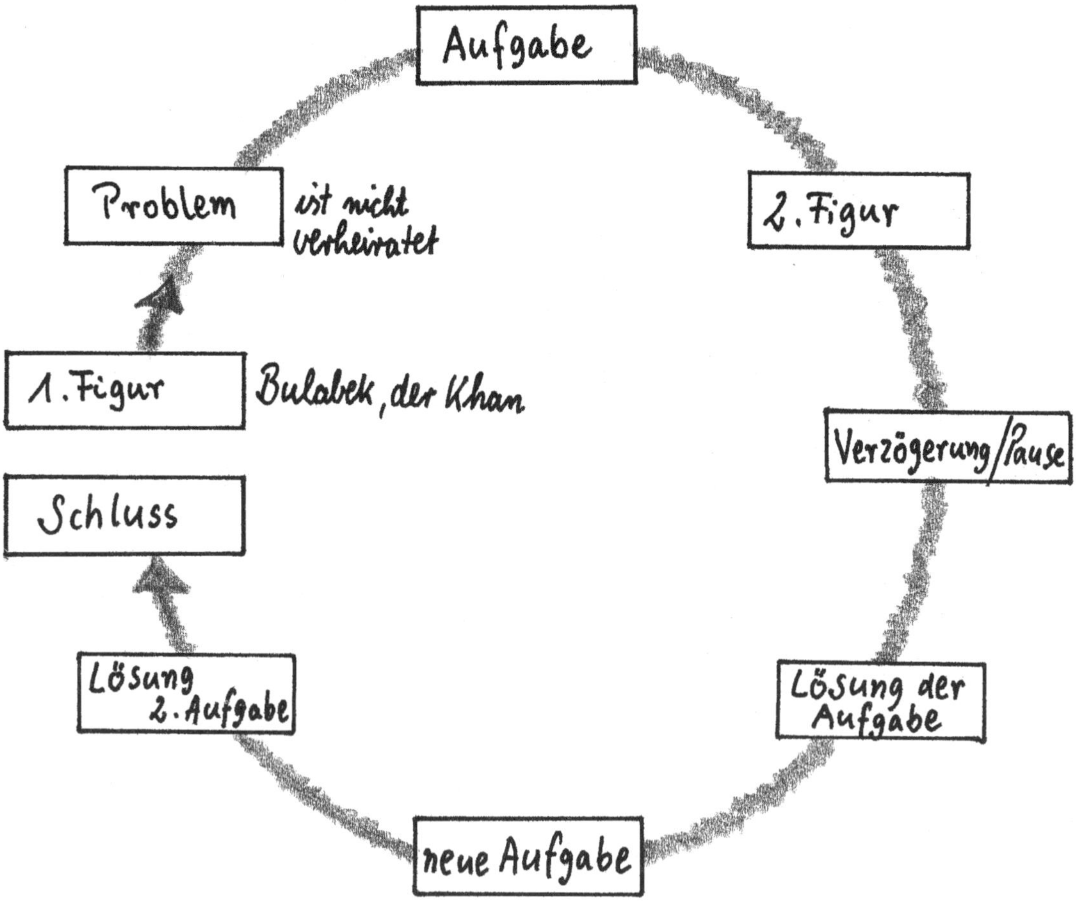

- Aufgabe
- 2. Figur
- Verzögerung/Pause
- Lösung der Aufgabe
- neue Aufgabe
- Lösung 2. Aufgabe
- Schluss
- 1. Figur — Bulabek, der Khan
- Problem — ist nicht verheiratet

Die kluge Bauerntochter

Da sagte der König: „Komm zu mir, nicht gekleidet und nicht nackt, nicht geritten und nicht gefahren, nicht auf dem Weg und nicht neben dem Weg. Wenn du das _____ (1), _____ (2) ich dich heiraten."

Da _____ sie sich nackt _____ (3). Da war sie nicht gekleidet. Und sie _____ (4) ein großes Fischernetz und _____ (5) es um sich herum. Da _____ (6) sie nicht nackt.

Sie _____ einen Esel _____ (7) und _____ (8) sich im Netz vom Esel _____ (9). Das war nicht geritten und nicht gefahren. Der Esel _____ (10) im Straßengraben _____ (11). Das war nicht auf dem Weg und nicht neben dem Weg.

Und wie sie so zum König _____ (12), _____ (13) er, sie hätte das Rätsel gelöst. Da _____ (14) der König ihren Vater frei und _____ (15) sie zur Königin.

| können |
| wollen |
| (sich) ausziehen |
| nehmen, wickeln |
| sein |
| ausleihen, lassen |
| ziehen |
| müssen, gehen |
| kommen, sagen |
| lassen |
| machen |

Ü11 W 🗝

Tempusformen des Erzählens

Schreiben Sie die Verben im passenden Tempus in die Lücken.

Viele Jahre später kam es zwischen der Königin und dem König zu einem Streit, weil die Königin auch einem anderen, einem Bauern nämlich, einen klugen Rat gegeben hatte. Der König war wütend und befahl seiner Frau: „Geh wieder hin, wo du hergekommen bist. Aber ich erlaube dir, das Liebste und Beste, was du hast, mitzunehmen." Da antwortete sie: „Lieber Mann, so wie du es befiehlst, will ich es auch machen."

Ü12

Einen Text ausbauen

Was nahm die Königin wohl mit? Wählen Sie aus und begründen Sie.

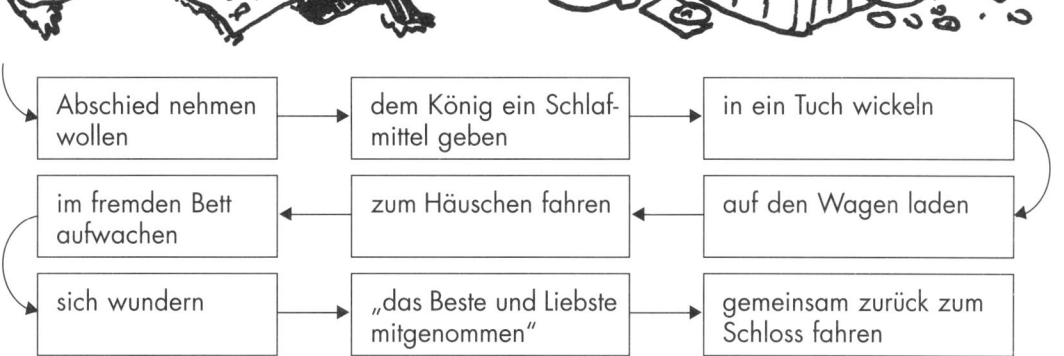

Ü13

Schreiben Sie das Märchen zu Ende.

Ü14

Funktion und Form des Konjunktivs im Text erkennen

a) Unterstreichen Sie alle Konjunktiv-Formen.

1. Der Bauer trug den Mörser zum König. Er sagte, den <u>hätte</u> er auf seinem Stückchen Land im Boden <u>gefunden</u>, und ob der König ihn als Zeichen seiner Verehrung <u>annehmen wollte</u>.
2. Der König nahm den Mörser und fragte, ob er denn sonst nichts gefunden hätte.
3. Da sagte der König, er solle nun auch den Stößel herbeischaffen.
4. Der Bauer entgegnete, den habe er nicht gefunden.
5. Aber das half ihm so viel, als hätte er's in den Wind gesprochen.
6. Er wurde ins Gefängnis gebracht, und man sagte zu ihm, er müsse so lange da sitzen, bis er den Stößel herbeigeschafft habe.
7. Immer wenn die Diener zum Bauern kamen, schrie der Mann: „Ach, hätt' ich meiner Tochter nur geglaubt! Ach, hätt' ich ihr geglaubt!"
8. Da befahl der König den Dienern, den Gefangenen zu ihm zu bringen. Er fragte den Bauern, warum er immer schreie „Ach, hätt' ich meiner Tochter nur geglaubt!" und was seine Tochter denn gesagt habe.
9. „Sie hat gesagt, ich sollte den Mörser nicht bringen, sonst müsste ich auch den Stößel herbeischaffen", antwortete der Bauer.
10. Der König ließ die Tochter des Bauern kommen und fragte sie, ob sie denn wirklich so klug sei. Er sagte, er wolle ihr ein Rätsel aufgeben; und wenn sie das lösen könne, dann wolle er sie heiraten. Da sagte sie gleich ja.

b) Welche Funktion hat der Konjunktiv? Notieren Sie die Satz-Nummern:

Funktionen des Konjunktivs im Text

1. Redewiedergabe (mit Signal für Redewiedergabe): _1.)_
2. Vergleich mit „als ob": _____ 3. unerfüllter Wunsch: _____

c) Notieren Sie die Formen des Konjunktivs in den passenden Zeilen.

KONJUNKTIV I
(gebildet vom Präsens)

KONJUNKTIV II
(gebildet vom Präteritum)

annehmen ... wollte (1.),

KONJUNKTIV I
(gebildet vom Perfekt)

KONJUNKTIV II
(gebildet vom Plusquamperfekt)

hätte ... gefunden (1.),

d) Setzen Sie diese Konjunktiv-Formen in den Indikativ.

  Ü15

Indirekte Rede umformen

Schreiben Sie alle Sätze mit indirekter Rede aus Ü14a) direkt. Markieren Sie die Änderungen.

1. Der Bauer trug den Mörser zum König. Er sagte, den <u>hätte er</u> auf <u>seinem</u> Stückchen Land im Boden <u>gefunden</u>, und <u>ob</u> der König ihn als Zeichen <u>seiner</u> Verehrung <u>annehmen wollte</u>.

1. Er sagte: „Den <u>habe ich</u> auf <u>meinem</u> Stückchen Land gefunden. Nehmen Sie ihn als Zeichen <u>meiner</u> Verehrung <u>an</u>."

Ü16
Irreale Vergleiche formulieren

a) Markieren Sie im Nebensatz die Einleitung und das Verb.

1. Er benimmt sich, als ob er hier zu Hause wäre.
2. Sie tut so, als ob sie ihn nicht verstehen würde.
3. Es sieht so aus, als ob das Wetter besser würde.

Als ich (zum ersten Mal)
Wenn ich

| jemand Deutsch reden hörte,
| eine Prüfung mache,
| allein weggefahren bin,
| ein bisschen Angst habe,
| mit dem Rad gefahren bin,
| richtig glücklich bin,
| …

klang das, als ob …
fühle ich mich, als ob …
kam es mir vor, als ob …
ist das, als ob …
war das, als ob…
kommt es mir vor, als ob …
…

b) Wie ist das? / Wie war das? Machen Sie Sätze. Vergleichen Sie.

Situationen:
1. Sie haben schlecht geschlafen und wachen mit Kopfweh auf.
2. Sie haben nur leichte Sommersachen für die Reise eingepackt, und jetzt ist es kalt.
3. Sie haben eine Verabredung nicht mehr genau im Kopf.
4. Der Bus zur Arbeit ist ihnen gerade in dem Moment vor der Nase weggefahren.
5. Für die Aufführung, die Sie so gern sehen wollten, gibt es keine Karten mehr.
6. Sie sind nervös vor einem wichtigen Termin, und jetzt bleibt der Zug stehen.

___ a) „Wenn ich doch bloß früher aufgestanden wäre!"
___ b) „Wäre ich doch mit dem früheren Zug gefahren!"
___ c) „Wenn ich doch wärmere Kleider mitgenommen hätte!"
___ d) „Hätte ich doch gestern ein bisschen weniger getrunken!"
___ e) „Wenn ich den Termin doch gleich notiert hätte!"
___ f) „Hätte ich doch bloß früher an die Karten fürs Theater gedacht!"

Ü17
Unerfüllte Wünsche

a) Welche Ausrufe passen zu welcher Situation? Notieren Sie die Nummern.

b) Schreiben Sie eigene Äußerungen zu den Situationen 1.–6.

Beispiel: Wenn Aschenputtel die Tauben nicht verstanden hätte, hätten sie ihm nicht geholfen.

Die Tauben helfen ihm, es wird mit der Arbeit fertig.

Der Baum gibt ihm ein Kleid, es kann auf den Ball gehen.

Es verliert einen Schuh, der Prinz sucht die Besitzerin.

Der Schuh passt, der Prinz heiratet Aschenputtel.

Ü18
Irreale Bedingungen

a) Markieren Sie die Konjunktiv-Formen im Beispielsatz oben.

b) Was wäre gewesen, wenn … ? Schreiben Sie das Märchen von Aschenputtel neu.

Ü19 3 Märchenfiguren

Über Märchenfiguren reden

Lesen Sie den Text. Kreuzen Sie für jede Lücke unten die richtige Antwort an: a), b) oder c). Notieren Sie den Buchstaben.

Was hat der schlaue Anansi mit dem _c_ (0) Arnold Schwarzenegger gemeinsam? Wer von beiden ist ___ (1) echte Märchenfigur? Ist das wirkliche Leben von Prinzessin Diana märchenhafter ___ (2) das der Comic-Heldin Yoko Tsuno? Anansi kann fast alles und ist sehr schlau, besonders, wenn es um seinen Vorteil ___ (3). Immer fällt ihm eine List ein, mit der er seine Absicht durchsetzen oder sich aus einer schwierigen Lage retten kann. Wie er ___ (4), davon muss man sich ein eigenes Bild machen: halb Mensch, halb Spinne. Wie Arnold Schwarzenegger aussieht, ___ (5) fast alle. Märchenhaft ist seine Karriere: Wie er vom jungen Burschen aus Graz zum Star vieler Hollywood-Filme wurde! Dazu gehört auch, dass er eine reiche Frau ___ (6) einer berühmten Familie geheiratet hat. Die Hochzeit der jungen, schönen Prinzessin Diana mit dem zukünftigen König schien wie aus einem ___ (7). Ihre Scheidung und ihr Tod durch einen Autounfall passen dazu nicht. Die Bilder aus glücklichen Tagen aber, die die Medien tausendfach ___ (8) haben, bleiben in Erinnerung. Sie war und bleibt die „Prinzessin der Menschen". Yoko Tsuno erlebt viel mehr, als ein Teenager erleben ___ (9). Ihr und ihren Freunden setzen Raum und Zeit keine Grenzen: Sie machen ___ (10) Reisen und lösen alle schwierigen Aufgaben – „wie im Märchen".

0.	a) Held	b) Mann	✗ Schauspieler
1.	a) eine	b) ein	c) einen
2.	a) sondern	b) oder	c) und
3.	a) geht	b) ist	c) trifft
4.	a) sieht aus	b) sieht	c) aussieht
5.	a) kennen	b) wissen	c) erinnern
6.	a) von	b) zu	c) aus
7.	a) Buch	b) Traum	c) Krimi
8.	a) gezeigt	b) geschaut	c) erzählt
9.	a) soll	b) kann	c) will
10.	a) langsame	b) gefährliche	c) langweilige

Ü20

Wählen Sie einen „Märchenkoffer". Legen Sie Personen, Ort, Zeit und Anfang fest. Schreiben Sie in Gruppen die Geschichte.

Aufstieg und Fall

die Not, die Armut, finden, verlieren, gelingen, sich ereignen, das Problem, die Zukunft, verwechseln, die Gefahr, belohnen

Verwandlung

das Geheimnis verraten, die Strafe, überraschen, (sich) retten, verbieten, bestrafen, die Aufgabe, sich verändern, die Sicherheit, jdm. schaden

Liebe und Glück

der Wunsch, küssen, sich verlieben, die Hochzeit, Kinder bekommen, das Heimweh, die Krise, passieren, das Geschenk

Ü21

a) Welches Wort passt für Sie nicht? Streichen Sie.
b) Vergleichen und begründen Sie.

1. das Märchen ——— die Erzählung ——— die Spannung ——— die Geschichte
2. spannend ——— interessant ——— aufregend ——— enttäuschend
3. sich unterhalten ——— sich amüsieren ——— vergessen ——— gefallen
4. Spaß machen ——— Lust haben ——— etwas gut finden ——— langweilig sein
5. der Roman ——— der Film ——— das Theater ——— die Vorstellung
6. der Stoff ——— die Stimme ——— das Thema ——— der Inhalt

4 Aussprache: vorlesen, erzählen

„Ferkel!", schimpft Mama die Bine.

„Weißt du, was das heißt, du Trine?"

„Sicher", sagt die Bine schlau,

„Ferkel heißt das Kind der Sau."

Ich will dich mal was fragen / sagte Andrea / was war zuerst da / das Ei oder das Huhn //**A** ist doch ganz einfach sagte Nina das Ei da muss doch das Huhn 'rauskommen und wo kam das Ei her rief Jens heftig aus dem Laden an der Ecke sagte Nina aus einem Huhn erwiderte Jens laut also muss das Huhn zuerst dagewesen sein was rief Nina und woher kam dein Huhn aus dem Ei das ist doch ziemlich klar und das Ei kam aus dem Huhn und das Huhn aus'm Ei aus dem Huhn dem Ei aus dem Huhn du blödes Ei aus dem Ei du blödes Huhn

TIPP: Geschichten erzählen
Vorbereitung:
- Notieren Sie wichtige Stichwörter in der Reihenfolge, in der *Sie* erzählen wollen.
- Achten Sie darauf, dass die Spannung vom Anfang bis zum Schluss steigt.
- Formulieren Sie das Wichtigste, Lustigste, Aufregendste als Schluss-Satz.
- Sprechen Sie die Geschichte halblaut mit Gesten, stellen Sie sich dabei das Publikum vor.

Erzählen:
- Beginnen Sie erst, wenn alle konzentriert sind und Sie ansehen.
- Setzen Sie beim Erzählen Lampenfieber-Tricks ein.
- Sehen Sie Personen an, die ganz hinten sitzen, und stellen Sie Ihre Lautstärke auf sie ein.

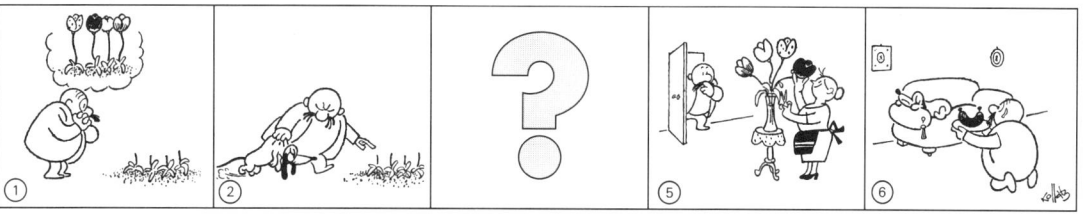

Ü22

Einem Publikum vorlesen

a) Hören Sie und markieren Sie: Pausen, Akzente, Melodie.

b) Lesen Sie erst halblaut, dann laut.

Ü23

a) Lesen Sie halblaut.
b) Markieren Sie: / //**A** ↗ ↘ →

c) Inszenieren Sie den Dialog mit der Stimme.

Ü24

Eine Geschichte erzählen

Was passiert zwischen ② und ⑤? Erzählen Sie.

Ü25

a) Erfinden Sie eine Geschichte: Notieren Sie Stichwörter.
b) Erzählen Sie die Geschichte laut.

DOSSIER

> **Zu A4:**
> In den deutschsprachigen Ländern gibt es manchmal für ein und dieselbe Sache oder Bedeutung unterschiedliche Wörter; sehr oft gibt es aber auch mehrere Wörter nebeneinander. Wichtige Wörter aus der Standardsprache in Österreich und der Schweiz, die auch in der Wortliste des neuen „Zertifikats Deutsch" enthalten sind, finden Sie in den *Dossiers zu den Kapiteln 37, 39 und 40 dieses Arbeitsbuchs*. Diese Wörter helfen Ihnen bei der Lektüre von Texten (Beispiel: Lebenslauf in Ü4 in diesem Kapitel) aus den verschiedenen deutschsprachigen Ländern oder beim Aufenthalt in diesen Ländern.

Aus Gesprächen mit Karin Tscholl

„Ich bin in Innsbruck in die **Volksschule** gegangen, und dann **ins Gymnasium** in der Reithmannstraße. Da hab ich 1986 **Matura** gemacht. Die Sprachen waren mir das Liebste, die Wörter hab ich **mir** leicht **merken** können. Da waren mir sogar **Schularbeiten** und Prüfungen ziemlich egal. Ich hab mir auch immer Bücher in der Bibliothek **ausgeborgt** und viel gelesen. Später hab ich dann Literatur studiert, auch wenn ich gewusst hab, dass die **Chancen** sehr schlecht sind, mit diesem Studium eine gute Arbeit zu finden."

A	D
die Volksschule	die Grundschule
ins Gymnasium gehen	aufs/ins Gymnasium gehen
die Matura	das Abitur
(sich) merken	behalten / (sich) merken
die Schularbeit	die Klassenarbeit
(sich) ausborgen	(sich) (aus)leihen/ (aus)borgen
die Chancen	die Aussichten/ Chancen

„Komm am besten gleich vorbei, dann kannst du die Bücher und Cassetten aus Ghana mitnehmen. Meine **Glocke** ist die oberste, ganz rechts. Aber nimm im **Parterre** nicht die erste **Stiege** rechts. Geh den **Gang** weiter nach hinten, das zweite **Stiegenhaus** links, da geht's zu mir herauf, bis in den fünften Stock." – „Nein, **Lift** gibt es keinen."

A	D
die Glocke/Klingel	die Klingel
das Parterre	das Erdgeschoss/ Parterre
die Stiege	die Treppe
das Stiegenhaus	das Treppenhaus
der Gang	der Flur/Gang
der Lift	der Aufzug/Lift

„Setz dich doch. Magst du im **Fauteuil** sitzen? Ich hol mir grad noch einen **Sessel**. Also, was brauchst du? Der ganze **Kasten** ist voll mit Märchenbüchern und Cassetten. Und das da sind ein paar alte Masken aus Ghana. Die kannst du ruhig **angreifen** und in die Hand nehmen."

A	D
das Fauteuil	der Sessel
der Sessel/Stuhl	der Stuhl
der Kasten	der Schrank
angreifen	anfassen

„Den nächsten Erzählabend organisiere ich selbst: Ich habe **momentan** über 500 Leute, die ich persönlich einlade. Einladungen in **Kuverts** stecken, die Adressen **picken** und auf die Post bringen, das ist zwar viel Arbeit, aber es ist **halt** viel persönlicher. Zum Glück muss ich dann nicht auch noch **Marken** auf alle Kuverts picken, man kann auch pauschal bezahlen."

A	D
momentan	augenblicklich/ momentan/zur Zeit
das Kuvert, -s	der (Brief-)Umschlag/ das Kuvert
picken	kleben
halt	eben
die Marke	die (Brief-)Marke

Zu A10 oder A12:

Der folgende Text berichtet über die Ergebnisse einer Studie. Eine Wissenschaftlerin hat die Rollen von Mann und Frau in Märchen und modernen Texten, Filmen und Computerspielen verglichen.
Die traditionellen deutschen Märchen, wie sie die Brüder Grimm vor 200 Jahren aufgeschrieben haben, werden vor allem kritisiert, weil die Rollen der patriarchalen Gesellschaft des 19. Jahrhunderts entsprechen: Männer sind aktiv und entscheiden alles, Frauen sind eher passiv und warten aufs Heiraten.
Aber auch in den „modernen Märchen" spielen Frauen meistens nur traditionelle Rollen.

Sie können – kurze Steckbriefe zu Figuren machen, die Sie im Text finden;
– zu den Themen im Text Figuren, Motive und Handlungsabläufe aus Filmen und Märchen sammeln.

Hollywood: Die Grimms der Gegenwart
Filme vermitteln immer noch alte Rollenbilder aus der Märchenwelt

Die Schönheit von Dornröschen und die Unschuld von Schneewittchen stehen hoch im Kurs, die Bosheit der namenlosen Hexen und Stiefmütter ebenso. Die Frauen mit diesen guten oder schlechten Eigenschaften stammen heute allerdings nicht mehr aus der Märchensammlung der Brüder Grimm.
Die Geschichten unserer Zeit werden von der Traumfabrik Hollywood produziert. In einer wissenschaftlichen Studie wurden die neuen Märchenfiguren genauer untersucht. Das Ergebnis: Die neuen Medien vermitteln die alten Rollenbilder.
Medien prägen die Gesellschaft. Sie zeigen und verstärken eher alte Bilder von Mann und Frau, als dass sie neue schaffen. Märchen, Mythen und Legenden haben die Menschen in alter Zeit geprägt. Heute tragen „Pretty Woman" und „Super Mario" dazu bei, dass die alten Rollen der Geschlechter immer noch gelten. „Ziel vieler Filme wie Märchen ist die Wiederherstellung der traditionellen Familie mit dem Mann als Chef, dem sich die Frau freiwillig und glücklich unterordnet." Zu diesem Ergebnis kommt Alexandra Rainer, die 30 neuere Hollywood-Filme analysiert hat. Über ihre Ergebnisse hat sie das Buch „Hollywoods märchenhaftes Frauenbild" geschrieben. Die Produzenten der Filmfabrik würden immer wieder Märchenmotive verwenden, um ihre Botschaften an Mann und Frau zu bringen, schreibt Frau Rainer.
Wie im Märchen hat die junge, kindliche Heldin in vielen Filmen auch eine böse Hexe als Gegnerin, die besiegt werden muss: Die moderne Film-Hexe hat allerdings alle Eigenschaften einer modernen, emanzipierten Frau. Die Hexe „made in Hollywood" ist unabhängig, selbstständig, erfolgreich im Beruf, alleinstehend – und schön. Nur ihr Charakter ist hässlich, und zwar so hässlich, „dass selbst Frauen dazu gebracht werden, selbstständige Frauen als böse zu empfinden", schreibt Alexandra Rainer in ihrem Buch. Und weiter: Wie die Märchenhexen hätten sie einen gewaltsamen Tod verdient, da sie die glückliche Welt der Kleinfamilie zerstören wollten.
Jung, schön, brav und bereit, sich unterzuordnen – so sind alte und neue Heldinnen. Joanne, Heldin in „Overboard – Ein Goldfisch fällt ins Wasser", muss ebenso wie die Prinzessin in „König Drosselbart" zeigen, dass sie eine gute Hausfrau ist, bevor ihr Prinz sie heiratet.
Die Botschaft der meisten Computer- und Videospiele ist ähnlich. Frauen spielen in diesen virtuellen Welten selten eine aktive oder wichtige Rolle, meist kommen sie nur als zarte Prinzessinnen oder erotische Frauen vor: Die Frau ist schön und brav, der Mann dagegen kämpft, denkt und lenkt. „Auch in den Spielen, in denen man zwischen männlichen und weiblichen Figuren wählen kann, haben die Frauen insgesamt weniger oder zumindest ganz andere Fähigkeiten als die Männer. Das ist ebenso ein Ergebnis der Untersuchung. „Wenn die virtuelle Frau kämpft, dann kämpft sie oft mit Hilfe von Magie. Wenn sie gewinnt, freut sie sich wie ein kleines Mädchen. Wenn sie verliert, weint sie."
Selten genug kommt es vor, dass Frauen aktive Heldinnen sind, die sich längst selbst geholfen haben, bevor der männliche Held erscheint.

Politik

 **Ü1** **1 „Ein Nashorn will die Welt verändern"**

Eine Geschichte erzählen

a) Hören Sie das Gespräch und schauen Sie das Bild an: Wie geht die Geschichte wohl zu Ende?
b) Kennen Sie die Fabel vom Raben und vom Fuchs? Erzählen Sie.

c) Lesen Sie die Fabel: Was überrascht Sie? Benutzen Sie das Glossar.

Der Rabe und der Fuchs
Von Gotthold Ephraim Lessing (leicht gekürzt)

Ein Rabe trug ein Stück vergiftetes Fleisch, das der erzürnte Gärtner für die Katzen seines Nachbars hingeworfen hatte, in seinen Klauen fort.

Und eben wollte er es auf einer alten Eiche verzehren, als sich ein Fuchs herbeischlich und ihm zurief: „Sei mir gesegnet, Vogel des Jupiter!" – „Für wen siehst du mich an?", fragte der Rabe. – „Für wen ich dich ansehe?", erwiderte der Fuchs. „Bist du nicht der rüstige Adler, der täglich auf diese Erde herabkommt, mich Armen zu speisen? Warum verstellst du dich?"

Der Rabe freute sich, für einen Adler gehalten zu werden. „Ich muss", dachte er, „den Fuchs aus diesem Irrtum nicht bringen." – Großmütig dumm ließ er ihm also seinen Raub herabfallen und flog stolz davon.

Der Fuchs fing das Fleisch lachend auf und fraß mit boshafter Freude. Doch bald verkehrte sich die Freude in ein schmerzhaftes Gefühl; das Gift fing an zu wirken, und er verreckte.

Möchtet ihr euch nie etwas anderes als Gift erloben, verdammte Schmeichler!

Glossar

der Rabe	= großer, schwarzer Vogel
erzürnt	= zornig, wütend, böse
die Klauen	= „Füße" von Raubvögeln
verzehren	= essen, fressen
herbeischleichen	= leise herbeikommen
„Sei mir gesegnet"	= religiöser „Gruß"
Jupiter	= höchster römischer Gott
rüstig	= fit, kräftig, stark
der Adler	= König der Vögel
sich verstellen	= sich anders geben
aus dem Irrtum bringen	= die Wahrheit sagen
rauben	= stehlen, klauen, wegnehmen
verrecken	= unter Schmerzen sterben
erloben	= durch Loben bekommen
der Schmeichler	= jd., der falsche Komplimente macht und nicht die Wahrheit sagt

Ü2

Informationen ordnen

Notieren und ordnen Sie Ausdrücke:

Fabel

Der Name kommt von lateinisch *fabula*: Erzählung. Tierdichtung, die von einer allgemeingültigen Lebensweisheit erzählt, die am Ende als „Moral" zusammengefasst ist.
Thema der Fabel sind in der Regel Beziehungen zwischen Tieren, die menschliche Charaktereigenschaften haben („der schlaue Fuchs", „der mächtige Löwe"). Fabeln gehören wie die Märchen zur literarischen Tradition des „gewöhnlichen" Volkes. Tiergeschichten mit „menschlichem" Charakter kannte man schon im alten Orient. In Europa machte Äsop (6. Jahrhundert v. Chr.) die Fabel bekannt. Im Mittelalter waren die Fabeln wegen ihres Lehrcharakters beliebt. Dank La Fontaine wurde die Fabel im 17. Jahrhundert in ganz Europa berühmt. Auch deutsche Dichter benutzten die Fabel als Instrument zur moralischen Erziehung: G. E. Lessing schrieb im 18. Jahrhundert Fabeln, um den Menschen mit all seinen Stärken und Schwächen zu zeigen.

Ü3

Verhalten beschreiben

a) Was ist besonders gut, was ist schlecht für Sie? Sortieren Sie und notieren Sie je 7 Ausdrücke.

treu   pünktlich   nervös   großzügig   normal   blöd   offen   falsch   intelligent
langweilig   klug   nett   komisch   neugierig   lustig   faul   ängstlich   sympathisch
freundlich   tolerant   selbstbewusst   stolz   laut   schwach   arrogant   ordentlich
ehrlich   kritisch   schmutzig   humorvoll   langsam

spontan lachen   über andere reden   erst denken, dann reden   blöd kichern
wichtige Fragen stellen   falsche Komplimente machen   langsam sprechen
aufmerksam zuhören   sich nicht an Abmachungen halten   sich/jdm. mit Respekt begegnen
über andere lachen   von sich selbst reden   die Wahrheit sagen   nie etwas sagen
andere unterbrechen   die Ruhe bewahren   bewusst und klar handeln   ohne Grund lachen
Rücksicht nehmen auf   höflich Auskunft geben   sich in den Vordergrund drängen

b) Beschreiben Sie das Nashorn junior, den Fuchs oder den Raben.
c) Suchen Sie zu einigen Adjektiven das Gegenteil:

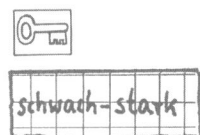

Ü4

"wenn"-Sätze

a) Markieren Sie mit drei Farben: –, +, +/–.

b) Was mögen Sie, was nicht, was ist Ihnen egal? Schreiben Sie je 3 Sätze.

Ich habe das gern.   Das schätze ich sehr.   Das ist mir gleich.   Das macht mich nervös.
Ich kann das nicht leiden.   Das finde ich interessant.   Das lässt mich kalt.
Ich finde das sympathisch.   Ich hasse das.   Das macht mich wütend.   Ich liebe das.
Das ist mir egal.   Ich finde das (un)angenehm.   Das geht mir auf die Nerven.
Das finde ich komisch.   Ich mag das.   Das stört mich nicht.

– Ich hasse es, wenn jemand
+ Ich schätze es sehr, wenn Menschen
+/– Es stört mich nicht, wenn

Ü5

Texte vergleichen

Suchen Sie im Text von A2 und A3 ähnliche Formulierungen. Notieren Sie.

1. Menschen, die das Gleiche denken   _die Gleichgesinnten_   Z. 7
2. Streit mit der Polizei   _____   Z. __
3. Konservative, die nichts ändern wollen   _____   Z. __
4. es fühlt sich umgeben von „Schlechten"   _____   Z. __
5. es hat zu viel getrunken   _____   Z. __
6. die Partei verliert, bekommt wenig Stimmen   _____   Z. __
7. es ist unruhig; es möchte etwas tun   _____   Z. __
8. es arbeitet rund um die Uhr   _____   Z. __
9. sie regieren, sind verantwortlich für das Land   _____   Z. __
10. sie denken bis spät am Abend nach   _____   Z. __
11. es hat keine Gefühle mehr für andere Tiere   _____   Z. __
12. der „Junior" hasst ihn   _____   Z. __

 Ü6

Suchen Sie im Text von A2/A3 das Gegenteil. Notieren Sie.

1. die Andersdenkenden   Z. ___: _____
2. spannende und interessante Menschen   Z. ___: _____
3. die Minderheitspartei   Z. ___: _____
4. rechts von der Mitte   Z. ___: _____
5. freundlich/freundschaftlich   Z. ___: _____

Ü7

Ein Urteil abgeben

a) Kreuzen Sie an.
b) Wie finden Sie den Schluss der Fabel von Christoph Bauer? Schreiben Sie mit Hilfe der Ausdrücke einen kurzen Text.

Wie haben Ihnen die verschiedenen Fabelschlüsse gefallen?	Bauer	Kurs 1	Kurs 2	Kurs 3
Der Schluss war spannend / interessant / wunderbar.				
Das Ende kam unerwartet. / Der Schluss hat mich überrascht.				
Ich habe diesen Schluss erwartet. / Es musste ja so kommen!				
Ich finde das Ende langweilig / schwach / nicht besonders gut.				
Der Schluss ist lustig / sehr originell. Ich musste lachen.				
Der Schluss der Fabel hat mich nachdenklich gemacht.				

 Ü8

Relativpronomen

a) Markieren Sie Bezugswort und Relativpronomen.

1. Haben dir <u>die Geschichten</u>, <u>die</u> deine Kolleginnen vorgelesen haben, gefallen? 2. Haben Sie die Fabel von Lessing, die hier abgedruckt ist, gekannt? 3. Findest du auch, dass der Rabe, der da vorkommt, Glück gehabt hat? 4. Glaubst du auch, dass der Fuchs, dem er das Fleisch gab, Pech hatte? 5. Oder findest du etwa auch, dass die, die nicht die Wahrheit sagen, den Tod verdienen? 6. Erinnern Sie sich an das Foto von Christoph Bauer, dessen Fabel Sie gelesen haben? 7. Kennen Sie viele Politiker, deren Stärke es ist, anderen zuzuhören? 8. Oder kennen Sie eine Politikerin, der man alles glauben darf? 9. Kennt ihr viele Menschen, denen ihr vertrauen könnt? 10. Haben Sie vielleicht auch Nachbarn, deren einzige Freude es ist, über die anderen Leute zu reden? 11. Kennst du auch ein Kind, dessen Schwäche es ist, immer zu lügen? 12. Kennen Sie einen Menschen, den Sie wirklich gern haben und der immer lügt?

b) Ergänzen Sie die Tabelle.

Relativpronomen	Maskulin Singular	Neutrum Singular	Feminin Singular	Plural
Nominativ		das		
Genitiv			deren	
Dativ		dem		
Akkusativ		das	die	

c) Ergänzen Sie die Regel:

Das **Relativpronomen** im **Genitiv Singular** hat zwei Formen: _____ / _____.

Das **Relativpronomen** im **Genitiv Plural** hat nur eine Form: _____.

1. Ich kenne eine Tänzerin, _____ Haare fast einen Meter lang sind. 2. Sie ist mit einem Arzt verheiratet, _____ Hobby alte Fotos sind. 3. Er sammelt fast nur Fotos von Filmstars, _____ Filme alle kennen, aber _____ Namen ich immer wieder vergesse. 4. Sie haben ein Kind, _____ Haare fast genau so lang sind wie die der Mutter.

Ü9

a) Ergänzen Sie die Relativpronomen im Genitiv.

b) Wen mögen Sie / mögen Sie nicht? Charakterisieren Sie mit Relativsätzen.

Den Typ mag ich.

Den Typ mag ich nicht!

Kinder, denen ich ...
Frauen, mit denen ich ...
Männer, ...

Ein Kind, dessen ...
Eine Frau, ...
Einen Mann, ...

2 Deutschland zwischen Ost und West

1. _____
2. _____
3. _____

Ü10 [W]

Assoziationen zu Bildern formulieren

Schauen Sie das Foto an:
Was kommt Ihnen spontan in den Sinn?
Schreiben Sie 3 Sätze.
Verwenden Sie Ausdrücke aus dem Redemittelkasten.

Wenn ich dieses Bild anschaue, dann kommt mir in den Sinn, wie ich ...	Diese Bilder erinnern mich auch an ...
Mir fällt dazu ein, wie ich als Jugendliche(r) ...	Dieses Bild weckt in mir das Gefühl, ...
Ich kann dazu nicht viel sagen, weil ...	Ähnliche Erlebnisse hatte ich in ...
Ich werde nie vergessen, wie ich ...	Ich habe keine Erinnerung(en) an ...
Ich habe das selbst nicht erlebt, aber ...	Ich habe so etwas noch nie gesehen, darum ...

Im Text steht:		Der Zwischentitel zum Abschnitt heißt:
Eine Umfrage zeigt, dass Ostbürger mit der jetzigen Staatsform weniger zufrieden sind als Westbürger.	1.	
Deutschland, das den Krieg begonnen hatte, wird in vier Teile geteilt.	2.	
Friedens- und Sicherheitspolitik ist eine Aufgabe aller europäischen Staaten.	3.	
Die Unterschiede zwischen den Westalliierten und der Sowjetunion führen zu einer Teilung Europas.	4.	
Berlin, dessen Zufahrtswege blockiert sind, muss fast ein Jahr lang mit Flugzeugen versorgt werden.	5.	
Viele Bewohner der DDR, die mit den wirtschaftlichen Verhältnissen unzufrieden sind, wollen fliehen.	6.	
Die Bevölkerung der DDR, deren Unzufriedenheit immer größer wird, protestiert oder flieht ins Ausland.	7.	

Ü11

Aussagen und Zwischentitel ordnen

a) Lesen Sie den Text von A6 und notieren Sie die Zwischentitel zu den Abschnitten 1.–7.
b) Zu welchem Abschnitt passt das Bild von Ü10?

38

Ü12
Wortschatz: "Politik"
Suchen Sie Gegensatzpaare.

der Krieg   die Linken   der Sozialismus   die Unzufriedenheit   befreien
der Mauerfall   die Vereinigung   die Mehrheit   die Rechten   den Krieg beginnen
tolerant   der Osten   die Teilung   Frieden schließen   verlieren
ausländerfeindlich   besetzen   der Mauerbau   die Zufriedenheit
siegen   der Frieden   die Minderheit   der Westen   der Kapitalismus

Ü13
Zusammenhänge in Texten suchen
Lesen Sie den Text von A6 noch einmal. Welche Sätze gehören zusammen?

1. Deutschland wird in vier Besatzungszonen geteilt.	A Danach sollen die Westbürger mit der Staatsform zufriedener sein als die Ostbürger.
2. Die ideologischen Gegensätze zwischen den Westalliierten und der Sowjetunion sind groß.	B Deswegen muss die Mauer nach 28 Jahren wieder geöffnet werden.
3. Die Konfrontation zwischen Ost und West wird immer stärker.	C Das führt zur Gründung zweier deutscher Staaten.
4. Viele DDR-Bürger sind mit der politischen und wirtschaftlichen Situation unzufrieden.	D Darum emigrieren viele von ihnen in den Westen.
5. Es gibt viele Proteste gegen den diktatorischen Führungsstil und die wirtschaftliche Situation.	E Damit beginnt ein neuer Abschnitt in der europäischen Geschichte.
6. Nach dem Zusammenbruch der kommunistischen Welt wird Deutschland vereinigt.	F Dadurch beginnt der „kalte Krieg" und die Spaltung von Europa in Ost und West.
7. Unter jungen Deutschen wird 1997 eine Umfrage gemacht.	G Damit soll verhindert werden, dass Deutschland wieder einen Krieg beginnt.

1. G
2. ...
3.

Ü14
Adversativsätze
a) Lesen Sie den Text und markieren Sie die Konnektoren.
b) Unterstreichen Sie die Verben.
c) Ergänzen Sie die Regel.

In der Zeit des kalten Krieges wurde viel Propaganda gemacht. Der Westen behauptete, im Osten sei alles schlecht. Der Osten <u>jedoch behauptete</u>, im Westen sei nichts gut. Für die meisten Menschen im Westen war klar: „Der Westen ist gut, aber der Osten schlecht." Während man auf der einen Seite vom Kapitalismus sprach, redete man auf der anderen Seite vom Kommunismus. Im Westen betonte man nur die guten Seiten des Westens. Vom Osten dagegen hörte man im Westen viel Schlechtes.

Nach der Öffnung der Mauer sind diese Klischees durch andere ersetzt worden.

REGEL

Konnektoren im Hauptsatz (auch nachgestellt und betont):	Konnektor im Nebensatz:
jedoch, _____, _____	_____

Ü15
Schreiben Sie Adversativsätze.

Im Osten ...	Im Westen ...	Konnektor:
1. eine Partei / herrschen	mehrere Parteien / geben	jedoch
2. die Menschen / sein / unzufrieden	die Leute / sein / meistens / zufriedener	während
3. wenig Luxus / geben	die Bürger / können / fast alles kaufen	dagegen
4. man / sprechen von / Sozialismus	man / reden von / Kapitalismus	aber
5. die Leute / haben / nicht so viel Geld	sehr viele Menschen / verdienen / gut	während
6. die Rede sein von / Diktatur	man / sprechen von / Freiheit	jedoch

1. *Im Osten herrschte nur eine Partei, im Westen jedoch*
2. *Während*
3. _____
4. _____
5. _____
6. _____

3 „Heimat, wo ist dein Zuhause?"

Auf dem Bild sieht man …

Das Bild passt meiner Meinung nach …

Der Mann fragt sich wahrscheinlich, warum …

Das Bild gefällt mir, weil …

Ich finde das Bild interessant, weil …

Ü16 W

Ein Bild beschreiben

a) Markieren Sie drei Satzanfänge.
b) Schreiben Sie damit einen kurzen Text zum Bild.

Wie oft steht im Text „wieder/vereinigt – Wieder/vereinigung"?

☐ 4x   ☐ 11x   ☐ 15x

Wie oft steht im Text „Deutschland/Deutsche/deutsche"?

☐ 4x   ☐ 11x   ☐ 17x

Ü17

Einen Text genau lesen

Lesen Sie den Text von A11 und zählen Sie.

A Vereinigt wurden nicht Menschen, sondern nur geografische Gebiete. Die Menschen haben noch nicht zusammengefunden.
B Der Schriftsteller François Mauriac hat einmal gesagt, er sei froh über zwei Deutschlands.
C Obwohl viel Geld in die neuen Bundesländer investiert worden ist, gibt es dort immer mehr arbeitslose Menschen.
D Im größer gewordenen Deutschland fühlt sich keiner mehr richtig zu Hause, weder die Bürger im Osten noch die Bürger im Westen.
E Von „Wiedervereinigung" kann man nicht reden, weil es vor dem Zweiten Weltkrieg gar nicht zwei deutsche Staaten gegeben hat.
F Es gibt die DDR nicht mehr; dafür gibt es ein Deutschland mit fünf neuen Bundesländern und 16 Millionen mehr Menschen.

| Z. 1–4 | B | Z. 5–20 | | Z. 21–30 | | Z. 31–38 | | Z. 38–51 | | Z. 52–64 | |

Ü18

Lesen Sie den Text von A11 noch einmal abschnittsweise durch und ordnen Sie die Aussagen.

① Keine Besserung auf Deutschlands Arbeitsmarkt

Bonn, 9. Sept. (ap) Trotz boomenden Exporten und positiven Konjunkturdaten ist die Arbeitslosigkeit in Deutschland *im August* auf eine Rekordmarke gestiegen. Wie die *Bundesanstalt für Arbeit* bekanntgab, waren in Deutschland 4,372 Mio. Personen auf Stellensuche, so viele wie noch nie seit Kriegsende. Insgesamt suchten 470 000 Menschen mehr eine Stelle als im Monat August vor einem Jahr. Die *Arbeitslosenquote* erhöhte sich in einem Jahr von 10,2% auf 11,4%. Dabei zeigten sich weiterhin große Unterschiede zwischen den alten und den neuen Bundesländern: So stieg die Arbeitslosenquote in den alten Bundesländern in einem Jahr auf 9,7% (+0,7%), während sie in den neuen Bundesländern auf 18,3% anstieg (+3,4%).

② Anstieg der Arbeitslosigkeit in Österreich

Wien, 6. Jan. (dpa) Die Arbeitslosigkeit in Österreich ist *im Dezember saisonbedingt deutlich* gestiegen; bei den Arbeitsämtern waren Ende letzten Jahres 269 347 Arbeitslose gemeldet, was 27995 mehr als im November waren. Die Arbeitslosenquote stieg von 7,3% auf 8,2%. Ende Dezember des Vorjahres hatte die Arbeitslosenquote noch bei 8,0% gelegen, wie das Sozialministerium bekanntgab.

Ü19 W Z

Inhalte wiedergeben

a) Wo ist die Arbeitslosigkeit am meisten gestiegen? Wo am wenigsten? Vergleichen Sie.

1. Im Text steht, dass die Arbeitslosigkeit in Deutschland _____ .
2. Es heißt, dass seit Kriegsende _____ .
3. Im Artikel steht, dass _____ .
4. Es wird auch gesagt, dass _____ .
5. Über Österreich wird geschrieben, _____ .

b) Was steht in der Zeitung über Deutschland und Österreich? Schreiben Sie „dass"-Sätze.

W Ü20

Texte analysieren

a) Welche Wortgruppe (1.–3.) gehört zu welchem Text (A–C)?

1. ___ Einheit auf dem Papier verwirklicht – alle reden davon: Vorurteile abbauen – aufeinander zugehen – Einigungsprozess wirklich vollzogen – keine langen Diskussionen führen – nicht mehr in Ost-/West-Dimensionen denken
2. ___ Heimat – sich zu Hause fühlen – Menschen kennen – sich wohl fühlen – Erinnerungen teilen – miteinander reden – sich kennen lernen
3. ___ Zuhause – eine schwierige Frage – zwei Wohnsitze – ich kann es nicht sagen – ich fühle mich sowohl / als auch

b) Was für Textsorten sind das? Sachtexte, Essays, Leserbriefe, Statistik, Statements, …? Markieren Sie typische Elemente. Vergleichen und diskutieren Sie.

c) Aus welcher Perspektive (Ost oder West) sind wohl die einzelnen Texte geschrieben? Bei welchem Text finden Sie dafür klare Hinweise, wo nicht?

Ü21

a) Welcher Text ist für Sie sprachlich am schwierigsten?
b) Welcher Text gefällt Ihnen am besten? Diskutieren Sie.

Heimat, wo ist dein Zuhause?

A

Meine Heimat ist dort, wo ich mich zu Hause fühle. Das hat jedoch nichts mit Orten zu tun, sondern mit Menschen, die ich kenne, unter denen ich mich wohl fühle, mit denen ich Erinnerungen teile. Das muss nicht Deutschland sein. Das Wort „Heimat" hat für die Deutschen oft eher einen faden Beigeschmack. Denn so neu ist die Frage nach der Heimat in der gesamtdeutschen Geschichte gar nicht. Und wer sind eigentlich die Deutschen? Wer sind die Ossis und die Wessis? Ich habe noch keinen von beiden getroffen, nur Menschen, die in Deutschland leben. Und viel zu viele reden von einer „Mauer in den Köpfen" der Menschen zwischen Ost und West. Aber diese Mauer ist aus Stereotypen gebaut worden, und wir können sie nur einreißen, wenn wir miteinander reden und uns kennen lernen. Dann wissen wir vielleicht auch, wo unsere Heimat ist.

B

Alle reden davon, dass die Einheit beider deutscher Staaten nur auf dem Papier verwirklicht sei; und alle reden auch davon, wie wichtig es sei, Vorurteile abzubauen und aufeinander zuzugehen.
Doch genau genommen ist der Einigungsprozess nur dort wirklich vollzogen, wo man keine endlosen Diskussionen mehr führt und aufgehört hat, in West-Ost-Dimensionen zu denken. Die junge Generation ist deshalb freier von persönlichen Ost-West-Konflikten, weil sie die Existenz eines einzigen deutschen Staates als selbstverständlich ansieht und nicht wie die Älteren abwägt, ob die deutsche Einheit nun als Segen oder eher als Fluch einzuschätzen sei.

C

Wo ist mein Zuhause, was ist meine Heimat? Keine einfache Frage für eine „Westlerin", die in den neuen Bundesländern arbeitet – wohl inzwischen auch lebt, aber nach wie vor zwei Wohnsitze hat. Wenn ich am Sonntagabend von Würzburg nach Thüringen fahre, sage ich: „Ich fahre *heim*", weg von meiner Familie, in meine „eigenen vier Wände." Aber am Montag erzähle ich in Thüringen: „Am Wochenende habe ich *zu Hause* in Würzburg dies und jenes erlebt."
Ich kann nicht sagen, was meine Heimat ist. Ich kann nur sagen: „Ich fühle mich sowohl in Würzburg als auch in Thüringen zu Hause." Dies liegt wohl auch daran, dass sich die Umwelt ähnelt, z.B. von der Landschaft und der Sprache her. In einer ebenen Küstenregion, in der die Menschen einen völlig anderen Dialekt sprechen, würde ich mich sicher fremder fühlen.

4 „Typisch deutsch"?

	r	f
1. Die Statistik zeigt klar, dass das alte Klischee vom fleißigen und pünktlichen Deutschen auch in den Köpfen der jungen Deutschen existiert.		
2. Das Klischee vom „ordentlichen Deutschen" ist nicht mehr so stark: Nur noch 67% der Jungen halten sich für ordentlich.		
3. Während die jungen Deutschen sich selbst für hilfsbereit und weltoffen halten, sehen sie ihre Eltern nicht so positiv.		
4. Ein ähnliches Bild zeigt die Statistik beim Wort „humorvoll": Die Jungen finden sich selbst eher humorlos, ihre Eltern aber halten sie für humorvoll.		
5. Die Zahlen zeigen auch, dass sich die jungen Deutschen viel stärker mit ihrer Heimat verbunden fühlen als ihre älteren Landsleute.		
6. Überraschend sind auch die Zahlen bei den negativen Klischees: Die Jungen halten sich selbst für arrogant und spießig, ihre Eltern jedoch sehen sie nicht so negativ.		
7. Ein interessantes Bild zeigt sich auch beim Begriff „charmant": Nur sehr wenige Junge schreiben diese Eigenschaft ihren Eltern zu, sich selbst aber viele.		

1. (jedoch) _die jungen Deutschen_

2. (aber) _____

3. (während) _____

Ü22

Statistiken interpretieren

a) Lesen Sie noch einmal den Text von A13. Kreuzen Sie an.

b) Formulieren Sie die falschen Aussagen neu.

Ü23

Über Wertvorstellungen nachdenken

a) Schauen Sie das Bild an: Worauf macht das Plakat aufmerksam? Diskutieren Sie.
b) Welche Einflüsse sind für die Entwicklung Ihres Landes wichtig? Erzählen Sie.

Land: Wo? Wohin?	Frau	Mann	Adjektiv
im römischen Reich / ins römische Reich	die Römerin	der Römer	lateinisch / römisch
in der Türkei / in die Türkei	die Türkin	der Türke	türkisch
		der Japaner	
			italienisch

Ü24

Wortbildung: Länder, Nationalitäten

Ergänzen Sie mit Hilfe des Fotos.

  Ü25

a) Ergänzen Sie die drei Tabellen.

b) Was ist für Sie besonders schwierig? Markieren Sie.
c) Notieren Sie weitere Länder, die für Sie wichtig sind.

Typ 1: + -er	+ -erin	+ -isch	
Mann	**Frau**	**Adjektiv**	**Land**
der Italien-**er**	die Italien-**erin**	italien-**isch**	Italien
der Österreich-**er**			Österreich
der Spani-**er**			Spanien
der Isländ-**er**			Island
der Holländ-**er**			Holland
der Brasilian-**er**			Brasilien
der Amerikan-**er**			Amerika

Typ 2: + -e	+ -in	+ -isch	
Mann	**Frau**	**Adjektiv**	**Land**
der Türk-**e**	die Türk-**in**	türk-**isch**	die Türkei
der Schwed-**e**			Schweden
der Russ-**e**			Russland
der Griech-**e**			Griechenland
der Libanes-**e**			der Libanon
der Chines-**e**			China
der Nepales-**e**			Nepal

Ausnahmen:			
Mann	**Frau**	**Adjektiv**	**Land**
der Ungar			Ungarn
	die Deutsche		Deutschland
		englisch	England
der Franzose		französisch	Frankreich
		schweizerisch	die Schweiz
der Kanadier			Kanada

TIPP: Texte schreiben = Strategien zur Textproduktion schrittweise anwenden

1. Planung	– Thema: Worüber möchte ich schreiben? Was möchte ich sagen?
	– Adressat: An wen / Für wen möchte ich schreiben?
	– Ziel/Anlass: Warum und wozu möchte ich schreiben?
	– Ideensammlung: Was gehört zu diesem Thema?
	– Gliederung: Wie ordne ich die inhaltlich wichtigsten Punkte? (Anfang/Hauptteil/Schluss)
2. Erster Entwurf	– Fokussierung: Was ist das Wichtigste? Wie markiere ich zentrale Punkte?
	– Textkohärenz: Wie baue ich den Text auf? Wie verknüpfe ich den Text?
3. Überarbeitung	– Ergänzung/Streichung: Was fehlt? Was kann weggelassen werden?
	– Formulierungen: Was kann einfacher oder präziser gesagt werden?
	– Sprachliche Korrektheit: Stimmen Artikel, Endungen und Kasusformen? Stimmt das Tempus?
	– Kann/Soll mir jemand beim Korrigieren helfen?
4. Endfassung	– Format, Schriftart/-größe, Überschriften, Gliederung/Absätze

Ü26

Einen Text planvoll schreiben

a) Wählen Sie ein Thema.
b) Schreiben Sie mit Hilfe des Tipps.

Thema 1:	**Thema 2:**	**Thema 3:**	**Thema 4:**
„Wertvorstellungen von Jungen und Alten in meinem Land"	„Die politische Situation in meinem Land"	_____	_____

1. Die Bürger dürfen hier ihre Meinung sagen. Die Polizei bringt die Bürger <u>nicht</u> ins Gefängnis.
2. Die Politiker <u>verlieren das Vertrauen</u> der Bevölkerung. Sie sollten ihr <u>Vertrauen gewinnen</u>.
3. Man hat die Vereinigung beschlossen. Die Regierung hat das Volk vorher nicht gefragt.
4. Viele Bürger bleiben bei Wahlen zu Hause. Sie sollten lieber wählen gehen.
5. Die Richter bekämpfen die Kriminalität. Sie hoffen dabei nicht auf die Hilfe der Politiker.
6. Jeder darf hier seine Meinung sagen. Niemand kommt deshalb ins Gefängnis.
7. Die Bürger dürfen hier ihre Meinung sagen, ohne dass die Polizei sie ins Gefängnis bringt.
8. Man hat die Vereinigung beschlossen, ohne dass die Regierung vorher das Volk gefragt hat.
9. Ohne dabei auf die Hilfe der Politiker zu hoffen, bekämpfen die Richter die Kriminalität.
10. Die Politiker verlieren das Vertrauen der Bevölkerung, anstatt ihr Vertrauen zu gewinnen.
11. Jeder darf hier seine Meinung sagen, ohne deshalb ins Gefängnis zu kommen.
12. Viele Bürger bleiben bei Wahlen zu Hause, anstatt wählen zu gehen.

Ü27

Nebensätze mit „anstatt … zu", „ohne dass …" und „ohne … zu"

a) Welche Sätze sind etwa gleich?

b) Markieren Sie in 1–6 „Verneinung" oder „Gegensatz".
c) Ordnen Sie die Sätze 7.–12.

Bei „Verneinung"	→ „ohne zu" + Infinitiv (bei **gleichem** Subjekt)	Sätze: _____
	→ „ohne dass" + Nebensatz (bei **verschiedenen** Subjekten)	Sätze: **7**
Bei „Gegensatz" →	„anstatt zu" + Infinitiv (bei **gleichem** Subjekt)	Sätze: _____

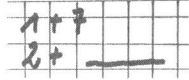

1. Die Politiker sollten die Flüchtlinge integrieren. Sie wollen aber das Asylgesetz ändern.
2. Die Regierung hat entschieden. Das Parlament hat nicht protestiert.
3. Wir sollen immer Vertrauen in die Politiker haben. Wir kritisieren sie aber dauernd.
4. Die Länder Europas wollen ihre internationalen Beziehungen ausbauen. Sie möchten dabei aber ihre kulturellen Traditionen nicht verlieren.
5. Die jungen Deutschen heute sind weltoffen. Sie verhalten sich nicht spießig wie viele Ältere in ihrem Land.

1. Die Politiker sollten die Flüchtlinge integrieren, anstatt …

Ü28

a) Markieren Sie „Verneinung" oder „Gegensatz".
b) Schreiben Sie Sätze mit „ohne zu", „ohne dass" oder „anstatt zu".

DOSSIER

Zu Auftrag 4:

Wichtige Informationen zu den deutschsprachigen Ländern

- können in Kleingruppen bearbeitet und als Poster oder Folie im Kurs vorgestellt werden;
- können durch weitere Informationen (z.B. zur Wirtschaft, zur Flora/Fauna) und durch aktuelle Zahlen ergänzt werden;
- können als Collage durch Zeitungstexte/Fotos/Zeichnungen usw. illustriert werden;
- können als Vorbild dienen für ein Dossier über das eigene Land;
- können nach Wunsch oder Bedürfnis auch zusammen mit anderen Kapiteln eingesetzt werden.

Österreich

Gebirgsland am Rande der Alpen; höchster Berg ist der Großglockner (3797 m); grenzt im Nordosten an die Tschechische Republik, im Osten an die Slowakei und Ungarn, im Süden an Slowenien und Italien, im Westen an die Schweiz und an Liechtenstein, im Nordwesten an Deutschland; Österreich hat eine Gesamtfläche von 83 859 Quadratkilometern; die Hauptstadt des Landes ist Wien mit ca. 1,6 Mio. Einwohnern.

Bevölkerung und Sprachen

Einwohnerzahl 8,059 Millionen, Ausländeranteil 9%; 94 Einwohner pro km^2; 60% der Bevölkerung leben in Städten; größte Städte: Wien, Graz, Linz, Salzburg und Innsbruck.

Etwa 98% der Bevölkerung sind deutschsprachig; Minderheiten: Kroaten und Magyaren (im Burgenland), Slowenen (in Kärnten und der Steiermark), Tschechen und Slowaken (in Wien und Niederösterreich) und kleine Gruppen von Sinti und Roma (im Burgenland und in Wien).

Arbeitslosenquote Ende 1997: 8,2%.

Politische Struktur

Parlamentarisch-demokratische und föderalistische Republik: Der Nationalrat (1. Kammer des Bundesparlaments) wird direkt von den Bürgern gewählt; der Bundesrat (2. Kammer) wird entsprechend der Stärke der Parteien in den 9 regionalen Parlamenten (= „Landtagen") besetzt.

Politische Parteien: Nach den Wahlen von 1995 setzte sich der Nationalrat aus 71 Abgeordneten der Sozialdemokratischen Partei Österreichs (SPÖ), 53 der Österreichischen Volkspartei (ÖVP), 40 der Freiheitlichen Partei Österreichs (FPÖ), 10 des Liberalen Forums und 9 Parlamentariern der Grünen zusammen.

Die neun Bundesländer sind: Burgenland, Kärnten, Niederösterreich, Oberösterreich, Salzburg, Steiermark, Tirol, Vorarlberg und Wien.

Internet-Adressen:
www.oestat.gv.at
www.telecom.at/AustrianBusinessInfo

Die Schweiz
(Französisch: Suisse, Italienisch: Svizzera, Rätoromanisch: Svizra)

Gebirgsland im Zentrum der Alpen, wo die Quellen von Rhein, Rhone und Inn liegen; mehrere Berggipfel um ca. 4500 m (z.B. Dufourspitze, Matterhorn, Dent Blanche); Gesamtfläche: 41 293 Quadratkilometer. Das Staatsgebiet grenzt im Norden an Frankreich und Deutschland, im Osten an Österreich und Liechtenstein, im Süden an Italien und im Westen an Frankreich. Hauptstadt ist Bern mit ca. 128 000 Einwohnern.

Bevölkerung und Sprachen
Einwohnerzahl: 7,08 Mio.; Ausländeranteil 19,3%; Bevölkerungsdichte: 172 Einwohner pro Quadratkilometer. Der Anteil der städtischen Bevölkerung beträgt etwa 60%; größte Städte: Zürich, Bern, Genf und Basel. Die Amtssprachen in der Schweiz sind Deutsch (64% der Bevölkerung), Französisch (19%), Italienisch (8%), Rätoromanisch (0,6%); daneben werden verschiedene Sprachen ausländischer Arbeitnehmer (9%) gesprochen. Arbeitslosenquote Ende 1997: 5,2%.

Politische Struktur
Parlamentarische Bundesrepublik: Die Stimmberechtigten ab 18 Jahren wählen nicht nur ihre Abgeordneten, sondern können auch über Bundesgesetze und Verfassungsänderungen direkt abstimmen. Die stärksten politischen Parteien: Sozialdemokratische Partei der Schweiz (SPS), die Freisinnig-Demokratische Partei (FDP) und die Christlichdemokratische Partei der Schweiz (CVP); weitere wichtige Parteien sind die Schweizerische Volkspartei (SVP), der Landesring der Unabhängigen (LdU), die Freiheitspartei und die Grünen.
Die Schweiz ist ein Bundesstaat, der aus 26 Kantonen mit eigenen Verfassungen und Parlamenten besteht: Aargau, Appenzell-Außerrhoden, Appenzell-Innerrhoden, Basel-Land, Basel-Stadt (Halbkantone), Bern, Freiburg/Fribourg, Genève, Glarus, Graubünden, Jura, Luzern, Neuchâtel, Nidwalden, Obwalden, Sankt Gallen, Schaffhausen, Schwyz, Solothurn, Thurgau, Ticino, Uri, Wallis/Valais, Waadt, Zug und Zürich.

Internet-Adresse:
www.admin.ch

Deutschland

Fläche: 356 945 km²; grenzt im Norden an die Nordsee, an Dänemark und an die Ostsee, im Osten an Polen und die Tschechische Republik, im Süden an Österreich und die Schweiz und im Westen an Frankreich, Luxemburg, Belgien und die Niederlande. Die amtliche Bezeichnung lautet Bundesrepublik Deutschland (BRD). Deutschland umfasst von den Alpen bis zur Nord- und Ostsee eine Vielfalt von Landschaften. Die Hauptstadt ist Berlin mit rund 3,5 Mio. Einwohnern.

Bevölkerung und Sprachen
Einwohnerzahl: 82 Millionen; 230 Einwohner pro Quadratkilometer; 86 Prozent der Bevölkerung leben in Gemeinden mit 2000 oder mehr Einwohnern; die größten Städte nach Berlin sind Hamburg (1 640 100 Einwohner), München (1 219 600), Köln (950 200) und Frankfurt/Main (641 300).
Ausländerquote: 9%. Es gibt einen großen Anteil ausländischer Arbeitnehmer, besonders aus dem südosteuropäischen Raum. Minderheiten: Dänen, Sinti und Roma, Sorben und Wenden.
Arbeitslosenquote Ende 1997: 11,4%.

Politische Struktur
Demokratischer und sozialer Bundesstaat, Staatsform ist die parlamentarische Demokratie.
Anfang 1998 waren folgende politische Parteien im Bundestag vertreten: die Christlich-Demokratische Union (CDU), die Christlich-Soziale Union (CSU), die Sozialdemokratische Partei Deutschlands (SPD), die Freie Demokratische Partei (FDP), Bündnis 90/Die Grünen und die Partei des Demokratischen Sozialismus (PDS).
Die 16 Bundesländer mit jeweils eigener Verfassung, Parlament und Regierung sind: Baden-Württemberg, Bayern, Berlin, Bremen, Hamburg, Hessen, Niedersachsen, Nordrhein-Westfalen, Rheinland-Pfalz, Saarland, Schleswig-Holstein („alte Bundesländer"); Mecklenburg-Vorpommern, Brandenburg, Sachsen-Anhalt, Thüringen, Sachsen („neue Bundesländer" – frühere DDR).

Internet-Adresse:
www.bundestag.de

Liechtenstein

Kleines Land in Mitteleuropa zwischen der Schweiz und Österreich; Fläche: 160 km². Die Hauptstadt Liechtensteins ist Vaduz mit knapp 5000 Einwohnern. Gültige Währung ist der Schweizer Franken.

Bevölkerung und Sprachen
Einwohnerzahl: ca. 30 000; Bevölkerungsdichte: 178 Einwohner pro Quadratkilometer.
Die Amtssprache ist Deutsch, Umgangssprache ist ein alemannischer Dialekt.
Ausländerquote: ca. 38%. Es gibt einen großen Anteil ausländischer Arbeitnehmer und Firmen wegen der niedrigen Steuern des Landes.

Politische Struktur
Fürstentum: Erbmonarchie mit einer parlamentarisch-demokratischen Basis.

Internet-Adressen:
www.newsnet.li
www.news.li

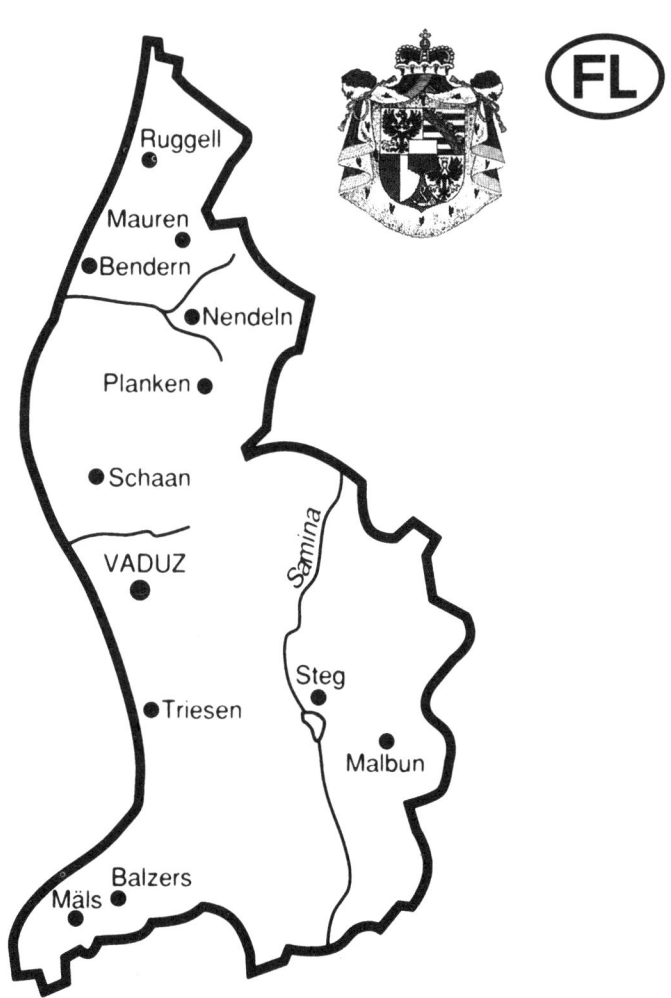

Die Donau entlang

1 Von Passau donauabwärts

Ü1

Mit Bildern Wortschatz lernen

Unterstreichen Sie, was Sie auf dem Bild sehen können.

Der Fluss fließt auf dem Weg von der Quelle zur Mündung durch die Stadt, trennt die Ufer und teilt die Stadt in zwei Teile. Im Wasser leben Fische, am Ufer wachsen Bäume. Schiffe fahren auf dem Fluss, aufwärts und abwärts, und auf beiden Seiten stehen Häuser ganz nahe am Fluss.

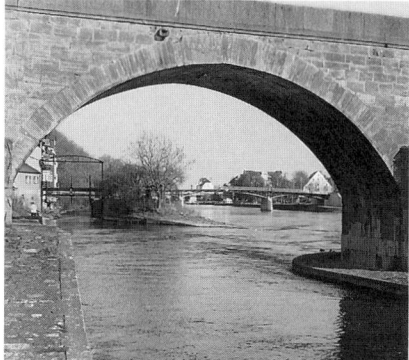

Die Brücke führt über den Fluss und verbindet die Ufer. Fußgänger gehen über die Brücke, schauen vom Rand der Brücke ins Wasser. Autos und Busse überqueren auf der Brücke den Fluss. Schiffe fahren unten durch. Schwimmen kann man nicht mehr im Fluss; das Wasser ist zu schmutzig.

Ü2

a) Schreiben Sie die Wörter in die Landkarte.
b) Welchen Fluss kennen Sie gut? Beschreiben Sie.

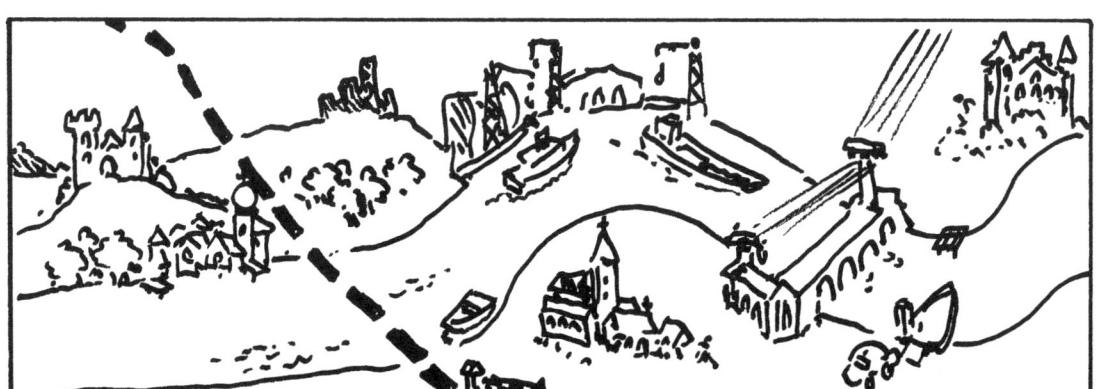

die Grenze   die Fähre   das Boot   das Schiff   die Schiffsanlegestelle   der Hafen
das Kraftwerk   der Ort   die Kirche   das Kloster   das Schloss   die Burg   die Ruine

Ü3

Angaben zu Position und Richtung

Ergänzen Sie Präpositionen und Artikel.

__über__ die Brücke fahren

etwas _____ Fluss werfen

_____ Brücke durchfließen

das Ufer _____ laufen

_____ Fluss fahren

_____ Wasser schwimmen

_____ Wasser fahren

_____ Brücke stehen

_____ Brücke schauen

_____ Fluss wohnen

_____ Ufer stehen

1. Hallo, komm herunter!
2. Warum soll ich hinunterkommen? Komm du herauf!
3. Ich kann nicht hinüberkommen. Komm du herüber!
4. Wollt ihr nicht hereinkommen?
5. Komm, wir gehen schnell hinein.
6. Was, ich soll da hinabsteigen!

A	B	C	D	E	F

Ü4

a) Wer ruft was? Ordnen Sie den Sprechblasen A–F die Sätze 1.–6. zu.

Angabe der Richtung: Sprecher → **hin-** Ich komme _____ **unter** (zu dir).
Sprecher ← **her-** Komm (zu mir) _____ **unter**.

Gesprochene Sprache: meistens **kein** Unterschied: „Ich komm **runter** (zu dir)."
„Komm (zu mir) _____ !"

b) Ergänzen Sie die Regel.

1. Wenn da eine Radfahrstation ist, dann bleiben dort bestimmt auch sehr viele Leute stehen.
2. Schau, das liegt auf der Höhe, da kommen wir weg von der Donau. Da ist es bestimmt leicht, ein Zimmer zu finden. Und Tennisplätze gibt es auch.
3. Ich möchte noch einen Tag hier bleiben. Da kann man am Abend auch noch was machen in der Stadt. Da ist was los.
4. Da will ich hin, da gibt es sicher gutes Bier und gute Gasthäuser, wenn die das Bier selber machen.
5. 580 m Seehöhe! Weißt du, was das heißt? Da geht's ganz schön lange aufwärts. Da kann ich auf gute Aussicht verzichten!
6. Ich möchte heute nicht weit fahren, und das Schiff hält dort auch. Und morgen könnten wir noch Passau anschauen, das ist nicht weit.
7. Ich möchte lieber nicht in einem Ort übernachten, wo es nur ein Kloster und eine alte Kirche gibt.

a) Da übertreibst du, da sind wir in einer halben Stunde oben. Und dann nichts wie ins Schwimmbad!
b) Aber wenn wir irgendeine Panne haben, dann können wir die gleich im Ort reparieren lassen.
c) Das ist wieder typisch! Dir geht's nur ums Essen und Trinken. Und außerdem, wozu brauch ich Wanderwege, wenn ich eine Radtour mache?
d) Das Kloster wäre mir egal, aber da ist ja auch noch ein Kraftwerk, und das interessiert mich überhaupt nicht.
e) Ein Freizeitzentrum hab ich daheim auch, da muss ich nicht an der Donau Ferien machen.
f) In der Stadt bleiben? Da sind die Zimmer doch viel teurer als in den kleineren Orten. Schade ums Geld!
g) Mir ist das einfach zu wenig weit, ich möchte heute noch ein bisschen Wind um die Nase spüren. Wir wollten doch Rad fahren!

Ü5

Angebote prüfen

a) Lesen Sie noch einmal die Beschreibungen der Orte von A3: Welche Aussagen passen zusammen? Notieren Sie.

1. _b,_ Aschach an der Donau
2. ____
3. ____
4. ____
5. ____
6. ____
7. ____

b) Schreiben Sie die Ortsnamen dazu.

113

Ü6

Einen Rat geben

Hören Sie das Interview von A4 noch einmal: In welcher Reihenfolge hören Sie die Aussagen? Nummerieren Sie.

___ Dann kann ich dir auch noch ein paar Fotos zeigen.
___ Aber jetzt sind die Ferien ja vorbei, da ist das sicher kein Problem.
___ Die Wege sind ja nicht besonders breit, auf beiden Seiten der Donau nicht.
___ Ein kleines Radio hatten wir auch mit, für den Wetterbericht.
___ Ein normaler Reiseführer hilft auch weiter, wenn man sich was anschauen will.
___ Lass vorher noch dein Fahrrad kontrollieren, vor allem, dass dir der Sattel genau passt.
___ Und muss man auf etwas besonders aufpassen?
1 Wir sind von Passau bis Bratislava gefahren, in einer Woche.
___ Zimmer gibt es genug; da sind überall Schilder von Pensionen, Gasthäusern und Hotels.
___ Zum Einkehren und Essen gibt es mehr als genug Gelegenheiten.

Ü7

a) Unterstreichen Sie die Verben der Hauptsätze.
b) Markieren Sie die Ausdrücke zur Hervorhebung und Betonung.

1. „Ich <u>würde</u> an deiner Stelle früh genug Zimmer <u>reservieren</u>."
2. „Ich würde mir jedenfalls nicht allzu viel anschauen."
3. „Du solltest auf jeden Fall eine gute Windjacke mitnehmen."
4. „Fahrt am ersten Tag nicht zu weit!"
5. „Ihr müsst vor allem gut auf eure Räder aufpassen."
6. „Ihr solltet schon einmal eine Pause machen."
7. „Auf alle Fälle genügend Zeit lassen, keine Eile!"
8. „Ihr müsst unbedingt in die Donau-Auen fahren."
9. „Vergiss ja den Pass nicht, wenn du bis Bratislava willst!"
10. „Einen großen Bogen um Wien machen, wirklich!"

c) Schreiben Sie die Verbformen in die passenden Spalten.

Einen Rat geben				
würd- + Infinitiv	Modalverb *sollen* (Konj. II)	Modalverb *müssen*	Infinitiv	Imperativ
würde reservieren				

Ü8

Was tut man (nicht) in Ihrer Stadt? Geben Sie einem Freund, der Sie besucht, Ratschläge. Variieren Sie.

2 Station: Melk

Wahrnehmen

hinten, im Hintergrund

der Himmel
die Kirche
der Kirchturm

der Baum
die Blätter kommen
zart, hellgrün

das Wasser
sich spiegeln

die Hängematte
die Wiese

vorne, im Vordergrund

Interpretieren

Jahreszeit
Tageszeit

Wetter
Temperatur

Ort:
Stadt oder Dorf?
im Zentrum oder am Rand?

Was machen die Menschen im Freien?

Warum liegt jemand in der Hängematte?

Ü9
Wahrnehmen und interpretieren

a) Was sehen Sie? Sammeln Sie.
b) Was interpretieren Sie?
Notieren Sie Ihre Antworten und vergleichen Sie.

	r	f
1.		
2.		
3.		
4.		
5.		

1. Das ist ein Park in einer kleinen Stadt, ein ganz einfacher Park mit Bäumen und einer Wiese.
2. Auf dem Foto sieht man, dass es Frühling ist, denn durch die Bäume kann man den Kirchturm sehen.
3. Da in der Hängematte liegt irgendein armer Mensch, der keine Wohnung hat und im Park schläft.
4. Im Frühling gehen die Menschen gern ins Freie. Nach dem langen, nebligen Winter freuen sie sich besonders über Sonne und Wärme.
5. Ich habe als Kind in einem Dorf gelebt. Und dort hinter dem Dorf an einem kleinen Fluss haben wir immer gespielt.

Ü10

Aussagen verstehen

Sie hören fünf Aussagen: Richtig oder falsch? Kreuzen Sie an.

1. mit der Fähre *den Fluss überqueren*
2. den Wind im Rücken _____
3. in einem Ort _____
4. auf einem Hügel _____
5. mit der Strömung _____
6. mit dem Zug _____
7. aufs linke Ufer _____
8. _____ herabschauen
9. sich _____ bewegen
10. _____ abbilden
11. _____ zeigen
12. _____ wirken
13. _____, je näher man kommt
14. _____ weiter fahren

Ü11

Wortschatz: Ausdrücke bilden

a) Bilden Sie Ausdrücke mit den Wörtern aus der Wort-Kiste.
b) Vergleichen Sie mit dem Text von A6.

~~den Fluss überqueren~~   dahintreiben   in diesem Tempo   in einem Buch
spüren   von oben   wechseln   stehen bleiben   liegen   die Macht
wie ein Schiff   auf dem rechten Ufer   vorbeifahren   umso höher

 Ü12

Unregelmäßige Verben wiederholen

a) Schreiben Sie die Verben in die Lücken.
b) Schreiben Sie in Gruppen einen Text mit unregelmäßigen Verben zu anderen Merkwörtern.

Nach der **Matura** _____ mich mein Freund zu sich _____.

An einem Frühlingstag _____ ich mit dem Zug nach Linz.

Gleich am Bahnhof _____ er _____, eine Runde durch

die Stadt zu machen. Er nahm meine Tasche und _____ sie.

In den Gärten der Häuser _____ schon die ersten Blumen.

Was mir sofort auffiel, war, dass viele Leute auf der Straße ihre Autos

_____.

Kennwort „Matura"

> wachsen
> tragen fahren
> vorschlagen
> einladen
> waschen

 TIPP: Mit Lernpostern wiederholen = (unregelmäßige Verben) ordnen, auswählen und anwenden

Ordnen Sie die Verben zu Gruppen nach den entsprechenden Merkwörtern (→K18). Zum Wiederholen können Sie mit den Verben einer Gruppe eine kurze Geschichte schreiben/erzählen. Verwenden Sie dabei die Verben, die Ihnen wichtig sind.

  Ü13

Was ist richtig? Kreuzen Sie an.

1. Ich stehe auf der Terrasse und schaue auf die Stadt
   - a) von unten.
   - b) herab.
   - c) hinunter.

2. Direkt vor mir ist die kleine alte Brücke,
   - a) über die ich gekommen bin.
   - b) die über ich gekommen bin.
   - c) über der ich gekommen bin.

3. Ganz hinten rechts kann ich das Kraftwerk
   - a) erkennen,
   - b) gesehen,
   - c) wissen,
   wo ich den Schiffen zugeschaut habe.

4. Der Radweg folgt dem Fluss und führt dann
   - a) in den Wald im Ort.
   - b) durch den Wald zum Ort.
   - c) in den Ort im Wald.

5. Das Wasser
   - a) auf der Straße
   - b) zwischen der Straße
   - c) neben der Straße
   ist nur ein kleiner ruhiger Nebenarm der Donau.

6. Man hört nicht viel, außer den Autos,
   - a) dann
   - b) wenn
   - c) wann
   sie auf der Straße vorbeifahren.

7. Es wäre hier viel angenehmer, wenn nicht
   - a) dieser kalte Wind
   - b) diese kalte Wind
   - c) dieser kalter Wind
   blasen würde.

Ü14

Ein Gespräch rekonstruieren

a) Nummerieren Sie die Äußerungen in der richtigen Reihenfolge.
b) Hören Sie das Gespräch von A7 noch einmal und kontrollieren Sie.

1 ● Hallo, wo kommt ihr denn her?

__ ○ Die ersten zwei, die haben uns nicht gefallen. Zu viele Leute und zu teuer.

__ □ Oder wir machen einen Tag Pause. Kommt darauf an, wie es uns gefällt.

__ ● Und wie schaut's mit Gasthäusern aus?

__ ○ Das war in Mauer. Ihr könnt einen Zettel von denen haben.

2 ○ Wir waren jetzt zwei Tage in Melk.

__ □ Ja dann, danke für die Tipps, und gute Weiterfahrt!

__ ○ Und euch einen schönen Tag!

__ ■ Und ihr, was habt ihr vor?

__ ■ Wir haben auch eine Pause eingelegt und uns so richtig ausgeruht.

__ ● Wir wollen eigentlich nur die Stadt anschauen und einkaufen.

__ ○ Und am späten Nachmittag sind wir zu einem Heurigen.

__ ● Das wär super! – Habt ihr auch noch einen guten Tipp zum Einkaufen?

__ □ Das klingt ja gut, wo wart ihr denn da?

__ ■ Einkaufen? Ja, das ist ein ganz netter kleiner Laden.

Ü15

Informationen austauschen

a) Welche Wörter und Ausdrücke finden Sie im Gespräch oben? Unterstreichen Sie.

Entschuldigung, haben Sie einen Moment Zeit? / Können Sie mir bitte Auskunft geben? / Verzeihung, ich hätt' eine Frage.

Ich suche … / Kennen Sie …? / Haben Sie einen guten Tipp zum …? / Wie schaut's hier mit … aus? / Wo kann man …?

Es sollte eher ein … sein. / Tja, das weiß ich selber nicht so genau. / Ich möchte einfach … / Ich wollte eigentlich nur …

Da klingt ja gut/super. / Das schau ich mir gern an. / Ja, da geh ich jetzt gleich mal hin. / Gibt's sonst noch was in der Art?

Das ist schon viel. Das hilft mir erst mal weiter. / Das ist schon 'ne ganze Menge.

Ja, bitte? / Worum geht's denn? / Ich hab jetzt leider keine Zeit. / Ich bin nicht von hier.

Was möchten Sie genau machen? / Was stellen Sie sich vor? / Was suchen Sie genau? / Was für ein … soll das sein?

Versuchen Sie's mal in … / Gehen Sie doch einfach mal … / Ich würde an Ihrer Stelle … / Mein Vorschlag wäre, dass Sie …

Ich kenn mich da auch nicht so gut aus. / Nein, da fällt mir sonst nichts mehr ein. / Sonst hab ich keine Ideen mehr.

In Ihrer Stadt, auf der Straße

- Touristen: Wo kann man hier typisch und gut essen? Spezialitäten?
- Leute gleichen Alters: Wie komme ich am besten zur Stadthalle?
- Junge Leute: Wo trifft sich denn hier die Szene?

An Ihrem Lernort, in der Cafeteria

- Wo ist hier was los in der Nacht?
- Wo kann man am besten Kleider einkaufen?
- Was läuft denn gerade in den Kinos?
- Was kann man am Wochenende machen?

b) Wählen Sie zwei Situationen und machen Sie einen Dialog. Spielen Sie das Gespräch.

Ü16

Konditionalsätze ohne Konjunktion

a) Markieren Sie alle Verben in Position 1 eines Satzes.

```
07/09        19.42       +43-512-572184      K. + W. Lange       S. 01

Lieber Georg,
weil ich dich telefonisch nicht erreiche, noch schnell eine Antwort: Uns hat es in
der Wachau gut gefallen. Lass dir dort Zeit, eine Rast tut gut! Hast du wenig Zeit,
mach zumindest in Melk oder Aggstein Station.
Sollte es aber knapp werden mit der Zeit oder noch sehr viel los sein, fahr zügig
weiter. Denk dran, das Beste und Schönste kommt am Schluss. Für den National-
park brauchst du Zeit. Wenn du eine Kanufahrt machen kannst, tu's. Hätten wir
die nicht gemacht, wären die Eindrücke nur halb so intensiv, wie sie sind.
Und wenn du Probleme hast mit der Unterkunft: Geh weit genug weg, abseits der
Hauptroute findest du immer was. Solltest du in der Umgebung von Wien nichts
finden, geb ich dir noch die Nummer von meinem Bruder: 01/322 87 04.
Toi, toi, toi! Schönes Wetter und Rückenwind! Servus!           Kathrin
```

b) Zu welchem Muster gehören die Sätze? Notieren Sie den Anfang.

Muster 1: Aufforderungssätze

Satz-Teil 1 / Satz-Teil 2 .

VERB — 1 ... , VERB — 2 ... .

Lass dir Zeit,   eine Rast tut ...

Muster 2: Nebensatz ohne Konjunktion

Satz-Teil 1 / Satz-Teil 2 .

VERB — 1 ... , VERB — 1 ... .

Hast du wenig Zeit, mach ...

c) Ergänzen Sie die Regel:

Statt eines **„wenn"-Satzes** kann auch ein **Nebensatz ohne Konjunktion** stehen.
Nebensätze ohne Konjunktion stehen immer _____ dem Hauptsatz, das Verb steht
in Position _____ (wie beim _____ und der Satzfrage).

Ü17

a) Was ist in den deutschsprachigen Ländern üblich? Ergänzen Sie die Sätze. Vergleichen Sie.
b) Was ist bei Ihnen üblich? Schreiben Sie „wenn"-Sätze.

1. Sind Sie bei Freunden eingeladen, _____.
2. Hat jemand Sie zum Essen eingeladen, _____.
3. Findet ein privates Fest unter Kollegen statt, _____.
4. Hat Ihnen das Essen gut geschmeckt, _____.
5. Möchten Sie rauchen, _____.
6. Kommen Sie zu spät zu einem Termin, _____.
7. Treffen Sie Bekannte auf der Straße, _____.

Ü18

Ein Interview verstehen

Hören Sie das Interview von A8 noch einmal. Kreuzen Sie an.

	r	f
1. Ein Heuriger ist eine kleine Gastwirtschaft, in der ein Weinbauer seine eigenen Produkte an die Gäste verkauft.		
2. Beim Heurigen kann man Wein trinken, dazu gibt es eigentlich nur Brot und Käse.		
3. Frau Sassmann backt das Brot selbst.		
4. Manchmal muss Frau Sassmann auch Wein von einem anderen Weinbauern kaufen, weil sie selbst zu wenig hat.		
5. Ein richtiger Bauernheuriger ist nicht das ganze Jahr geöffnet.		
6. Familie Sassmann macht keine Werbung, wenn der Heurige geöffnet ist, denn es kommen auch so genügend Gäste.		
7. Es gibt auch in den Städten Heurige, aber das sind eigentlich ganz normale Gasthäuser, wo es das typische Essen gibt.		
8. Die Leute aus dem Ort kaufen Wein, Schinken und Wurst direkt beim Bauern. Die Touristen kaufen kaum, die essen und trinken nur.		
9. Der Bauernhof von Familie Sassmann ist zwar ziemlich klein, aber die Familie kann gut davon leben.		
10. „Heuriger" heißen sowohl das Lokal als auch der Wein, den es dort gibt.		

- Wer geht da hin?
- Geht man da allein hin oder in kleineren Gruppen?
- Gehen eher jüngere oder ältere Leute da hin?
- Welche sozialen Gruppen gehen da (nicht) hin?
- Was sind die typischen Speisen und Getränke?
- Was ist am wichtigsten: Essen, Trinken oder Unterhaltung?
- Gibt es die Lokale in der Stadt / auf dem Land?
- Ist das derzeit „in"?
- Zu welchen Zeiten geht man da häufig hin?
- Ist es teuer, da hinzugehen?

der / die / das ___

Ü19

Bedeutungen erschließen

Welche Lokale halten Sie für typisch für ein Land? Sammeln und berichten Sie.

das enge Flusstal
das steile Ufer
der dichte Wald
die sanften Hügel
die grüne Wiese
der kleine Acker
das schmale Feld
der lange Feldweg
der flache Weinberg
der steile Hang
die dunkle Erde
die Sonnenseite
die Schattenseite
der schmale Weg
der Obstgarten
der Obstbaum

Ü20

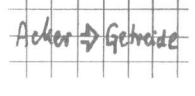

Landschaften beschreiben

a) Was sehen Sie auf den Fotos? Welche Produkte passen dazu? Sammeln Sie.
b) Hören Sie: Was sehen Sie nicht auf den Fotos?
c) Was gehört zusammen? Notieren Sie Produkte.

Acker → Getreide

3 Der Nationalpark Donau-Auen

 W Ü21

Vorgänge beschreiben

Was passiert bei Überschwemmungen? Formulieren Sie im Passiv.

1. Das Hochwasser reißt Löcher ins Ufer.
2. Der Fluss transportiert das Material weiter.
3. Das Wasser trägt Sand und Steine ab.
4. Das Flussbett verändert sich.
5. Neue Inseln bilden sich.
6. Die Inseln schneiden Nebenarme ab.
7. Der Fluss schafft sich ein neues Flussbett.

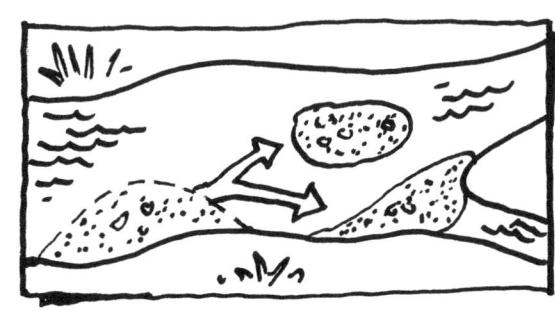

1. Vom Hochwasser werden Löcher ins Ufer gerissen.

W Ü22

a) Ergänzen Sie die passenden Partizipien I oder II.

wachsen   entstehen   ~~dauern~~   blühen   abtragen   abschneiden   leben   fressen

Diese **dauernde** (1) Veränderung von Auen gibt verschiedensten Pflanzen und Tieren Chancen. Sogenannte Pionierpflanzen bringen erstes Leben auf die neu _____ (2) Inseln, denn ihre Wurzeln finden im Sand zwischen den _____ (3) Steinen Halt und Nahrung. Diese schnell _____ (4) Pflanzen geben Schatten für die ersten Gräser und Blumen. Aus den _____ (5) Blumen holen Insekten ihre Nahrung, und diesen folgen Insekten _____ (6) Vögel und andere Tiere.

An den _____ (7) Nebenarmen des Flusses sieht es ganz anders aus: Große Bäume geben den hier _____ (8) Tieren Schutz.

b) Machen Sie aus den Ausdrücken mit Partizipien Nebensätze.

1. diese dauernde Veränderung
Weil sich Auen immer verändern, geben sie ...

 Ü23

a) Was machen die Tiere? Wählen Sie und erzählen Sie.
b) Zu welchen Tieren könnten die Laute passen? Hören und raten Sie.

a)   b)

fliegen   schwimmen   im Wasser leben
Eier legen   Junge bekommen
Nester bauen   fressen   Beute suchen

zwitschern   quaken   summen
kreischen   brummen   brüllen   pfeifen

Ü24

Argumente ordnen

1. Strom aus Wasserkraft ist angeblich die sauberste Form von Energie: Keine Luftverschmutzung durch Abgase, kein gefährlicher Abfall wie z. B. der aus Atomkraftwerken.

2. Der Stau eines Flusses stört die Landschaft: Dämme statt bewaldeter Ufer. Viel problematischer ist, dass dadurch die Qualität des Grundwassers massiv schlechter wird. Grundwasser ist die wichtigste Quelle für Trinkwasser.

3. Vom gesamten Energieverbrauch beträgt der Strom nur ein Fünftel. Und die Sparmöglichkeiten, v. a. bei Heizung und Verkehr, sind weitaus größer und billiger als der weitere Bau von Wasserkraftwerken.

4. Arbeitsplätze sind nur bis zum Ende des Bauprojektes gesichert, also einige Jahre. Energie sparende Maßnahmen dagegen würden dauerhafte Arbeitsplätze schaffen.

5. Es heißt, Wasserkraftwerke sind sauber und schädigen die Umwelt nicht. Das Wasser bleibe sauber.

6. Wasserkraftwerke an Flüssen liefern die meiste Energie, wenn am meisten Wasser da ist – und das ist im Sommer, wenn am wenigsten Energie verbraucht wird. Im Winter braucht jedes Flusskraftwerk ein Wärmekraftwerk (Kohle, Öl oder Gas) als „Ergänzung" – und verursacht damit indirekt Abgase.

7. Man vergisst viel zu leicht, dass der Bau von Kraftwerken Arbeitsplätze schafft und sichert.

8. Von Jahr zu Jahr steigt der Energieverbrauch, noch dazu immer schneller. Es ist deshalb besser, die Möglichkeiten im Land – und das ist in Österreich die Wasserkraft – zu nutzen, als von Importen abhängig zu sein.

a) Sortieren Sie die Argumente pro und kontra Kraftwerksbau.

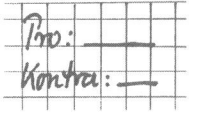

b) Welche Argumente gehören zusammen? Bilden Sie Paare.

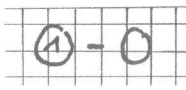

Stationen der Kraftwerksgeschichte

1. Die Pläne für das Kraftwerk werden bekannt.
2. Politiker geben die Genehmigung zum Bau.
3. Die Baustelle wird eingerichtet.
4. Bäume werden gefällt.
5. Die Baustelle wird von der Polizei geräumt.
6. Die Baustelle wird zum zweiten Mal von der Polizei geräumt.
7. Die Arbeiten können nicht weitergehen.
8. Die Bundesregierung verordnet eine „Nachdenkpause".
9. Die Stromwirtschaft plant neue Varianten.

Aktivitäten der Bürgerinnen und Bürger

___ Anträge gegen den Bau stellen
___ eine Bürgerinitiative gründen
1 die Menschen in der Nähe informieren
___ das Thema in die Medien bringen
___ gegen die Genehmigung protestieren
___ die Baustelle besetzen
___ ein Zeltlager einrichten
___ sich vor die Baumaschinen stellen
___ die Bäume umarmen und sich festbinden
___ passiven, friedlichen Widerstand leisten
___ sich wegtragen lassen
___ Aktionen organisieren und Medien dazu einladen
___ prominente Leute ins Fernsehen bringen
___ Studien erstellen lassen
___ alternative Konzepte erstellen
___ das Thema in der Diskussion halten
___ Spendenaktionen organisieren
___ große Teile des Geländes kaufen
___ Führungen durch die Auen machen

Ü25

Einen Konflikt darstellen

a) Was geschah? Ordnen Sie die Aktivitäten den verschiedenen Stationen zu. Vergleichen Sie.

b) Berichten Sie von Aktionen, mit denen gegen ein Projekt oder gegen eine bestimmte Politik protestiert wurde.

DOSSIER

Zu A1:

Sie können in diesem Zeitungsartikel Informationen zu mehreren Themen finden. Wählen Sie ein Thema und berichten Sie in der Gruppe:
- Daten zur Donau;
- Bedeutung der Schifffahrt und von deren Schwierigkeiten;
- Aspekte eines Berufsbildes: Kapitän auf einem Donauschiff.

Beruf: Kapitän auf der Donau
Begegnungen zwischen Regensburg und Schwarzem Meer

Punisa ist der erste Kapitän, den wir kennen lernen. Wir treffen ihn und seine serbisch-kroatische Crew im Ölhafen Lobau bei Wien, um gemeinsam auf dem österreichischen Tankschiff „Carrera 2" nach Giurgiu in Rumänien zu reisen. Der Beginn einer langen Reise und der Beginn einer Freundschaft.

Flussschiffer fahren nicht, sie reisen. Bewegt sich das Schiff stromabwärts, so sagen sie „zu Tal", bewegt es sich stromaufwärts, so sagen sie „zu Berg". Das Ablegen im Heimathafen eines Schiffes ist der Beginn einer Reise und die Ankunft in demselben das Ende. Abreise und Wiederkehr – zwischen diesen beiden Polen schwingt das Matrosenleben.

Punisa Grbovic ist 46 Jahre alt. Er wurde in einem serbischen Bergdorf geboren, wuchs aber in der Vojvodina nordöstlich von Belgrad auf. Schon als Kind träumte er davon, eines Tages Kapitän zu werden, und von da an, so erzählt er uns, setzte er alles daran, diesen Traum in die Tat umzusetzen.

Heute ist Punisa einer der wenigen Binnenschifffahrtskapitäne, die für die Donau, die Save und die Theiß ein Kapitänspatent besitzen.

Bis 1991 ging alles gut. Ein Mann hatte sich seinen Kindheitstraum erfüllt und manövrierte viele Schiffe quer durch Mittel- und Südosteuropa, zu Berg und zu Tal. Dann kam der Krieg. Die Donau wurde, genau in ihrer schiffbaren Mitte, in zwei Teile zerrissen. „Es herrschte Piraterie", erinnert sich Punisa. Die Waren suchten sich andere Wege und Transportmittel. Stillstand.

Punisa hat reagiert: „Ich habe meine Heimat wegen der schlechten wirtschaftlichen Situation verlassen", sagt er, „und in Österreich Arbeit gefunden. Diese Arbeit ermöglicht mir und meiner Familie das materielle Überleben, aber ich habe Heimweh, und so oft wie möglich besuche ich meine Familie und meine Freunde. Da bin ich aufgewachsen, aber ich kann mir momentan nicht vorstellen, wieder zurückzukehren, dort zu arbeiten und dort zu leben."

> Die Donau ist der einzige Fluss Europas, der vom Westen in den Osten fließt, und der einzige Fluss der Welt, der in verkehrter Richtung kilometriert ist: Stromkilometer null ist die Mündung und Stromkilometer 2888 die Quelle. Die Donau besitzt eigenen Hoheitsstatus, der von der Donaukommission mit Sitz in Budapest verwaltet wird und unter anderem die freie Schifffahrt für alle Länder garantiert. Sie ist zwischen Kelheim in Deutschland und dem Schwarzen Meer auf einer Länge von 2414 Kilometern schiffbar. Auf dieser Strecke überwinden Schiffe einen Höhenunterschied von 333 Metern und passieren zehn Staatsgrenzen. 19 Wasserkraftwerke machen eine Schleusung der Schiffe nötig, sieben davon in Deutschland, neun in Österreich, eines im ungarisch-slowakischen Abschnitt und zwei im serbisch-rumänischen Donaubereich.

Das Schiff ist das bei weitem wirtschaftlichste und umweltfreundlichste Massentransportmittel. Ein simpler Vergleich besagt, dass mit einer PS an Motorleistung auf der Straße 150 Kilogramm, auf der Schiene 500 Kilogramm und mit dem Schiff 4000 Kilogramm transportiert werden können. Die Transportkapazität der Donau wird laut Experten nur zu zehn Prozent genutzt.

Florentin Aurelian Costea begegnen wir in Komarno in der Slowakei, bei Stromkilometer 1767. Er sitzt hier mit seiner 12-köpfigen Mannschaft, der Besatzung des rumänischen Schubschiffes „Giurgiu 31", seit fast drei Wochen fest. Die Schleuse Gabčikovo hat den Betrieb wegen Vereisung der Schleusentore eingestellt. Das drückt auf die Stimmung der Mannschaft und auf deren Geldbeutel: Stillstand bedeutet ein finanzielles Problem; bezahlt wird für den Fortgang, für die Bewegung von Waren.

Florentin Costea ist Jahrgang 1960, er lebt in Galatz, dem wichtigsten Donauhafen Rumäniens. Er ist Kapitän. Vier bis fünf Reisen unternimmt er mit seiner Crew pro Jahr, mehr als 2000 Kilometer stromaufwärts, hinauf nach Österreich und Deutschland an die obere Donau, wohin die Reedereien nur die besten Leute schicken, und jede Reise dauert sechs bis zehn Wochen.

Die Qualität des Donaukapitäns besteht darin, jeden Meter Fluss zu kennen, und zwar in- und auswendig. Der Fluss ist ein lebender Organismus, der sich ständig verändert, und auf jede Veränderung muss ein Kapitän entsprechend reagieren. Für den Laien passiert oft stunden-, ja tagelang nichts Besonderes an Deck, aber auf dem Kommandobrücken sind die Navigatoren ununterbrochen damit beschäftigt, mit ihren Instrumenten den Fluss und seine Ufer zu beobachten, Wetterprognosen und Wasserstände richtig zu interpretieren. Wenn sich Schiffe begegnen, werden die neuesten Beobachtungen via Funk weitergegeben, ein ungeschriebenes Gesetz, ein Ehrenkodex, der keine Sprachbarrieren kennt.

Zu Besuch bei Florentin im rumänischen Galatz. Florentin, der Familienmensch, kämpft wie viele Matrosen mit der Unvereinbarkeit von Familie und Schiff. „Für uns Schiffsleute gibt es zwei Arten des Lebens", sagt er, „das Leben an Land und das Leben auf dem Fluss. Wir freuen uns, wenn wir zurück nach Hause kommen, aber kaum sind wir zwei, drei Tage hier, gehen wir schon wieder zum Hafen und beobachten die Schiffe."

In Galatz ist ein Kapitän eine angesehene Persönlichkeit. „Ich glaube", sagt Florentin, „dass jedes Kind, das hier aufwächst und so wie ich damals in der Donau gebadet hat, davon träumt, eines Tages Matrose zu werden. Dieser Taum kann wahr werden, aber wichtiger ist, dass man mit seiner Arbeit glücklich ist. Wenn man nicht tut, was man machen möchte, ist es einem wahrscheinlich unmöglich, professionell zu sein. Ich bin Kapitän geworden – und ich habe es nicht bereut."

Zu A8:

Im österreichischen Standarddeutsch können Ihnen für dieselben Dinge andere Bezeichnungen als in Deutschland oder in der Schweiz begegnen. Viele dieser Wörter sind Bezeichnungen für Lebensmittel oder öffentliche Einrichtungen.

Hier finden Sie eine Auswahl von Wörtern, die in Österreich häufig verwendet werden. Die entsprechenden deutschen oder schweizerischen Wörter werden in Österreich auch verstanden; oft gibt es in den drei Ländern auch mehrere Wörter nebeneinander.

Auf Reisen

Für die Anreise zu einer Radtour ist am besten der **Zug** geeignet. Manche Züge haben eigene **Waggons** für Fahrräder.

„Wir müssen uns beeilen, sonst **versäumen** wir den Zug!"
„Fahren Sie mit der Straßenbahn noch drei **Stationen** weiter. Zigaretten bekommen Sie gleich da vorne in der **Trafik**, und da bekommen Sie auch **Zünder**. In der Trafik können Sie auch eine **Telefonwertkarte** kaufen."

Beim Einkaufen

Zum Frühstück hole ich mir in der Bäckerei frische **Kipferl**. In der **Fleischhauerei** gibt es viele gute Sachen. Ich hole mir dort oft 10 **Deka** Schinkenspeck.
An der **Kassa** fragt die **Kassierin** manchmal, ob man ein **Sackerl** haben möchte.
Auf dem Markt habe ich schöne **Marillen** gekauft, aber die **Zwetschken** waren noch unreif und sauer.
Ob die **Paradeiser** schon gut schmecken, weiß ich nicht.

Im Gasthaus

„Am günstigsten ist ein Menü mit Suppe, Haupt- und **Nachspeise**. Als Hauptspeise gibt's Schweinsbraten mit **Knödeln** oder **Erdäpfeln** als Beilage. Statt dem Braten können Sie auch ein **Hendel** haben. Als Nachspeise gibt's Schokolade-**Palatschinken** mit Eis. Sie können aber auch eine **Topfen**torte haben, oder einfach Eis mit **Schlag**."
Bei mir ums Eck ist ein **Beisel**, wo man auch was essen kann.
Als die Kellnerin serviert hatte, wünschte sie **„Mahlzeit"**!

Beim Arzt

Weil ich **mich** so schlimm **verkühlt** hatte, wollte ich zum Arzt. In der Hauptstraße fand ich gleich eine **Ordination**. Auf dem Schild stand: „**Ordination** Montag–Freitag von 9–12 und 18–20 Uhr." Ich hatte keinen **Krankenschein** dabei und musste deshalb eine Kaution zahlen.
In meinem Dorf ist gestern ein schwerer Unfall passiert: Die **Rettung** kam sofort und brachte die Verletzten ins **Spital**.

A	D
der Zug	die Bahn / der Zug
der Waggon	der Wagen/Waggon
versäumen	verpassen/ versäumen
die Station	die Haltestelle/ Station
die Trafik	der Kiosk
das Zündholz / die Zünder (Pl.)	das Streichholz/ Zündholz
die Telefonwertkarte	die Telefonkarte
das Kipferl	das Hörnchen
die Fleischhauerei	die Metzgerei/ Fleischerei
das Deka (= dg)	10 Gramm
die Kassa	die Kasse
die Kassierin	die Kassiererin
das Sackerl	die Tüte
die Marille	die Aprikose
die Zwetschke	die Zwetsch(g)e
der Paradeiser / die Tomate	die Tomate
die Nachspeise	der Nachtisch / die Nachspeise
der Knödel	der Kloß/Knödel
die Erdäpfel (Pl.)	die Kartoffeln
das Hendel	das (Brat-)Hähnchen/ Brathuhn
die Palatschinke	der Pfannkuchen
der Topfen	der Quark
der Schlag / das (Schlag-)Obers	die (Schlag-)Sahne / der (Schlag-)Rahm
das Beisel	die Kneipe
Mahlzeit!	Guten Appetit!
sich verkühlen	sich erkälten
die Ordination	die (Arzt-)Praxis
Ordination von … bis …	Sprechstunde von … bis …
der Krankenschein	die Versichertenkarte
die Rettung	der Krankenwagen
das Spital / Krankenhaus	das Krankenhaus

"Wachtmeister Studer"

Ü1 **1 "Wachtmeister Studer im Tessin"**

Wortschatz ordnen

a) Sammeln Sie passende Informationen.
b) Vergleichen Sie mit den Wörtern in der Wort-Kiste und ergänzen Sie.

	Comic	Roman
Preis		
Form		
Themen		
Figuren/Personen		
Wo kauft man das?		
Wer liest das?		
Wo liest man das?		

> im Zug   zu Hause   auf Reisen   am Wochenende   Kinder   Jugendliche   Erwachsene
> der Krimi   der Western   die Liebe   das Abenteuer   der Krieg   Menschen   Tiere
> Phantasiefiguren   die Buchhandlung   der Kiosk   der Supermarkt   billig   teuer
> das Heft   das Buch   das Taschenbuch

Ü2 **Aus einem Brief von Friedrich Glauser:**

Einen Begriff umschreiben

a) Was sind für Glauser typische Elemente eines Krimis? Markieren Sie.
b) Vergleichen Sie mit Ihren Ergebnissen von A1a).

Aus: Offener Brief über die „Zehn Gebote für den Kriminalroman" von Friedrich Glauser, 25. 3. 1937.

...
Ein sogenannter guter Kriminalroman (…) ist wohl stets folgendermaßen konstruiert:
Bei einem Autor habe ich all das vereint gefunden, was ich bei der gesamten Kriminalliteratur vermißt habe. Der Autor heißt Simenon, und er hat einen Typus geschaffen (…): den Kommissär Maigret. Ein durchschnittlicher Sicherheitsbeamter, vernünftig, ein wenig verträumt. Nicht der Kriminalfall an sich, nicht die Entlarvung des Täters und die Lösung ist das Hauptthema, sondern die Menschen und besonders die Atmosphäre, in der sie sich bewegen. (…) Merkwürdig an diesen Romanen (…) ist folgendes: Man bleibt gleichgültig, im Grunde, gegen die Lösung, obwohl die Fabel meist nach bewährtem Rezept hergestellt ist. Aber es weht zwischen den schwarzen Druckzeilen jene Traumluft, es scheint jenes Licht, das auch die bescheidensten, kleinsten Dinge zum Leben erweckt – zu einem bisweilen gespenstischen Leben. Der Täter? – Er ist ein Mensch unter anderen, wie es im alltäglichen Leben auch der Fall ist. Und daß er entlarvt wird, ist gar nicht so wichtig, es gibt kein Aufatmen am Ende, keinen Theatercoup, die Geschichte hat eigentlich kein Ende, sie hört auf – es ist ein Abschnitt des Lebens, aber das Leben läuft weiter, unlogisch, packend, traurig und grotesk zugleich.
Ich möchte Georges Simenon danken. Was ich kann, habe ich von ihm gelernt. Er war mein Lehrer – sind wir nicht alle jemandes Schüler? …

TIPP: Informationen ordnen = Sprechen/Schreiben vorbereiten

- Überlegen Sie vor dem Lesen: *Welche* Informationen brauche ich?
  - Fakten über Personen
  - Beschreibungen von Handlungen
  - Daten und Zahlen
  - Meinungen von Personen
  - Motive oder Begründungen für Handlungen

- Entscheiden Sie, *wie* Sie die Informationen festhalten wollen:
  - im Text markieren
  - als wörtliches Zitat auf Blatt notieren
  - in der gleichen Abfolge wie im Text
  - als Liste/Tabelle
  - Stichwörter am Rand notieren
  - Stichwörter auf Blatt notieren
  - nach Themen geordnet
  - als Wort-Igel/Mind-map

Hannes Binder, Jahrgang 19..

Ü3

Informationen ordnen

Sammeln Sie Informationen und schreiben Sie einen kurzen Text über eine Person.

2 Der erste Ferientag

Caravaning voll im Trend der mobilen Freizeitgesellschaft

Die Philosophie der mobilen Freizeit erfährt durch Eventtourismus neue Dimensionen und Attraktivität. Über vier Millionen Deutsche nutzen auch in diesem Jahr wieder ihre mehr als 1,3 Millionen Freizeitfahrzeuge (ca. 855 000 Wohnwagen und ca. 435 000 Wohnmobile), um den Jahresurlaub oder kürzere Freizeiteinsätze mobil zu gestalten. Immer mehr Deutsche erkennen die Vorzüge der Königsklasse des Reisens: die bequeme, unkomplizierte Reise, die unabhängige, flexible Auswahl des Urlaubsortes, den heimisch gewohnten Komfort, die Naturnähe und die Möglichkeit, die Fahrzeuge ganzjährig einsetzen zu können. Daneben hat sich ein neuer attraktiver Spross des Caravanings stark entwickelt: Der Eventtourismus mit Reisemobil und Wohnwagen. Gemäß dem Motto: „Mit Caravaning live dabei!" Laut einer Repräsentativumfrage brechen jährlich 270 000 Bundesbürger mit Wohnwagen und Reisemobil auf, um Freizeitausstellungen, Kultur-, Musik-, Sport- und andere Großveranstaltungen zu besuchen. Kein Event scheint für die erlebnismobile Bevölkerung zu weit zu sein. Mit der Freizeitattraktivität des Ziels wächst auch die Bereitschaft, längere Wegstrecken dafür zurückzulegen.

Ü4

Vor- und Nachteile diskutieren

a) Welche Vorteile werden im Text erwähnt? Welche Vor- oder Nachteile sehen Sie?
b) Suchen Sie andere Beispiele für „Freizeitgesellschaft".

Aus einem Zeitungsartikel

1. _____ d____ Ferienzeit sind immer mehr Leute auf den Straßen. 2. _____ und _____ d____ Ferienorte stehen immer mehr Wohnmobile. 3. Der Kontakt zur einheimischen Bevölkerung nimmt _____ d____ großen Mobilität ab, da die Touristen _____ ihr____ Aufenthaltes auf den Campingplätzen unter sich bleiben. 4. Ein Einheimischer meint: „Wir sind eigentlich sehr gastfreundlich, aber im Sommer fühlen wir uns _____ d____ vielen fremden Menschen nicht mehr richtig zu Hause. 5. Und _____ d____ Kontakt mit uns suchen diese Leute nur eine billige Art, Urlaub zu machen."

Ü5

Präpositionen mit Genitiv und Dativ

a) Ergänzen Sie passende Präpositionen und die Artikel. Benutzen Sie den Regel-Kasten.

b) Ergänzen Sie die Regel.

| außerhalb | innerhalb | statt | trotz | während | wegen |

geschrieben (eher) mit _____   gesprochen (eher) mit _____

W Ü6

Irreale Äußerungen formulieren

Schreiben Sie irreale Sätze (Gegenwart oder Vergangenheit).

3 Am Fluss

1. treffen: Wenn ich in der Fremde einen Mann mit einer solchen Sonnenbrille …
2. begegnen: Wenn ich unterwegs einem älteren Mann …
3. kommen: Wenn ich bei der Hitze in ein kleines Dorf …
4. anschauen: Wenn mich jemand so seltsam …
5. sehen: Wenn ich bei mir zu Hause solche Touristen …

Ü7

Unsicherheit/ Sicherheit ausdrücken

a) Wie sicher sind Sie? Schreiben Sie zu jedem Bild zwei Sätze. Verwenden Sie verschiedene Ausdrücke.

Vermuten:	**Sicher sein:**
Ich könnte mir vorstellen, dass …	Ich bin sicher, dass …
Ich nehme an, (dass) …	Es ist sicher, dass …
Es könnte sein, dass … / Es scheint, dass …	Es steht fest, dass …
Es ist nicht klar, ob/wer/wann/wie …	Ich glaube nicht, dass …
Es sieht so aus, als ob …	
wahrscheinlich/vielleicht/möglicherweise	offensichtlich/bestimmt/sicher

b) Vergleichen Sie.

Da war sicher niemand zu Hause. – Es sieht so aus, als ob der Vogel …

W Ü8

Stimmungen beschreiben

a) Wo essen Sie wann mit wem (nicht) gerne? Begründen Sie.
b) Was kann man wo essen? Notieren Sie.

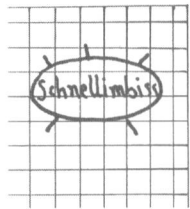

4 Im Restaurant

Biergarten

Kaffeehaus

Schnellimbiss

Restaurant

Ü9

Vor- und Nachteile beschreiben

Beschreiben Sie schriftlich Vor- und Nachteile der vier Orte aus Ü8. Verwenden Sie die Wörter aus der Wort-Kiste.

die Bar   der Schnellimbiss   das Restaurant   der Biergarten   das Café   das Lokal
das Gasthaus

laut   preiswert   teuer   gepflegt   fröhlich   ruhig   nobel   gemütlich   modern
praktisch   einfach   schnell   hungrig   durstig   drinnen   draußen

der Stuhl   die Bank   der Holztisch   das Tischtuch   die Serviette   das Geschirr
der Teller   die Tasse   das Glas   das Besteck   das Messer   die Gabel   der Löffel

aus Plastik   aus Karton   aus Porzellan   die Blume   die Kerze   die Zeitung

die Bedienung   der Ober   die Frau Oberin   der Kellner   die Kellnerin   der Gast

die (Speise-)Karte   die Speisen (Pl.)   die Vor-/Haupt-/Nachspeise   die Getränke (Pl.)
die Portion   die Rechnung   das Trinkgeld

Im Biergarten kann man ...

Ü10

Einen Text genau lesen

Lesen Sie im Lehrbuch A6, Zeilen 46 bis 70, und kreuzen Sie an.

	r	f
1. Der Fotograf ist überzeugt, dass es ein Unfall war.		
2. Ernesto ist der Kollege von Bernasconi.		
3. Bernasconi zeigt im Restaurant ein Foto.		
4. Bernasconi und Studer sind in den Ferien.		
5. Studer und Bernasconi sind ein bisschen betrunken.		

Ü11

Personen/Figuren beschreiben

Wie wirken die Figuren auf Sie? Wählen Sie Wörter aus der Wort-Kiste und beschreiben Sie einige Figuren. Ihr Partner / Ihre Partnerin rät.

hässlich   hübsch   chic   groß   klein
jung   alt   schlank   blass   schön   dick
dünn

schmal   rund   spitz   eckig   kurz   lang
glatt   lockig   gewellt

die Stirn   die Augenbraue   die Wange
die Lippe   der Zahn   das Kinn   der Hals

Ü12 Präpositionen

a) Ergänzen Sie die passenden Präpositionen.

Liebe Steffi,

wir sind nun _seit_ (1) gut einer Woche hier _____ (2) Tessin. Das Wetter ist sommerlich warm, die Temperaturen steigen _____ (3) _____ (4) 35 Grad. _____ (5) Abend wird es zum Glück etwas kühler, dann kann man _____ (6) einem der vielen Restaurants hier _____ (7) See _____ (8) den Kastanienbäumen sitzen und ein Eis essen.

Eigentlich wollte ich dir erzählen, was wir gestern erlebt haben: Wir haben einen Ausflug _____ (9) Maggia-Tal gemacht. Wir sind _____ (10) der Bahn _____ (11) Ponte Tresa gefahren. Dann sind wir etwa eine halbe Stunde gewandert, bis wir einen schönen Platz _____ (12) Ufer des Flusses gefunden haben. Wir waren so _____ (13) Mittag dort und haben ein Sandwich und Obst gegessen. Mark wollte gerade _____ (14) Wasser gehen, als plötzlich ein Helikopter _____ (15) großem Lärm gleich _____ (16) unserem Liegeplatz landete. Ich wurde _____ (17) diesen Krach aus meinen Träumen gerissen: _Aus_ (18) dem Helikopter stieg ein Polizist aus – ich nehme an, ein Kommissar – und ging _____ (19) Ufer. Dort standen viele Leute _____ (20) eine Person herum, die _____ (21) Boden lag und sich nicht bewegte. Der Kommissar sprach _____ (22) den Leuten und schaute sich die Frau, die offensichtlich tot war, genauer an und machte ein Foto _____ (23) ihr. – Wir sind dann weggegangen und _____ (24) den Wald _____ (25) nächste Dorf gegangen. Dort gibt es gleich _____ (26) der Kirche ein wunderbares Ristorante, wo wir etwas getrunken haben. Aber es war irgendwie unheimlich, denn kurz nachdem wir den ersten Schluck genommen hatten, kam dieser …

b) Ordnen Sie die Präpositionen.

lokal	temporal	andere	Verb und Präposition
	seit		aussteigen aus

c) Ordnen Sie die Präpositionen nach Fragewörtern. Ergänzen Sie weitere Fragewörter und Präpositionen.

d) Markieren Sie mit drei Farben:
– Präposition + AKK,
– Präposition + DAT,
– Präposition + AKK oder DAT.

e) Schreiben Sie den Brief von a) fertig.

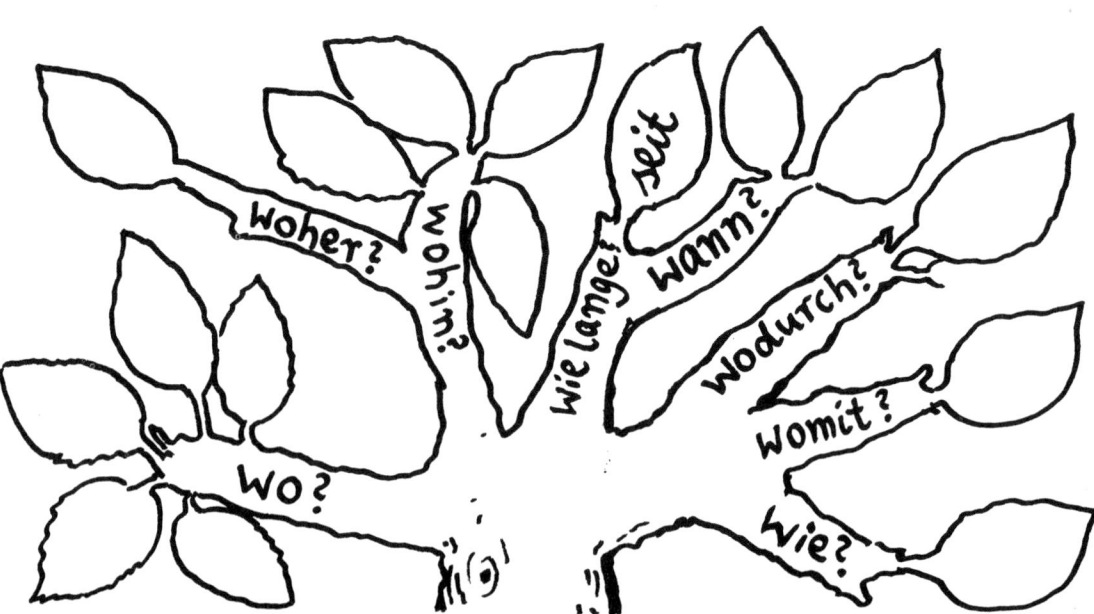

5 Zwei Begegnungen

aktiv: _____   passiv: _____
drinnen: _____   draußen: _____
allein: _____   mit anderen: _____
billig: _____   teuer: _____
Sommer: _____   Winter: _____

Ü13

Über Freizeit sprechen

a) Was sind Sie für ein „Freizeittyp"? Notieren Sie und erraten Sie den Freizeittyp Ihres Partners / Ihrer Partnerin.
b) Erklären Sie, warum Sie eine bestimmte Freizeitbeschäftigung gar nicht mögen.
c) Überzeugen Sie Ihren Partner / Ihre Partnerin, etwas gemeinsam zu unternehmen.

d) Ordnen Sie die Freizeittypen den Wortpaaren zu und vergleichen Sie.

Pronto? ● ○	Hallo, hier Studer.
Ciao, Studer. Wie geht's dir? ● ○	
	Ich rufe dich an wegen dem Glauser.
Wann hast du ihn das erste Mal gesehen? ● ○	_____
Im Ristorante war er auch. Seltsam, nicht wahr? ● ○	_____
Und heute hast du ihn auch getroffen. Was hat er denn erzählt? ● ○	_____
Und jetzt? Was meinst du? ● ○	_____
Wie bitte? Das hab ich nicht ganz verstanden. ● ○	_____
Danke für deine Auskünfte. Wann sehen wir uns? ● ○	_____
Also dann, ciao! ● ○	_____

Ü14

Informationen am Telefon weitergeben

Ergänzen Sie den Dialog.

Ü15 6 Gefahr

Eine Geschichte gliedern

Lesen Sie den Text von A11/A12 und ordnen Sie die Sätze.

____ Studer leidet unter der Hitze und wird von Geistern verfolgt.

____ Studer steigt den Berg hinauf.

____ Studer trifft sich im Restaurant mit Hedi und Bernasconi.

____ Studer beobachtet die Villa „Camelia".

____ Bernasconi bekommt einen Anruf.

____ Die beiden Kommissare fahren nach Arcegno.

____ Der Wächter des Gurus verjagt Studer.

____ Studer geht spazieren und denkt über Glauser nach.

____ Studer beobachtet ein Motorrad und ein Auto.

Ü16

Gesprochene Sprache: Modalpartikeln

a) Ergänzen Sie. Es passen oft mehrere Partikeln.

| bloß | denn | doch | eben | etwa | ja | nun mal | vielleicht | wohl |

1. Was will _____ der Fotograf hier? 2. Der Film war _____ eine Überraschung! 3. Was haben Sie _____ in den Ferien so gemacht? 4. Gibt es _____ noch einen weiteren Mord? 5. Passen Sie _____ auf! 6. Ob Glauser _____ der Mörder ist? 7. Studer ist _____ ein erfahrener Polizist. 8. Du hast _____ nicht _____ damit etwas zu tun? 9. Das hätte ich mir _____ denken können! 10. Tot ist tot. Das lässt sich _____ nicht ändern.

b) Welche Aussagen passen zu welchen Sätzen aus a)? Notieren Sie die Nummer(n).

a) Das ist nichts Neues. _____

b) Ich bin erstaunt. _____

c) Ich meine das nicht ernst. _____

d) So ist es! _____

e) Ich meine es wirklich ernst! _____

f) Ich nehme an, die Antwort ist „nein". _____

g) Ich bin neugierig. _____

h) Ich vermute es. _____

Ü17 7 Die Lösung?

Texte korrigieren

a) Ergänzen Sie die Präpositionen.
b) Vergleichen Sie die Zeitungsmeldung mit Ihren Notizen und korrigieren Sie die falschen Informationen.

Mord: Studer schlägt auch in den Ferien zu!

Die zwei schrecklichen Morde, die die Bevölkerung *in* Schrecken versetzt haben, sind fast aufgeklärt! Jakob Studer, 53, Kommissar, informierte die Presse gestern _____ (1) einer Pressekonferenz. Dabei wurde auch erwähnt, dass Studer zufällig _____ (2) Tessin ist, wo er _____ (3) seiner Tochter seinen Urlaub verbringt. Studer erklärte, dass er kurz _____ (4) dem Abschluss des Falles stehe: „_____ (5) der nächsten Stunden verhaften wir den Mörder. _____ (6) der laufenden Untersuchung kann ich leider _____ (7) die ganze Sache nicht mehr sagen. Nur so viel: _____ (8) den offenen Fragen können wir jetzt schon _____ (9) einem Erfolg sprechen. Ich danke Ihnen _____ (10) Ihre Geduld!" Wie wir erfahren konnten, soll es sich _____ (11) dem Hauptverdächtigen _____ (12) Friedrich Glauser, der Schriftsteller und Chauffeur _____ (13) Beruf ist, handeln. _____ (14) Glausers Zimmer in Losone wurde nämlich ein Brief gefunden, der _____ (15) Moment genau untersucht wird. Es ist anzunehmen, dass hier _____ (16) Süden der Schweiz bald wieder Ruhe herrscht und die Touristen _____ (17) Angst ihren Urlaub genießen können.

Studer liest das Blatt Papier, das er im Papierkorb gefunden hat:

```
Schriftsteller liebt Tänzerin. Tänzerin liebt Guru. Abhängigkeits-
verhältnis. Leibwächter des Gurus begehrt Tänzerin ebenfalls. Sie
weist ihn zurück. Leibwächter, als Taucher, nähert sich unter Was-
ser der Tänzerin und zieht sie hinab. Guru rächt sich am Leibwäch-
ter: folgt ihm und erschießt ihn. Aber da ist noch der Schrift-
steller, der aus Eifersucht alle Schritte der Frau überwacht.
Er kennt die Abläufe:
Wenn der Leibwächter die Tänzerin umbrachte, muss der Guru den
Leibwächter umgebracht haben. Der Schriftsteller ist in Gefahr,
weil er die Zusammenhänge kennt, und der Guru weiß es. Ein Zufall,
dass der Berner Fahnder im Tessin Ferien macht? Schriftsteller
zieht Studer in den Fall hinein und macht ihn zu seinem Voll-
strecker. Schriftsteller setzt sich ab, um nicht auch das Opfer
des Gurus zu werden.
P.S. Vielleicht ist das kein guter Einfall – zu einfach. Studer
soll entscheiden, ob er den Fall lösen will.
```

Ü18

Geschichten vergleichen

Lesen Sie den Schluss der Geschichte und vergleichen Sie mit Ihrem Schluss. Welcher gefällt Ihnen besser?

„Gesprungenes Glas oder: Ich habe eine große Sache im Gring"
Hör-Collage über Friedrich Glauser
von Fritz Zaugg

Zum Inhalt:
Friedrich Glauser, 1896 in Wien geboren, 1938 in Italien gestorben, hatte alles andere als ein leichtes Leben: Der Regisseur Fritz Zaugg hat über die aufwühlende, gebrochene, erschütternde Biografie Glausers eine Hör-Collage produziert, die vom bewegten Leben dieses wichtigen Autors erzählt. Zaugg lässt Glauser in vier Rollen auftreten, und zwar als
- Legionär am Meer, der seinem Kameraden von der Kindheit erzählt;
- Sohn, der seinem Vater Briefe schreibt;
- Liebenden, der mit Frauen korrespondiert;
- Erzähler, der auf einer Schallplatte seine bissigen, sarkastischen Kommentare über sein Leben abgibt.

Zur Sprache:
Glauser, der Sprachbegabte, in Wien zweisprachig aufgewachsen (sein Vater stammte aus der französischen Schweiz, seine Mutter aus Aussig an der Elbe), spickte seine deutsch geschriebene Prosa immer wieder mit Dialektausdrücken und französischen Wendungen. So auch als Erzähler in dieser Collage. Er vermittelt den Lesern so, dass er nicht nur ein Leidender ist, sondern auch ein gewitzter Spieler und Spaßvogel.

Ü19

Ein Hörspiel verstehen

a) Lesen Sie die Informationen.

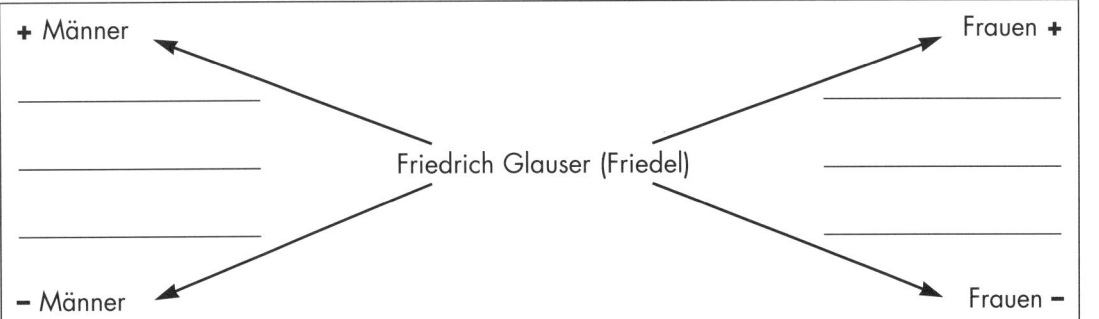

b) Hören Sie Ausschnitte aus dem Hörspiel: Welche Beziehungen hat Friedrich Glauser zu anderen Menschen? Notieren Sie.
c) Was erfahren Sie sonst noch über Glauser?

→ Dossier

DOSSIER

Zu Auftrag 2:
Auf der Karte finden Sie die Orte, die in der Geschichte „Wachtmeister Studer" vorkommen. Verfolgen Sie die Geschichte auf der Karte: Notieren Sie die verschiedenen *Orte* und *was wann* passiert in der Tabelle (unten).

Ort	Wann?	Was passiert?

Zu A9:
Sie finden hier Hintergrundinformationen zum *Monte Verità* bei Ascona und zum Südschweizer Kanton Tessin/Ticino.
Sie können
- Zusammenhänge zwischen der Kriminalgeschichte und den folgenden Texten suchen;
- Informationen zu Personen suchen, die Sie interessieren; mit Künstlern und Künstlerinnen aus *Ihrem* Land, die zur gleichen Zeit gelebt haben, vergleichen. Fragen Sie Ihre/n Kursleiter/in oder benutzen Sie ein Lexikon;
- die Region (Wetter, Spezialitäten) mit *Ihrer* Region vergleichen.

Wenn Sie mehr Informationen über die Gegend möchten, schreiben Sie an das Verkehrsbüro Ascona: „Casa Serodine", Casella postale 449, CH-6612 Ascona.

Monte Verità

Der Monte Verità, der „Berg der Wahrheit", ist eine wunderschöne Naturlandschaft auf einem Hügel oberhalb von Ascona. Der Hügel wird erst seit Anfang dieses Jahrhunderts so genannt, seit die Gegend von Leuten bewohnt wurde, die eine alternative, neue und gesündere Lebensweise suchten. Vegetarier lebten dort im engen Kontakt mit der Natur. Sie bauten dort ihre Hütten und Häuser und träumten von einer besseren Zukunft. Die Landkommune, die abendlichen Diskussionen und Konzerte zogen bald viele bekannte Künstler(innen) und Philosophen an. Die Kommune brach noch vor dem 1. Weltkrieg auseinander, doch der Monte Verità und Ascona blieben viele Jahre lang ein wichtiger Treffpunkt von Malern und Malerinnen, Tänzerinnen und Schriftstellern (Hermann Hesse, Rudolf Steiner, Isadora Duncan, Paul Klee, James Joyce, Marianne von Werefkin usw.). Die südländische Atmosphäre des Tessin war für viele sicher auch ein weiterer Anziehungspunkt: Jakob Flach, der Schweizer Schriftsteller, hat einmal gesagt: „Es gibt Gegenden, in denen eine eigenartige Luft weht – Positano, Worpswede, Montmartre, was

„Bewegung im Freien" am Monte Verità

weiß ich – Orte mit einer Atmosphäre, gesättigt von unermessbaren Kräften, die all das heterogene Volk anziehen." Noch heute spürt man etwas von diesem seltsamen Geist. Vielleicht hängt das mit den besonderen Erdströmungen zusammen, die dort herrschen. Der Monte Verità war auf jeden Fall der mystische Ort der frühen Lebens- und Gesellschaftsutopien des 20. Jahrhunderts. Heute finden dort in einem umgebauten Sanatorium Tagungen und Kongresse statt.

Wetter

Im Tessin herrscht während des ganzen Jahres ein mildes Klima. In der Region der Seen liegt die mittlere Jahrestemperatur bei 12° C. Das Thermometer sinkt selten unter 0° C und steigt kaum über 30° C.
Sonnenschein im Jahr: 2300 Stunden; Regen: 13,4 cm.

Vegetation

Dank des milden Klimas wachsen im Tessin Palmen, Zypressen, Olivenbäume, Kaki, Kiwi, Esskastanienbäume usw.
Der Frühling beginnt Mitte März, teilweise kann man schon im Winter blühende Bäume sehen.

Risotto Ticinese

Zutaten

1 Zwiebel; 1 – 2 Knoblauchzehen; 1/2 EL Butter; 2,5 – 3 Tassen Reis; 1 Tasse Milch; 1 Tasse Weißwein; 1/2 l Bouillon; 100 g Gorgonzola

Zubereitung

Die Zwiebel und die Knoblauchzehen fein hacken und in der Butter glasig dünsten. Den Reis dazugeben und einige Minuten mitdünsten lassen. Dann mit der Milch ablöschen, aufkochen lassen und den Wein sowie die Hälfte der heißen Bouillon dazugeben. Alles 15 Minuten leise köcheln lassen, ab und zu umrühren und nach und nach den Rest Bouillon dazugeben. Zuletzt den Käse in kleine Stücke schneiden, hineingeben, zerlaufen lassen und servieren.

Zu Ü19:
Auf dieser Seite finden Sie genauere Informationen über die Biografie von Friedrich Glauser und Originaltexte. Sie können:
– die Biografie von Glauser mit dem Comic-Krimi von Hannes Binder vergleichen;
– Glausers Leben im Kurs in einem Kurz-Vortrag darstellen;
– andere Künstler(innen) oder Schriftsteller(innen) vorstellen, die zur gleichen Zeit wie Glauser gelebt haben;
– „den Fall Glauser" mit den Drogenproblemen von heute vergleichen;
– einen tabellarischen Lebenslauf oder einen ausführlichen Lebenslauf über sich selbst schreiben.

Ich bin 1896 in Wien geboren, besuchte die evangelische Volksschule bis zur IV. Klasse, trat ins Gymnasium über. 1910–1913 im Landerziehungsheim Glarisegg, 1913–1916 Collège de Genève bis zur obersten Klasse. Infolge eines Artikels, den ich in einer Zeitung über die poetische Arbeit eines Lehrers veröffentlicht hatte, verließ ich die Schule ein Semester vor der Schlussprüfung. Ich ging nach Zürich, wo ich die Maturität mit Erfolg bestand. Da inzwischen meine Ausschließung aus dem Collège widerrufen worden war, konnte ich mich an der Universität immatrikulieren lassen. 1 Semester Chemie, 1 Semester romanische Philologie. Mein Vater hatte mich bis dahin mit einer monatlichen Pension unterstützt. Infolge des Kurses wurde ihm dies unmöglich. 1917 in Magadino. 1918 in Zürich, dann Genf. Dort wegen Velodiebstahl verhaftet. Im Gefängnis Morphiumdelirien. (…)
Psychiatrische Klinik Burghölzli, Zürich, 5. August 1920

1919 Juli: Flucht aus einer psychiatrischen Klinik nach Ascona; Glauser findet eine Wohnmöglichkeit bei Freunden, hat Kontakt mit Künstlern und Schriftstellerinnen vom *Monte Verità*. Zieht mit seiner damaligen Freundin Elisabeth von Ruckteschell, Malerin und Textilentwerferin, in eine kleine Mühle zwischen Arcegno und Ronco. Fälscht Rezepte, um in der Apotheke Morphium zu bekommen.
1920 Verhaftung in Bellinzona wegen Fahrraddiebstahls; Krankenhausaufenthalt: Entwöhnungskur
1921 Eintritt in die französische „Fremdenlegion"
1922 Gourrama (Marokko): Selbstmordversuch, Malaria
1923 Entlassung aus der Fremdenlegion wegen eines Herzfehlers; Tellerwäscher in Paris; Arbeit in einer Kohlengrube in Charleroi (Belgien)
1925 Zwangsweise Rückkehr in die Schweiz; Aufenthalt in der Psychiatrischen Klinik Münsingen; Einweisung in die Haft- und Arbeitserziehungsanstalt Witzwil
1927 verschiedene Arbeitsstellen als Hilfsgärtner; Verhaftung wegen Rezeptfälschung
1930 Arbeit am Legionsroman *Gourrama*; Eintritt in eine Gartenbauschule in der Nähe von Bern.

In den Jahren von 1934 bis 1938 schreibt Glauser seine wichtigsten Romane: *Tee der drei Damen, Schlumpf Erwin Mord*, der unter dem Titel *Wachtmeister Studer* erscheint, *Matto regiert* und *Der Chinese*. Einige seiner Kriminalromane erscheinen zuerst als Fortsetzungsromane in Zeitungen und Zeitschriften. Er lebt in psychiatrischen Kliniken, wo er vergeblich versucht, von seiner Drogensucht loszukommen. Er zieht für ein paar Monate nach Frankreich, lebt dann wieder bei Freunden in der Schweiz. Im Mai 1938 zieht er mit seiner Freundin Berthe Bendels, die auch seine Pflegerin in der Klinik Münsingen war, nach Nervi bei Genua in Italien. Er arbeitet an verschiedenen Romanentwürfen, u.a. an einem neuen Studer-Roman, der in Ascona im Tessin spielen soll. Aber am 6. Dezember, am Vorabend seiner Hochzeit, bricht Glauser beim Abendessen bewusstlos zusammen. Er stirbt am 8. Dezember 1938.

„Im Grunde gibt es nichts Uninteressanteres als das Leben eines Morphinisten. Es beschränkt sich auf Perioden, in denen er Gift nimmt, und auf Perioden, in denen die Gesellschaft ihn dazu zwingt, sich das Zeug wieder abzugewöhnen. Alle Gründe, die man erfindet, um die Sucht zu entschuldigen, können sich literarisch und poetisch sehr gut machen; konkret ist es eine Schweinerei, denn man ruiniert sich sein Leben damit. Unsere europäische Gesellschaft ist eben so eingerichtet, dass ein Morphinist von vornherein als „anormal" betrachtet wird, vielleicht, weil das Gift allzusehr individualistisch macht. Der Alkohol fördert die Geselligkeit, fördert eine gewisse Brutalität. Opium lässt Minderwertigkeitsgefühle entstehen; vielleicht könnte man noch weiter gehen: Nur der nimmt Morphium, der unter starken Minderwertigkeitsgefühlen zu leiden hat."
Aus: Friedrich Glauser, Morphium, geschrieben 1932

Die folgenden Wörter und Wendungen, die im Schweizer Standarddeutsch üblich sind, stehen im Zertifikatswortschatz. Sie finden dazu die Wörter mit gleicher Bedeutung, die in Deutschland üblich sind; häufig gibt es in den deutschsprachigen Ländern auch mehr als ein Wort für dieselbe Sache.

Sie können
– überprüfen, welche dieser schweizerischen Wörter Sie aus der Geschichte „Wachtmeister Studer" kennen;
– die Texte auf dieser Seite nach typisch schweizerischen Wörtern untersuchen;
– mit den Beispielen aus der österreichischen Standardsprache in den Dossiers von Kapitel 37 und 39 vergleichen.

CH	D
das Velo	das Fahrrad
das Spital	das Krankenhaus
die Matura	das Abitur
die Aussicht	die Chance / Aussicht
der Zug	die Bahn / der Zug
das Perron	der Bahnsteig
das Billet	die Fahrkarte / das Ticket
das Portemonnaie	die Brieftasche / der Geldbeutel
das Morgenessen	das Frühstück
die Konfitüre	die Marmelade
der Kasten	der Schrank
sich pensionieren lassen	in Rente/Pension gehen / sich pensionieren lassen
die Telefonkabine	die Telefonzelle
das Couvert	der (Brief-)Umschlag / das (Brief-)Kuvert
die Marke	die (Brief-)Marke
der Chauffeur	der Fahrer/Chauffeur
der Führerausweis	der Führerschein
das Tempo	die Geschwindigkeit / das Tempo
der Pneu	der Reifen
Achtung!	Vorsicht!/Achtung!
Gesundheit!	Prost!
das Zündholz	das Streichholz/Zündholz
mich dünkt …	mir erscheint …
passieren	sich ereignen / geschehen / passieren
sonst	außerdem/sonst
bleich	blass/bleich

Glauser wurde wegen **Velo**diebstahl verhaftet.
Glausers **Spital**aufenthalte lassen sich kaum zählen.
Kurz vor der **Matura** musste er die Schule verlassen.
Glauser hatte keine **Aussicht**, von seiner Sucht wegzukommen.
Studer fuhr **mit dem Zug** ins Centovalli.
Glauser wurde auf dem **Perron** verhaftet.
Glauser konnte sich nicht einmal ein **Billet** kaufen.
Er hatte selten Geld in seinem **Portemonnaie**.

Studer ging noch vor dem **Morgenessen** schwimmen.
Studer aß immer **Konfitüre** zum Morgenessen.
Im Hotelzimmer gab es nur einen kleinen **Kasten**.
Studer kann **sich** bald **pensionieren lassen**.

Kommissar Bernasconi telefonierte aus einer **Telefonkabine**.
Studer fand neben seiner Schreibmaschine auch noch ein **Couvert** mit einer ausländischen **Marke**.

Der Mann im Taucheranzug war auch der **Chauffeur** des Gurus.
Er hatte nicht einmal einen **Führerausweis**.
Der Wagen folgte dem Motorrad mit großem **Tempo**.

Der **Pneu** platzte plötzlich.
„**Achtung**!", rief Studer Glauser zu. „Passen Sie auf!"
„**Gesundheit**!", sagte Studer zu Hedi und trank einen Schluck.
„Haben Sie mir ein **Zündholz**?", fragte Studer.
Mich **dünkt** das Krimischreiben das Allerschwerste.
Studer sagt: „Was ist eigentlich **passiert**?"

Im Restaurant: „Möchten Sie **sonst** noch etwas?"
Er sah **bleich** aus.

Aus einem Brief Glausers an seine mütterliche Freundin Marthe Ringier:

> „Findest Du nicht auch, dass die kleinen unscheinbaren Dinge am schwersten sind? Zu begreifen, dass man den Menschen auf die Nerven geht, und ihnen doch nicht böse zu sein. Das ist so eine Sache. Und die andere, die mir so langsam klar wird: dass man Menschen nehmen muss, wie sie sind. Das klingt ganz einfach, ist aber wirklich sehr schwer. Man will sie immer überzeugen, immer ändern, immer umdressieren, sie bekehren. Das Allerschwerste dünkt mich, einen ganz fremden Standpunkt gelten zu lassen."

Training: Zertifikat Deutsch

Das „Zertifikat Deutsch"

Ü1
Informationen sammeln

a) Was wissen Sie schon über das „Zertifikat Deutsch"? Sammeln Sie.
b) Wählen Sie Text ① oder ②: Markieren Sie neue Informationen. Vergleichen Sie.

① **Das Zertifikat in neuem Kleid**

Experten und Expertinnen aus Deutschland, Österreich und der Schweiz haben an der Revision des „Zertifikats Deutsch als Fremdsprache" gearbeitet. Herausgekommen ist das neue „Zertifikat Deutsch".

Überarbeitet und aktualisiert wurden die Lernziele, der Wortschatz, die Grammatikinhalte und die Prüfung. Die Kandidaten und Kandidatinnen sollen zeigen, dass sie Texte verstehen und sprachlich auf Deutsch handeln können. Im Zentrum der Prüfung stehen folglich das Hören und Lesen von Originaltexten, das Schreiben persönlicher oder formeller Briefe und das Sprechen mit Partnern. Grammatik und Wortschatz sind unter der Überschrift „Sprachbausteine" zusammengefasst.

② **Aufbau der Zertifikatsprüfung**

1. Lesen 90′	– Globalverstehen (5 kurze Texte) – Detailverstehen (1 – 2 Texte / ca. 300 Wörter) – Selektives Lesen (3 Themen / 12 Anzeigen)
2. Sprachbausteine	– Wortschatz + Grammatik (2 Lückentexte)
Pause	
3. Hören 30′	– Globalverstehen (5 Meinungen) – Detailverstehen (Gespräch/Interview) – Selektives Hören (5 Ansagen)
4. Schriftlicher Ausdruck 30′	– Persönlicher oder halbformeller Brief
5. Mündlicher Ausdruck 15′	– Kontaktaufnahme – Gespräch über ein Thema – Lösung einer Aufgabe

1. Lesen

Ü2
Strategien diskutieren

a) Markieren Sie drei wichtige Tipps.
b) Vergleichen und begründen Sie.

Ü3
Lesetests ausprobieren

a) Machen Sie die Lesetests A, B, C. Beachten Sie die Tipps.

b) Notieren Sie bei Ü7, wie lange Sie gebraucht haben.
c) Was war leicht, wo hatten Sie noch Probleme? Notieren und diskutieren Sie.

PRÜFUNGSTIPP: Passende Lesestrategie wählen

Globalverstehen	Detailverstehen	Selektives Lesen
= Hauptaussage verstehen	= genaues Verstehen	= Informationen suchen
1. Lesen Sie zuerst zwei Aussagen. 2. Passenden Text suchen 3. Text schnell lesen: – Entscheiden: Aussage 1 passt / passt nicht? – Kontrolle: Aussage 2 passt / passt nicht? 4. Nächste Aussage prüfen	1. Überblick bekommen: Titel lesen – Thema erkennen 2. Aufgaben lesen 3. Textstelle suchen: Wo steht dazu etwas im Text? 4. Genau lesen: – auf „aber", „doch", „nicht", „kein", „jedoch" achten – unbekannte wichtige Wörter erschließen	1. Aufgabe lesen: Was wird gesucht? *Sofort* passende Anzeige suchen. Entscheiden: passt sie? – Buchstaben notieren – Keine Anzeige passt: → nächste Aufgabe 2. Am Ende Aufgaben ohne passende Anzeige nochmals kontrollieren
Zwei Aussagen pro Text; nur eine Aussage passt!	*Reihenfolge der Aufgaben entspricht <u>nicht</u> der Reihenfolge im Text!*	*Nicht zu jeder Aufgabe gibt es einen Text!*

Globalverstehen	Detailverstehen	Selektives Verstehen

Probetest

A. Lesen: Globalverstehen

*Lesen Sie zuerst die 10 Aussagen. Lesen Sie dann die 5 Texte und entscheiden Sie:
Welche Aussage (Nr. 1–10) passt am besten zu welchem Text (A–E)?*

1. Für die Statistik wurden nur Menschen befragt, die selbst Sport treiben.
2. Ältere Menschen interessieren sich mehr für Skisport als jüngere Menschen.
3. „Gourrama" ist der Titel eines Buches über das Leben des Schriftstellers Friedrich Glauser.
4. Den Roman „Gourrama" konnte man erst nach Glausers Tod als Buch kaufen.
5. Im Buch „Donau-Radweg" werden Tipps für eine Radtour entlang der Donau gegeben.
6. Im Buch „Donau-Radweg" wird über eine Reise mit dem Rad von Passau nach Wien berichtet.
7. Luciano Pavarotti meint, für einen Startenor ist es sehr wichtig, Noten lesen zu können.
8. Luciano Pavarotti hat seine eigene Technik, sich Melodien zu merken.
9. Das Buch „Internet für Einsteiger" kann bei Annemarie Schlegel direkt bestellt werden.
10. Frau Schlegel bietet einen Kurs an, in dem Frauen das Internet kennen lernen können.

A) Mit dem Rad die Donau entlang

Der Donauradweg zwischen Passau und Wien gilt als die bekannteste und beliebteste Radroute Europas.
Das Radtourenbuch enthält die wichtigsten Informationen, die Sie für Ihren Radurlaub benötigen: Präzise Landkarten, genaue Routenbeschreibungen, Angabe der Sehenswürdigkeiten, ein umfassendes Übernachtungsverzeichnis sowie Wissenswertes über Land und Kultur.

B) Ergreifend und herzlich

Friedrich Glauser, „Gourrama", Limmat Verlag, 488 Seiten, 58 Franken

Glauser hielt dieses Buch für „das Wichtigste", was er geschrieben habe. Doch zu Lebzeiten konnte sein Roman „Gourrama" nicht in Buchform erscheinen. Dafür beendet es nun die wunderbare Werkausgabe. Das Buch bestätigt, dass Glauser wie kaum ein anderer seine Figuren auf ergreifende, menschliche Weise beschreiben konnte.

Tagesanzeiger, 11. 1. 1998

C) Welche Altersgruppe welchen Sport mag

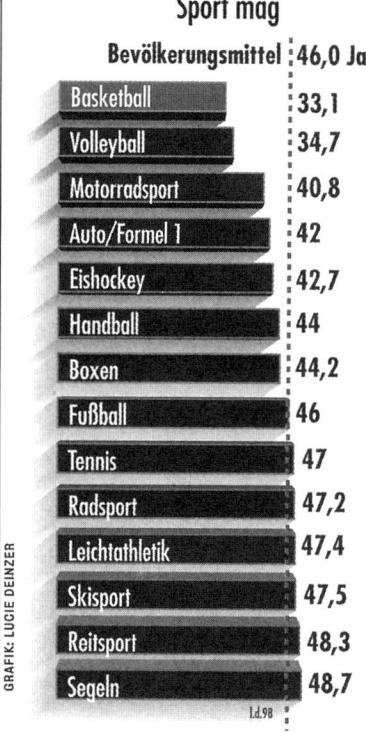

Basketball hat die durchschnittlich jüngste Fangemeinde in Deutschland, Fußball liegt genau im Bevölkerungsmittel von 46,0 Jahren. Das ist das Ergebnis einer Umfrage nach dem Interesse an verschiedenen Sportarten. Wichtig: Befragt wurde eine große repräsentative Stichprobe der erwachsenen Bevölkerung – nicht nur eine kleine Auswahl Sportinteressierter, die den Altersschnitt bei einigen Sportarten wohl gesenkt hätte.

Sports 2/98

D) INTERNET FÜR EINSTEIGER

Kursleiterin Annemarie Schlegel will Frauen jeden Alters ermutigen, das Internet kennen zu lernen. Dazu hat sie ein Programm entwickelt, bei dem viel gelacht, gespielt und gelernt wird. Der Grundkurs dauert einen Tag und kostet 290 DM. Die nächsten Termine: 22. 1. / 13. 2. / 3. 3. Unterlagen können Sie anfordern bei: Das „ANDERE" Lernen, Annemarie Schlegel & Partnerin, Ringstrasse 7, 76228 Karlsruhe.

E) Pavarotti kann keine Noten lesen

(sda/afp) Der italienische Startenor Luciano Pavarotti kann keine Noten lesen. Dies offenbarte er am Sonntag in einem Interview mit der Zeitung „Corriere della Sera". „Ja, es ist wahr, ich kann keine Noten lesen", sagte er. Dies sei jedoch nicht weiter schlimm. „Um Erfolg zu haben, muss man die Musik im Kopf haben und sie mit dem Körper singen." Bei Konzerten behelfe er sich mit Zetteln, auf denen er sich zuvor Notizen gemacht habe.

Freiburger Nachrichten, 22. 7. 1997

Text A: Nr. ____   Text B: Nr. ____   Text C: Nr. ____   Text D: Nr. ____   Text E: Nr. ____

Probetest

B. Lesen: Detailverstehen

Lesen Sie zuerst den Zeitungsartikel. Lösen Sie dann die fünf Aufgaben zum Text.
Achtung: Die Reihenfolge der einzelnen Aufgaben ist vielleicht anders als die Antworten im Text.

WISSENSCHAFT

Reden wie Adam

Ein Russe spricht mehrere hundert Sprachen und sucht nach der Ursprache des Menschen

Fragt man ihn, wie viele Sprachen er spricht, dann sagt der russische Linguistikprofessor Sergej Starostin in aller Bescheidenheit: „Ungefähr hundert." Ist er aber ehrlich und zählt alle alten und ausgestorbenen Idiome dazu, die er leidlich beherrscht, bringt er es auf etwa die vierfache Zahl.

Hinter der außergewöhnlichen Bildung des 43-Jährigen steckt eine wissenschaftliche Mission, von der er weiß, dass er sie in seinem Leben nicht vollenden wird: Er möchte herausfinden, „wie Adam und Eva miteinander gesprochen haben". Starostin glaubt, dass alle etwa 6000 heute existierenden Sprachen von einer gemeinsamen Ursprache abstammen. „Vor 20000 bis 30000 Jahren haben alle Menschen auf der Erde mehr oder weniger gleich gesprochen", meint er.

Die Fachwelt belächelt diese Theorie, dennoch forscht der russische Professor unbeirrt weiter. Er beschreibt seine Arbeit als „linguistische Archäologie": „Ich führe verschiedene moderne Sprachen zurück auf alte, ausgestorbene. Es ist, als würde ich eine umgedrehte Pyramide hinabsteigen."

Seine Faszination für Fremdsprachen hat Starostin vom Vater geerbt, der mehr als 20 Sprachen beherrschte und seinem Sohn Unterricht gab. Mit sechs sprach Starostin Deutsch so gut wie seine Muttersprache Russisch. „Man kann nur etwa zehn Sprachen gleich gut lernen", meint er. „Aber normalerweise reicht ein Wortschatz von 500 bis 600 Wörtern, um sich verständlich machen zu können."

500 bis 600 Wörter, und das in mehreren hundert Sprachen – es ist eine ungeheure Gedächtnisleistung, die Starostin vollbringt. Doch er winkt ab: „Mein Gedächtnis ist nicht außergewöhnlich gut, aber sehr spezialisiert. Zum Beispiel kann ich mir absolut keine Telefonnummern merken." Außerdem sei viel Wissen verschüttet. „Wenn Sie mich plötzlich auffordern würden, in einer exotischen Sprache zu sprechen, könnte ich mich wohl an die Grammatik erinnern, aber ich bräuchte einen Tag, um den Wortschatz aus den Tiefen des Gedächtnisses auszugraben. Ich hätte allerdings wohl kaum Schwierigkeiten, einen Text zu lesen."

Starostin lernt Fremdsprachen aus Büchern und in Gesprächen. Außerdem seien Reisen wichtig. Sein Tipp: „Am besten ist, man findet einen Muttersprachler, der einem Unterricht gibt – oder man fährt hin." ■

WILL STEWART

GENIE: Sergej Starostin spricht mehrere hundert Sprachen

	richtig	falsch
0. Sergej Starostin kann um die 400 Sprachen.	X	
1. Bevor er zur Schule kam, sprach er schon eine zweite Sprache.		
2. Wenn man ihn in einer exotischen Sprache anspricht, kann er sofort in der Sprache antworten.		
3. Er glaubt, dass alle Sprachen die gleiche Wurzel haben.		
4. Sergej Starostin kann sich neue Wörter und Zahlen gleich gut merken.		
5. Er möchte herausfinden, wie viele Sprachen ein Mensch lernen kann.		

Probetest

C. Selektives Lesen

Lesen Sie zuerst die 10 Aufgaben und dann die 11 Anzeigen. In welcher Anzeige finden Sie das, was Sie suchen? Notieren Sie den Buchstaben (A–K) der passenden Anzeige. Es ist auch möglich, dass keine Anzeige passt. In diesem Fall schreiben Sie „0".

1.	Ihre Kinder möchten gern mit Ihnen schwimmen gehen.	6.	Der Sohn von Freunden hat Probleme in der Schule und braucht Hilfe.
2.	Sie möchten gern einen Tanzkurs für lateinamerikanische Tänze machen.	7.	Sie sind sehr kreativ und möchten gern malen lernen.
3.	Sie mögen klassische Musik, besonders Vivaldi, und möchten in ein Konzert gehen.	8.	Sie möchten Ihrem Partner / Ihrer Partnerin einen Wunsch erfüllen und eine Ballonfahrt schenken.
4.	Sie möchten sich gern etwas zu essen nach Hause bringen lassen.	9.	Die Tochter von Freunden möchte gern in Italien Italienisch lernen.
5.	Ein guter Freund möchte gern Tai Chi Chuan erlernen.	10.	Sie mögen die japanische Küche und wollen wieder einmal gut essen gehen.

A T@O Network
Weisheit ist gut...
...Geduld ist besser!
Postfach 174
8707 Uetikon am See
Workshop

E Da heben Sie ab!
Gönnen Sie sich das einmalige Erlebnis einer Fahrt mit dem Brennwald-Ballon. Geschenkgutscheine und Spontanfahrten über **Tel: 05 21/240 25 16**
Ballonpilot Christoph Sauer

H Nachhilfeunterricht!
Persönliche und individuelle Begleitung bei Schulproblemen.
Einzelunterricht: DM 43,– bis 49,–
Think! Logos Lehrerteam 0521/266 50 00

B TAVERNE KORFU
Griechische Spezialitäten
GRIECHISCHE SPEZIALITÄTEN
27. MÄRZ GRIECHISCHE LIVE MUSIK
Hopfenstrasse 19, beim Manesseplatz,
Telefon 05 21/463 08 68, Sonntag geschlossen

F Verstehst du von den Beatles nur Blablabla? Dann sofort ringringring:
Englischkurse und Reiseorganisation:
05 21/485 50 40

I Tanzkurse SALSA & Merengue
TANZSCHULE TROPICAL
Dipl. Tanzlehrerin aus KUBA
•Tanzkurse alle Stufen
•Verlangen Sie unser Programm!
Einsteiger-Weekend 17./18. Jan.
Sekr.: 05 21/296 90 93, Fax: 05 21/296 90 88

C TAI CHI CHUAN
der alte, authentische Yang-Stil
Anfängerkurs / Januar
Ab Di, 27. 1. 98, 17.45 Uhr
Auskunft und Anmeldung:
Rudi Kern, Tel. 05 21/867 13 51
ITCCA Int. Tai Chi Chuan Association

J Sprachaufenthalte
★ WELTWEIT ★
www.multilingua.ch
Mattstr. 3, 8050 Zürich, 01-444 33 30
MULTILINGUA

G Kirche St. Peter, Palmsonntag, 5. April
J. S. Bach
Matthäus-Passion
1. Teil: 16⁰⁰–17³⁰, 2. Teil: 18⁴⁵–20¹⁵.
Jürgen-Kantorei; A. Teichert, Sopran; H. Wenk, Alt; H. Saladin, Tenor; W. Pailer, Bass; N. Prasser, Evangelist; M. Jaeger, Jesus.
Die Orchester spielen auf historischen Instrumenten.
Leitung: Martin Huggel
Vorverkauf: Musik Ritter
Kartenzentrale Werdmühleplatz
221 22 83 und 935 32 77

D Meisterzyklus
TONHALLE, GROSSER SAAL
Mittwoch, 1. April, 19.30 Uhr
KREMERATA BALTICA
A. Vivaldi, Vier Jahreszeiten
A. Piazolla, Tango Ballett für Streicher
N. Rota, Concerto per Archi
A. Pärt, Fratres für Violine und Orchester
Miller: 251 59 00, Konzertgesellschaft:
05 21-80 80 84

K Restaurant
TAKANO
Japanische Spezialitäten
– TEPPANYAKI-GRILL
– SUKIYAKI, SUSHI ETC.
Weststraße
33615 Bielefeld
Tel. (05 21) 463 22 28
Öffnungszeiten:
Mo–Fr 11.30–14.00
18.00–23.30
Sa 18.00–23.30
So geschlossen

2. Sprachbausteine

Ü4

Aufgabenformen diskutieren

Lesen Sie den Text. Sehen Sie sich die Beispiele rechts an. Welche Form (A, B) erscheint Ihnen leichter? Sammeln Sie Argumente.

Sprachbausteine

Wortschatz und Grammatik sind „Bausteine" der Sprache. Im Zertifikat Deutsch wird geprüft, ob Sie in der Lage sind, in einem Text das passende Wort oder die passende grammatische Form zu ergänzen.

A. Schwerpunkt Wortschatz
- Text aus der Perspektive des Kandidaten / der Kandidatin
- 10 Aufgaben, Multiple Choice: pro Aufgabe 3 Möglichkeiten zur Wahl

B. Schwerpunkt Grammatik
- Fax oder halbformeller Brief
- 10 Aufgaben, Zuordnung: 15 Wörter für 10 Lücken zur Wahl

A. Schwerpunkt Wortschatz

Lieber Herr Buchmüller,
vor einigen Wochen habe ich Ihre [1] im Radio [2]. Seitdem höre ich „Persönlich", wann immer es mir möglich ist.

1. a) Sendung   b) Ausstrahlung   c) Thema
2. a) entdeckt   b) erfunden   c) abgeschaltet

B. Schwerpunkt Grammatik

Sehr geehrte Frau Schlegel,
schon lange [1] __ ich das Internet kennen lernen. Deshalb bin ich [2] __ interessiert [3] __ Ihrem Kursangebot. [4] __ gefällt mir, [5] __ der Kurs nur für Frauen ist.

a) an   d) dass   g) möchte
b) besonders   e) für   h) sehr
c) damit   f) könnte   i) viel

Ü5

Wortschatz- und Grammatiktests ausprobieren

a) Machen Sie die Probetests A und B. Beachten Sie die Tipps.

b) Notieren Sie unten Ihre Arbeitszeit.

PRÜFUNGSTIPP: Zeit bewusst einteilen

- Maximale Bearbeitungszeit pro Testteil festlegen.
- Mit leichteren Testteilen beginnen.
- Einfache Aufgaben lösen, schwierige überspringen und am Ende lösen.
- Maximale Bearbeitungszeit für jeden Testteil einhalten.
- Zeitplan für die Testteile „Lesen" und „Sprachbausteine" machen.

Ü6

Prüfungstipps formulieren

a) Wie haben Sie die Probetests A, B gelöst? Notieren Sie Arbeitsschritte.

b) Welche Tipps können Sie geben? Formulieren Sie.

A. Wortschatz
1. _____
2. _____
3. _____

B. Grammatik
1. _____
2. _____
3. _____

PRÜFUNGSTIPPS:

Ü7

Zeitplanung

a) Wie lange haben Sie gebraucht? Vergleichen Sie.
b) Machen Sie einen Zeitplan.

	Global-verstehen	Detail-verstehen	Selektives Lesen	Wortschatz	Grammatik
meine Zeit					
optimale Zeit					
Prüfungszeit insgesamt:	90 Minuten				

Probetest

A. Wortschatz

Lesen Sie den folgenden Text. Entscheiden Sie: Welches Wort passt?
Kreuzen Sie für jede Lücke das richtige Wort (a, b oder c) an.

Lieber Andreas,

es tut mir [1], dass ich so lange nicht geschrieben habe. Im Moment ist so viel [2], dass ich nicht die [3] hatte, dir zu schreiben. Aber jetzt ist es besser, und ich freue mich sehr auf unser Treffen [4] nächsten Wochenende.
Ich habe eine große [5]: Ich habe einen Praktikumsplatz in einer bekannten Firma gefunden und werde nun [6] sechs Monate in Deutschland bleiben. Du kannst dir sicher [7], wie froh ich bin! Aber [8] muss ich in fünf Wochen aus meinem Zimmer in der WG raus! Morgen sehe ich mir ein kleines Appartement an. Es ist 54 qm groß und soll 450 DM kosten. Die Wohnung ist [9] etwas weit von meinem Arbeitsplatz entfernt, aber es ist schwer, eine billige Wohnung zu finden. Drück mir die Daumen, dass es klappt! Ich werde dir am Wochenende alles genau erzählen!
Wann kommst du am Samstag hier an? Ruf mich kurz an, [10] ich dich vom Bahnhof abholen kann.

Liebe Grüße

---

1. a) gut	b) leid	c) weh		6. a) noch	b) schon	c) bis
2. a) los	b) weg	c) Termine		7. a) denken	b) wissen	c) überlegen
3. a) Stunde	b) Aufgabe	c) Ruhe		8. a) doch	b) schade	c) leider
4. a) beim	b) im	c) am		9. a) zwar	b) also	c) trotz
5. a) Nachricht	b) Neuigkeit	c) Information		10. a) obwohl	b) deswegen	c) damit

B. Grammatik

Lesen Sie den folgenden Text. Welches Wort passt?
Notieren Sie den richtigen Buchstaben (a–o) hinter die Nummern 1–10 im Text.

Hamburg, den 5. Mai

Sehr geehrte Damen und Herren,

wir sind vier junge Leute und möchten im Herbst eine Radtour von Linz nach Wien machen. (1) ___ die Reise genau zu planen, suchen wir nach Informationsmaterial. Besonders interessieren wir uns (2) ___ billige Übernachtungsmöglichkeiten und Tipps. Zum Beispiel (3) ___ wir gern, wo man am besten eine Pause machen kann und was man alles ansehen (4) ___. Könnten Sie (5) ___ einen Hotel-Prospekt und Informationen über Sehenswürdigkeiten schicken? (6) ___ es unsere erste Radtour (7) ___, haben wir noch keine Erfahrung (8) ___, wie viele Kilometer (9) ___ pro Tag fahren kann.
Wir denken auch, dass es nicht angenehm ist, immer mit dem ganzen Gepäck unterwegs zu sein. Gibt es die Möglichkeit, (10) ___ das Gepäck von Hotel zu Hotel transportiert wird?
Herzlichen Dank für Ihre Hilfe!

Mit freundlichem Gruß

---

a) an	d) damit	g) für	j) sollte	m) um
b) da	e) darf	h) man	k) uns	n) wissen
c) dafür	f) dass	i) sein wird	l) war	o) wüssten

3. Hören

Ü8

Aufgabentypen unterscheiden

Welche Aufgabe (1.–9.) gehört zu den 3 Formen des Verstehens? Notieren Sie die Nummern.

Globalverstehen	Detailverstehen	Selektives Verstehen
= Thema/Meinung/Aktivität/ Hauptaussage verstehen	= genaues Verstehen / alles im Detail verstehen	= eine bestimmte Information heraushören

Aufgaben:

1. Notieren Sie die Sportresultate. 2. Wie gefällt den Zuhörern die Sendung? 3. Welche Probleme hatte die Familie bei der Wohnungssuche? 4. Was kostet die Wohnung? 5. Auf welche Anzeige reagiert Herr Hein? 6. Welches Gespräch passt zu dem Foto? 7. Was ist genau passiert? 8. Wo treffen sich Anna und Georg? 9. Was soll Marianne alles machen?

Globalverstehen	Detailverstehen	Selektives Hören
2.,		

Ü9

Hörtipps geben

a) Lesen Sie die Statements und die Tipps. Welchen Tipp können Sie wem geben? Notieren Sie.
b) Welche Schwierigkeiten haben Sie auch?

Ich verstehe normalerweise ganz gut. Aber gleichzeitig die Aufgaben lesen, zuhören und ankreuzen – das kann ich nicht!
Carmen

Ich höre erst zu. Wenn der Text zu Ende ist, dann kreuze ich die Lösungen an. Aber oft erinnere ich mich dann nicht mehr an Details.
Susan

Oft gibt es so viele Geräusche im Hintergrund. Das ärgert mich und dann kann ich nicht mehr konzentriert zuhören.
Ismail

Ich will beim ersten Hören alles lösen, aber das kann ich nicht. Beim zweiten Hören löse ich wieder alles und verpasse die wichtigen Stellen.
Jorge

Ich will immer alles ganz genau verstehen. Jedes Wort ist für mich wichtig. Die Hörtexte sind deshalb oft zu schnell für mich.
Gabor

Ich verstehe gut und kann erzählen, was ich gehört habe. Aber wenn ich sagen muss: „richtig", „falsch", werde ich ganz unsicher!
Maria

PRÜFUNGSTIPP:

– Zuerst Aufgaben und Fragen genau lesen:
  Schlüsselwort markieren.
– Passende Hörstrategie anwenden:
  Sie müssen nicht immer alles verstehen!
– Hören Sie:
  Markieren Sie die mögliche Lösung sofort.

Ü10

Hörtests ausprobieren

Machen Sie jetzt die Hörtests A–C.

Globalverstehen (1x hören)	**Detailverstehen** (2x hören) Aufgaben sind chronologisch	**Selektives Hören** (2x hören)
• Textausschnitt ganz hören, erst dann ankreuzen	• Immer die nächste Aufgabe auch mit ansehen! • 1. Hören: mögliche Lösung mit Punkt markieren; 2. Hören: Lösung überprüfen, ankreuzen	• Was genau soll herausgehört werden (Zahl, Datum, Person, Ort)?

Probetest

A. Globalverstehen

*Sie hören fünf Aussagen zum Thema „Sport". Sie hören diese Texte <u>nur einmal</u>.
Kreuzen Sie bei jeder Aussage an, ob sie richtig oder falsch ist.*

	richtig	falsch
1. Die erste Sprecherin macht regelmäßig Sport.	☐	☐
2. Der zweite Sprecher nutzt die Möglichkeiten im Alltag, um sich zu bewegen.	☐	☐
3. Der dritte Sprecher treibt regelmäßig Sport.	☐	☐
4. Die vierte Sprecherin treibt regelmäßig Sport.	☐	☐
5. Der fünfte Sprecher treibt jeden Tag Sport.	☐	☐

B. Detailverstehen

Sie hören ein Interview mit Frau Bartels. Zu dem Interview gibt es 10 Aussagen. Entscheiden Sie bei jeder Aussage, ob sie richtig oder falsch ist. Kreuzen Sie an. Sie hören das Interview <u>zweimal</u>.

	richtig	falsch
1. Frau Bartels arbeitet beim Wohnungsamt.	☐	☐
2. Sie vermittelt seit 10 Jahren freie Wohnungen.	☐	☐
3. Es werden viele neue Wohnungen gebaut.	☐	☐
4. Viele Wohnungen werden frei, weil die Menschen alt sind.	☐	☐
5. Für leere Wohnungen findet Frau Bartels schnell einen neuen Mieter.	☐	☐
6. Zu Frau Bartels kommen viele Familien mit vielen Kindern.	☐	☐
7. Jeder hat das Recht auf eine Sozialwohnung.	☐	☐
8. Eine allein stehende Person bekommt höchstens 50 Quadratmeter Wohnfläche.	☐	☐
9. Es gibt Menschen, die länger als 3 Jahre auf eine Wohnung warten.	☐	☐
10. Frau Bartels freut sich, wenn sie den Menschen Hoffnung machen kann.	☐	☐

C. Selektives Hören

*Sie hören fünf kurze Texte. Zu jedem Text gibt es eine Aussage.
Entscheiden Sie bei jeder Aussage, ob sie richtig oder falsch ist.
Sie hören die Texte <u>zweimal</u>.*

	richtig	falsch
1. *Wie wird das Wetter?* Heute wird es kalt und es kann schneien.	☐	☐
2. *Wann und wo möchte Thomas Susanne treffen?* Er will sie um acht Uhr Ecke Friedrichstraße/Weststraße treffen.	☐	☐
3. *Sie rufen beim Arzt an. Was erfahren Sie?* Die Praxis ist bis zum 14. August geschlossen.	☐	☐
4. *Wo läuft der Film „Titanic"?* Der Film läuft um 20.30 Uhr im „Filmpalast".	☐	☐
5. *Sie warten in Basel auf den Zug nach Bern. Was erfahren Sie?* Sie müssen 45 Minuten auf den Zug warten.	☐	☐

4. Schriftlicher Ausdruck

Ü11
Lerntipps anwenden

a) Lesen Sie die Tipps. Welche sind für Sie besonders wichtig? Markieren Sie.

> **PRÜFUNGSTIPP: Brief schreiben = sich orientieren – strukturieren – schreiben – korrigieren**
>
> **Vor dem Schreiben:**
> 1. Lesen Sie die Aufgabe und den Text genau.
>   – Was muss/möchte der andere wissen?
>   – Was möchten Sie wissen?
> 2. Was wollen Sie schreiben? Notieren Sie 4 Inhaltspunkte.
> 3. Sortieren Sie die 4 Punkte.
>
> Bearbeitungszeit in der Prüfung: 30 Minuten
>
> **Beim Schreiben:**
> 4. Notieren Sie das Datum. Wählen Sie eine passende Anrede und Schlussformel.
> 5. Schreiben Sie 1–2 einleitende Sätze.
> 6. Schreiben Sie zu jedem der 4 Inhaltspunkte 2–3 Sätze.
> 7. Sprechen Sie die Person im Brief persönlich an.
>
> **Nach dem Schreiben:**
> 8. Korrigieren Sie den Text:
>   – Anrede und Schlussformel?
>   – 4 Inhaltspunkte genannt?
>   – Wortwahl?
>   – Hauptsätze: Verb an 2. Stelle?
>   – Nebensätze: Verb am Ende?
>   – Verb + Personalform?
>   – Tempus?
>   – Endungen? = Substantive
>   → Artikel?
>   → Kasus?

b) Sie haben diese Anzeigen gefunden / Corinnas Brief bekommen und möchten darauf reagieren. Machen Sie Ihren Notizzettel. Notieren Sie unten 4 Inhaltspunkte.

Urlaub im Allgäu....
...dort, wo sich Ort und Erleben zu einer unvergesslichen Zeit vereinen!
2,5 Std. von Zürich entfernt und in der Nähe des weltbekannten Märchenschlosses Neuschwanstein.
Bitte fordern Sie unseren Haus- und Aktionswochen-Prospekt an.

Bergruh
Kur- und Ferienhotel „Bergruh"
D-87629 Füssen - Weissensee im Allgäu

Autogenes Training
Abschalten · Entspannen · Auftanken
Neuer Kurs ab 24. 5., 8 Lektionen, 1x wöchentl. in Kleingruppen (280 DM) oder einzeln.
Dr. phil. Elisabeth Braun, Psychologin,
Grellstr. 34, 81929 München

> Hamburg, den 23.5.
>
> Liebe(r) _____,
>
> heute haben wir den Flug reserviert. Am 16. war schon alles voll. Deshalb haben wir jetzt für den 17. reserviert. Ich hoffe, das ist für dich okay. Wir sind schon ganz aufgeregt und freuen uns sehr, dich wieder zu sehen und deine Familie kennen zu lernen. Hast du einen Wunsch, was wir dir mitbringen sollen? Wenn du einverstanden bist, würden wir gerne vier Tage bei euch bleiben und dann in Richtung Norden weiterfahren. Andreas hat zwei Reiseführer gekauft, aber leider sind die Bücher ziemlich verwirrend. Was meinst du, was sollten wir uns ansehen? Wie lange sollten wir wo bleiben?
> Bis bald!
> Deine *Corinna*

c) Wenden Sie die Tipps 3–4 an. Vergleichen Sie Ihre Notizen.
d) Schreiben Sie einen der drei Briefe (Tipps 5–7). Stoppen Sie die Zeit.
e) Tauschen Sie Ihre Briefe aus. Korrigieren Sie.

Urlaub im Allgäu	Autogenes Training	Brief von Corinna
4 Inhaltspunkte:	4 Inhaltspunkte:	4 Inhaltspunkte:
•	•	•
•	•	•
•	•	•
•	•	•
Anrede und Schlussformel:	Anrede und Schlussformel:	Anrede und Schlussformel:

Ü12
Schreibtest ausprobieren

Machen Sie den Probetest.

Probetest

Sie haben vor einiger Zeit einen Österreicher kennen gelernt; Sie sind Freunde geworden.
Gerade haben Sie diesen Brief von ihm bekommen:

Liebe(r) ...   Salzburg, den 7.8.

wie schnell doch die Zeit vergeht! Endlich komme ich dazu, dir zu schreiben. Hast du nicht in diesen Tagen deine Sprachprüfung? Ich wünsche dir dafür viel Erfolg, aber ich bin ganz sicher, dass du sie gut schaffen wirst! Wie war es denn im Sprachkurs?

Hier ist nicht viel passiert. Ich bin froh, wenn endlich Ferien sind. Meine Eltern gehen für zwei Monate nach Italien, und ich habe dann also den Sommer das Haus ganz allein für mich.

Hast du schon Pläne für die nächsten Wochen? Besuch mich doch hier in Salzburg! Platz genug habe ich ja. Ich habe bald Ferien und wir könnten dann ein bisschen herumfahren. Es gibt hier so viel zu entdecken, und du wirst sehen, die Landschaft ist phantastisch, und die Alpen werden dir sicher gefallen! Wir könnten wandern, schwimmen gehen oder auch etwas Kulturelles machen. Was würdest du gerne ansehen? Wir könnten auch einen Ausflug nach Deutschland machen. Nach München ist es nicht so weit. Was meinst du, hättest du Lust zu kommen? Du bist herzlich eingeladen!

Herzliche Grüße
dein Paul

Antworten Sie auf den Brief. Sie haben 30 Minuten Zeit.
Schreiben Sie etwas zu allen vier Punkten auf dem Notizzettel rechts.
Überlegen Sie sich eine passende Reihenfolge.
Vergessen Sie nicht Datum und Anrede.
Schreiben Sie auch eine Einleitung und einen passenden Schluss.

- Was Sie von Österreich wissen und was Sie gerne sehen möchten.
- Was Sie in den letzten Wochen alles gemacht haben.
- Wann Sie kommen können.
- Wie Ihr Sprachkurs war.

5. Mündlicher Ausdruck

Ü13
Vergleichen

Suchen Sie Unterschiede zwischen Einzel- und Paarprüfung. Markieren Sie.

Es gibt beim Zertifikat Deutsch zwei verschiedene Arten von mündlicher Prüfung: die „Einzelprüfung" *oder* die „Paarprüfung". Es kommt darauf an, wo Sie die Prüfung machen.

Mündliche Prüfung: Einzelprüfung	Mündliche Prüfung: Paarprüfung
Vorbereitungszeit: keine	Vorbereitungszeit: 15 Minuten (individuell)
A. Kontaktaufnahme Material: – Ablauf: Der Prüfer / Die Prüferin stellt Fragen zur Person.	**A. Kontaktaufnahme** Material: 6 Stichwörter Aufgabe: einander Fragen stellen / beantworten
B. Gespräch über ein Thema Material: Informationen zu einem Thema (Foto/Statistik und kurzer Text); 2 Themen zur Wahl Aufgabe: Informationen geben / Meinung sagen / Erfahrungen erzählen	**B. Gespräch über ein Thema** Material: Informationen zu einem Thema (Foto/Statistik und kurzer Text); unterschiedliche Informationen Aufgabe: Informationen/Meinungen austauschen, Erfahrungen erzählen
C. Lösen einer Aufgabe Material: Notizzettel mit 6–8 Stichwörtern Aufgabe: mit dem Prüfer / der Prüferin etwas planen/vorbereiten usw.	**C. Lösen einer Aufgabe** Material: Notizzettel mit 6–8 Stichwörtern (gleiche Informationen) Aufgabe: gemeinsam etwas planen / vorbereiten usw.
Prüfungsdauer: ca. 15 Minuten	Prüfungsdauer: ca. 15 Minuten

Ü14
Tipps anwenden

a) Lesen Sie die Tipps.
b) Wie können Sie Ihre Meinung sagen, etwas begründen, das Wort weitergeben? Sammeln und notieren Sie gute Formulierungen.

PRÜFUNGSTIPP: Ein Gespräch führen = aktiv sein und aufeinander eingehen

– Impulse geben / ausführlich antworten / das Gespräch steuern
– Pausen vermeiden
– Reaktionen beobachten und aufnehmen

Besonderheiten:

Gesprächsverhalten:
1. Einzelprüfung: <u>Teil C:</u> Rolle des Prüfers / der Prüferin beachten:
   – Freund / familiäre Situation: Prüfer(in) darf geduzt werden;
   – bleiben Sie im Zweifelsfall beim „Sie".
2. Paarprüfung: <u>Teil A–C:</u> das Wort weitergeben / den anderen direkt ansprechen (z.B. Und du? Was meinst du? ...)

Vorbereitungszeit optimal nutzen:
<u>Teil B:</u> Was sollen Sie genau machen?
z.B. berichten, Meinung sagen, Meinung begründen:
– zu jedem Punkt Hauptinformationen in Stichworten notieren
<u>Teil C:</u> Lösen einer Aufgabe:
– in Stichworten einen Vorschlag und eine Alternative notieren

Ü15
Ein Prüfungsgespräch spielen

Machen Sie den Probetest.

Meinung sagen	*Ich denke, ...*
etwas begründen	*Ich bin darauf gekommen, weil ...*
das Wort weitergeben	*Und du, was meinst du?*

Probetest

Einzelprüfung

Ihre Informationen und Materialien:

A. Kontaktaufnahme

Sie führen mit dem Prüfer / der Prüferin ein kurzes Gespräch. Sie sprechen über sich und Ihre Interessen.
- Stellen Sie sich kurz vor.
- Der Prüfer / Die Prüferin wird Ihnen dann ein paar Fragen zu Ihrer Person stellen.

So kann Ihr Prüfer / Ihre Prüferin reagieren:

Fragen zur Person:
– Name/Wohnort/Herkunftsland/Familie ...
Fragen zu Erfahrungen und Interessen:
– Auslandsaufenthalte/Sprachenlernen/Interessen
Weitere Fragen, die sich aus dem Gespräch ergeben.

B. Gespräch über ein Thema

Aus P.M.

Viele Menschen haben heute den Eindruck, dass sie zu wenig Zeit haben. Sieht man sich die Statistik an, so verbringen die Deutschen mehr Zeit vor dem Fernseher als bei der Arbeit und lesen nur wenig.

Fragen der Prüferin / des Prüfers zum Thema:

- *Warum haben Sie dieses Thema gewählt?*
- *Welche Informationen gibt die Grafik?*
- *Ich war erstaunt, dass wir so viel Zeit mit Warten verbringen. Was hat Sie erstaunt?*

Fragen zu Ihrem persönlichen Bezug zum Thema:

- *Verbringen die Menschen in Ihrem Land auch so viel Zeit mit Fernsehen/Hausarbeit ...?*
- *Wie verbringen Sie Ihre Zeit?*
- *Wofür hätten Sie gerne mehr Zeit?*

Weitere Fragen, die sich aus dem Gespräch ergeben.

C. Lösen einer Aufgabe

Ihr Freund Tom feiert in zwei Wochen seinen 30. Geburtstag. Er findet, das sei kein Grund zum Feiern. Sie sind anderer Meinung und wollen ihn mit einem Fest überraschen.
Planen Sie gemeinsam mit Ihrem Gesprächspartner / Ihrer Gesprächspartnerin das Fest. Überlegen Sie, was Sie alles tun müssen und wer welche Aufgabe übernimmt. Das sind Ihre Notizen (Sie beginnen):

> Überraschungsparty
> - Was genau?
> - Wer wird eingeladen?
> - Essen
> - Getränke
> - Wer organisiert was?
> - Wer bezahlt was?

Der Prüfer / Die Prüferin plant mit Ihnen gemeinsam das Fest. Sie beginnen und machen Vorschläge. Der Prüfer / Die Prüferin ist nicht immer einverstanden, sondern macht Einwände oder Gegenvorschläge.
Er/Sie könnte zum Beispiel sagen:

- *Ich weiß nicht, ob das eine so gute Idee ist.*
- *Wird das nicht etwas zu teuer?*
- *Oh, dazu habe ich keine Zeit.*

Probetest

Paarprüfung

Kandidat(in) 1   **Kandidat(in) 2**

A. Kontaktaufnahme

1 Sie möchten Ihren Partner / Ihre Partnerin kennen lernen. Das möchten Sie wissen:
- Name
- Wohnort
- Herkunftsland
- Auslandsaufenthalt(e)
- Wo er/sie Deutsch gelernt hat.
- besondere Interessen

Versuchen Sie, viele Informationen zu bekommen. Der Prüfer / Die Prüferin wird auch noch eine Frage stellen.

2 Sie möchten Ihren Partner / Ihre Partnerin kennen lernen. Das möchten Sie wissen:
- Name
- Wohnort
- Herkunftsland
- Auslandsaufenthalt(e)
- Wie lange er/sie Deutsch lernt.
- deutschsprachige Freunde

Versuchen Sie, viele Informationen zu bekommen. Der Prüfer / Die Prüferin wird auch noch eine Frage stellen.

B. Gespräch über ein Thema

1 Sehen Sie sich bitte das Foto an und lesen Sie den Leserbrief:

Straßenmusikanten bringen Leben in die sonst toten Fußgängerzonen der Innenstädte. Die Menschen bleiben stehen, freuen sich über die Musik. Vielleicht kommen sie mit dem Nachbarn ins Gespräch. Straßenmusik zu verbieten, würde bedeuten, das Leben und das bisschen Menschlichkeit aus den Innenstädten zu vertreiben. Es sollte viel mehr Künstler geben!

Sie beginnen: Berichten Sie Ihrem Partner / Ihrer Partnerin von dem Foto und dem Leserbrief.
Sagen Sie Ihre Meinung zu dem Thema. Begründen Sie Ihre Meinung. Reagieren Sie auf das, was Ihr Partner / Ihre Partnerin sagt.

2 Sehen Sie sich bitte das Foto an und lesen Sie den Leserbrief:

Straßenmusik sollte verboten werden! Ich arbeite in einem kleinen Büro in der Fußgängerzone. Vor dem Haus spielen oft Straßenmusikanten. Die meisten spielen stundenlang dieselbe Melodie und oft auch noch falsch. Ich muss dort arbeiten, aber es ist mir oft unmöglich, mich bei der Musik auf meine Arbeit zu konzentrieren!

Hören Sie Ihrem Partner / Ihrer Partnerin zu. Berichten Sie von Ihrem Foto und Ihrem Leserbrief. Sagen Sie Ihre Meinung zu dem Thema. Begründen Sie Ihre Meinung. Reagieren Sie auf das, was Ihr Partner / Ihre Partnerin sagt.

C. Lösen einer Aufgabe

1 Sie wollen zusammen eine Wanderung machen. Planen Sie gemeinsam diesen Ausflug.
- Termin
- Wer?
- Wohin?
- Wie lange unterwegs?
- Wo übernachten?
- Kleidung?

2 Sie wollen zusammen eine Wanderung machen. Planen Sie gemeinsam diesen Ausflug.
- Termin
- Wer?
- Wohin?
- Wie lange unterwegs?
- Wo übernachten?
- Kleidung?

Alphabetisches Grammatik-Register (Kapitel 1–40)

A
aber LB16; AB16, Ü10, 12
Ableitungen: Adjektive auf *-lich/-ig* LB29; AB29, Ü15
Ableitungen: Adjektive mit *un-* LB29; AB29, Ü15
Ableitungen: Substantive auf *-heit/-keit, -schaft* AB28, Ü6–7
Ableitungen: Substantive auf *-ung* LB27; AB27, Ü16
Ableitungen: Substantive aus Verben LB27; AB27, Ü16–18
Adjektiv als Linksattribut LB35; AB35, Ü28
Adjektiv als Substantiv: Deklination LB25; AB25, Ü23–24
Adjektiv: attributive Verwendung LB7; AB7, Ü5, 10, 16–17; LB14; AB14, Ü2–3, 23–25; AB16, Ü22–23.
Adjektiv: Graduierung LB11; AB11, Ü6–8, 15–16, 20–24
Adjektiv: prädikative Verwendung LB7; AB7, Ü4
Adjektiv-Endungen LB7; AB7, Ü5, 10, 16–17; LB14; AB14, Ü2–3, 23–25; AB16, Ü22–23; LB36; AB36, Ü22–24
Adversativsatz LB38; AB38, Ü14–15
Akkusativergänzung LB8; AB8, Ü9–10, 27–29
Aktiv LB32; AB32, Ü27–28
Aktiv und Passiv LB19; AB19, Ü8, 13–14
all- LB25; AB25, Ü8–9, 25–27
als (im Temporalsatz) LB18; AB18, Ü11–14; LB24; AB24, Ü8–10, 13; AB31, Ü9
als (im Vergleich) LB11; AB11, Ü15–16, 22–24
als (ob) (im irrealen Vergleichssatz) LB37; AB37, Ü14, 16
an LB10; AB10, Ü18–19, 24–26; LB12; AB12, Ü26; LB34; LB40
Angaben LB27; AB27, Ü12–14; LB34; AB34, Ü20–21
Angaben im Mittelfeld: Reihenfolge LB34; AB34, Ü20–21
anscheinend LB37
anstatt zu + Infinitiv LB38; AB38, Ü27–28
Artikelwörter LB3; AB3, Ü20–22; LB4; AB4, Ü24–26; LB6; AB6, Ü20–21; LB25; AB25, Ü8, 25–27

Artikelwörter als Pronomen LB25; AB25, Ü25–27; LB36; AB36, Ü14–15
Attribute zu Attributen LB35; AB35, Ü8
Attribute zum Substantiv LB35; AB35, Ü28
auf LB10; AB10, Ü18–19, 24–26; LB12; AB12, Ü26; LB40
Aufforderungssatz LB1; AB1, Ü22–24; LB2; AB2, Ü16–18; LB12; AB12, Ü5, 7
aus LB10; AB10, Ü10, 20; LB12; AB12, Ü26; LB34; LB40
Ausklammerung LB32
Aussagesatz LB1; AB1, Ü8–11, 13, 16; LB2; AB2, Ü14–16
außerhalb (von) LB40; AB40, Ü5

B
bei LB10; AB10, Ü10, 20; LB12; AB12, Ü26; LB40
beid- LB25; AB25, Ü8–9, 25–27
bekommen-Passiv LB32; AB32, Ü30–31
bestimmter Artikel LB3; AB3, Ü20–22; LB6; AB6, Ü11–15, 20–21, 25; LB14; AB14, Ü2–3, 23–25; LB16; AB16, Ü17; LB18
bevor LB24; AB24, Ü8–10,13; AB31, Ü9; LB34
bis (Konjunktion im Temporalsatz) LB24; AB31, Ü9; LB34
bis (Präposition) LB12; AB12, Ü23–26; LB34
bis vor LB34
bis wann? LB34
bis (zu) LB40

D
da LB22; AB22, Ü9–10
da(r)- LB28; AB28, Ü17; LB35; AB35, Ü26–27; LB40
damit (Konjunktion im Finalsatz) LB19; AB19, Ü23–25
darum LB22; AB22, Ü23–24; LB34
dass LB13; AB13, Ü13–14; LB16; AB16, Ü9; LB17; AB17, Ü8; LB35; AB35, Ü22–23, 26–27
dass-Satz LB13; AB13, Ü13–14; LB16; AB16, Ü9; LB17; AB17, Ü8; LB35; AB35, Ü22–23, 26–27
dass-Satz als Rechtsattribut LB35; AB35, Ü8
Dativergänzung LB8; AB8, Ü9–10, 27–29

Deklination der Nominalgruppe LB36; AB36, Ü22–24
Demonstrativartikel LB17
denn LB16; AB16, Ü10, 12; LB34
der, das, die (bestimmter Artikel) LB3; AB3, Ü20–22; LB6; AB6, Ü11–15, 20–21, 25; LB14; AB14, Ü2–3, 23–25
der, das, die (Relativpronomen) LB20; AB20, Ü9–11, 17–18; LB38; AB38, Ü8–9
deshalb LB22; AB22, Ü23–24; LB34
deswegen LB22; AB22, Ü23–24; LB34
Dialog-Partikeln LB16, A16–18; AB16, Ü27
dies- LB17
doch! LB2; AB2, Ü15–18
du oder *Sie?* LB1; AB1, Ü16
durch LB12; AB12, Ü23–26; LB34; LB40
dürfen LB5; AB5, Ü6–8, 12–13; AB16, Ü8,13; LB17; AB17, Ü13–14; LB21; AB21, Ü20–21; LB26; AB26, Ü7–8; LB37

E
ein- (unbestimmter Artikel) LB3; AB3, Ü20–22; LB6; AB6, Ü11–15, 20–21, 25; LB14; AB14, Ü2–3, 23–25; LB36; AB36, Ü14–15
ein- (Pronomen) LB25; AB25, Ü8–9, 25–27
einander LB22; AB22, Ü15–16
entweder – oder AB13, Ü18; LB31; AB31, Ü14–15
Ergänzungen LB8; AB8, Ü9–10; LB27; AB27, Ü12–14; LB28; AB28, Ü13–14, 16–18; LB33; AB33, Ü14
Ergänzungen beim Adjektiv LB35; AB35, Ü27
Ergänzungen beim Substantiv AB28, Ü18; LB35; AB35, Ü14–15
Ergänzungen im Mittelfeld: Reihenfolge LB34; AB34, Ü20–21
Ergänzungen und Angaben im Satz LB27; AB27, Ü12–14
es LB35; AB35, Ü22–23

F
Finalsatz LB19; AB19, Ü23–25
Fragepronomen LB20; AB20, Ü6–7

149

Fragewörter LB5; AB5, Ü3; AB7, Ü18–20; AB8, Ü9–10; LB20; AB20, Ü6–8
Funktionsverb-Gefüge LB36; AB36, Ü21
Funktionsverben LB36; AB36, Ü21
für LB12, AB12, Ü23–26; LB40
Futur I LB28; AB28, Ü20–21; LB31; LB32; LB37

G
gegen LB12; AB12, Ü23–26; LB40
Genitiv-Attribut (als Rechtsattribut) LB26; AB26, Ü21–22; LB35; AB35, Ü28
Genitivergänzung LB33; AB33, Ü14
Genitivergänzung beim Substantiv LB35; AB35, Ü14–15
Genus- und Kasus-Signale LB36; AB36, Ü22–24

H
haben LB2; AB2, Ü3–5
haben + *zu* + Infinitiv LB37
haben-Perfekt LB9; AB9, Ü25
hatt- LB11; AB11, Ü4–5
hätt- LB21; AB21, Ü12–13
Hauptsatz und Nebensatz LB13; AB13, Ü9–10, 13–14; LB14; AB14, Ü17–18; LB16; AB16, Ü9, 14; LB18; AB18, Ü11–14; LB19; AB19, Ü23–25, 28; LB21; AB21, Ü5–6, 20; LB22; AB22, Ü9–10; LB24; AB24, Ü8–10, 13; LB37; AB37, Ü15–16, 18
hinter LB10; AB10, Ü18–19, 24–26; LB12; AB12, Ü26

I
ich, du, er, ... LB8; AB8, Ü22–26, 30–31
Imperativ LB12; AB12, Ü5–7; LB37; AB39, Ü7
in LB10; AB10, Ü18–19, 24–26; LB12; AB12, Ü26; LB34; LB40
indirekte Rede LB29; AB29, Ü8–11, 20–21; LB37; AB37, Ü14–15;
indirekter Fragesatz LB20; AB20, Ü6–8, 15
indirekter Fragesatz (als Rechtsattribut) LB35; AB35, Ü28
Infinitiv als Aufforderung AB39, Ü7

Infinitiv als Substantiv LB36; AB36, Ü13
Infinitiv ohne *zu* LB17; AB17, Ü24
Infinitiv Passiv LB19; AB19, Ü15–18
Infinitiv-Satz mit *zu* LB17; AB17, Ü5–10; LB28; AB28, Ü17; LB35; AB35, Ü22–23, 26–27
innerhalb (von) LB40; AB40, Ü5
irreale Wünsche LB21; AB21, Ü13
irrealer Wunschsatz LB37; AB37, Ü14, 17
irrealer Vergleich(ssatz) LB37; AB37, Ü14, 16

J
ja LB2; AB2, Ü15–18
je – desto/umso LB31; AB31, Ü14–15
jed- LB25; AB25, Ü8–9, 25–27
jemand LB25

K
Kausalangaben LB 20; AB20, Ü6–7; LB27; AB27, Ü12–14; LB34; AB34, Ü20–21
Kausalsatz LB13; AB13, Ü9–10; LB16; AB16, Ü9; LB22; AB22, Ü9–10
kein- (Artikelwort) LB6; AB6, 20–21, 25; LB14; AB14, Ü2–3, 23–25
kein- (Pronomen) LB25; AB25, Ü8–9, 25–27; LB36; AB36, Ü14–15
Komparativ LB11; AB11, Ü6–8, 15–16, 22–24
Komposita AB8, Ü32–33; LB28; AB28, Ü24; LB34, Ü24–25
Konditionalsatz mit irrealer Bedingung (Gegenwart) LB21; AB21, Ü5–6, 20; AB40, Ü6
Konditionalsatz mit irrealer Bedingung (Vergangenheit) LB37; AB37, Ü18; AB40, Ü6
Konditionalsatz mit realer Bedingung LB14; AB14, Ü17–18; LB16; AB16, Ü9, 14
Konditionalsätze ohne Konjunktion LB39; AB39, Ü16–17
Konjunktionen LB13; AB13, Ü9–10, 13–14; LB16; AB16, Ü9, 12, 14; LB18; AB18, Ü11–14; LB19; AB19, Ü23–25, 28
Konjunktiv im Passiv LB32; AB32, Ü22–23
Konjunktiv I (vom Perfekt) LB37; AB37, Ü14–15

Konjunktiv I (vom Präsens) LB29; AB29, Ü8–11, 20–21
Konjunktiv II: (höfliche Bitte) AB21, Ü21; AB25, Ü5
Konjunktiv II (Umschreibung mit *würd-*) LB21; AB21, Ü4–6
Konjunktiv II (vom Plusquamperfekt) LB37; AB37, Ü14–15
Konjunktiv II (vom Präteritum) LB21; AB21, Ü3–6, 11–13, 21; LB25; AB25, Ü15
Konnektoren AB13, Ü8; LB16; AB16, Ü10, 12; LB31; AB31, Ü14–15
können LB5; AB5, Ü6–8, 12–13; LB17; AB17, Ü13–14; LB21; AB21, Ü20–21; LB26; AB26, Ü7–8; LB37
Konsekutivsatz LB19; AB19, Ü28
Konzessivsatz LB22; AB22, Ü9–10

L
Linksattribute LB26; AB26, Ü21–22; LB35; AB35, Ü28
Lokalangabe AB3, Ü1–2; AB12, Ü24; LB20; AB20, Ü6–7; LB27; AB27, Ü12–14; LB34; AB34, Ü20–21
Lokalangabe als Rechtsattribut LB35; AB35, Ü28
lokale Direktivergänzung LB27
lokale Situativergänzung LB8; AB8, Ü9–10

M
man LB19; AB19, Ü15
mein-, dein-, sein-, ... LB6; AB6, Ü22–25; LB36; AB36, Ü14–15
mit LB10; AB10, Ü10, 20; LB12; AB12, Ü26; LB40
Mittelfeld LB32; LB34; AB34, Ü20–21
möcht- LB2; AB2, Ü10; LB37
Modalangabe LB20; AB20, Ü6–7; LB27; AB27, Ü12–14; LB34; AB34, Ü20–21
Modalität LB37; AB37, Ü6
Modalpartikeln AB40, Ü15–16
Modalverben LB5; AB5, Ü6–8, 12–13; LB17; AB17, Ü13–14; LB19; AB19, Ü15–18; LB21; AB21, Ü20–21; LB29; AB29, Ü9
Modalverb + Infinitiv LB32
Modalverben: Partizip II LB26; AB26, Ü7–8

mögen LB5; AB5, Ü6–8, 12–13; LB17; AB17, Ü13–14; LB21; AB21, Ü20–21
möglicherweise LB37
müssen LB5; AB5, Ü6–8, 12–13; AB16, Ü8, 13; LB17; AB17, Ü13–14; LB21; AB21, Ü20–21; LB26; AB26, Ü7–8; LB37; AB39, Ü7

N

nach LB10; AB10, Ü10, 20; LB12; AB12, Ü26; LB34; LB40
nachdem LB24; AB24, Ü8–10, 13; AB31, Ü9
Nachfeld LB32
neben LB10; AB10, Ü18–19, 24–26; LB12; AB12, Ü26
Nebensatz vor Hauptsatz LB14; AB14, Ü17–18; LB16; AB16, Ü9
Nebensätze als Akkusativergänzung LB35; AB35, Ü26
Nebensätze als Ergänzungen LB35; AB35, Ü22–23, 26–27
Nebensätze als Präpositionalergänzung LB35; AB35, Ü26–27
Nebensätze als Subjekt LB35; AB35, Ü22–23
nein LB2; AB2, Ü15–18
nicht nur – sondern auch AB13, Ü8; LB31; AB31, Ü14–15
nicht – sondern LB31; AB31, Ü14–15
niemand LB25
nominale Gruppen LB26; AB26, Ü13–15, 21–22
Nominativergänzung LB8; AB8, Ü9–10
Null-Artikel LB3; AB3, Ü23; LB14; AB14, Ü2–3, 23–25

O

ob LB20; AB20, Ü6–8, 15
obgleich LB22; AB22, Ü9–10
obwohl LB22; AB22, Ü9–10
oder LB16; AB16, Ü10, 12
ohne LB12; AB12, Ü23–26; LB34; LB40
ohne dass LB38; AB38, Ü27–28
ohne zu + Infinitiv LB38; AB38, Ü27–28

P

Partikeln LB16, A16–18; AB16, Ü27; AB40, Ü16

Partizip I LB26; AB26, Ü13–15
Partizip I als Attribut LB26, AB26, Ü13–15
Partizip I als Linksattribut LB35; AB35, Ü28; AB29, Ü22
Partizip II LB9; AB9, Ü15–17, 22–24
Partizip II als Attribut LB24
Partizip II als Linksattribut LB35; AB35, Ü28; AB39, Ü22
Partizip II der Modalverben LB26; AB26, Ü7–8
Partizipialkonstruktion LB24; AB39, Ü22
Passiv LB19; AB19, Ü8–18; LB32; AB32, Ü27–28; AB39, Ü21
Passiv: Konjunktiv-Formen LB32; AB32, Ü22–23
Passiv mit *bekommen* LB32; AB32, Ü30–31
Passiv ohne Subjekt oder mit *es* LB32; AB32, Ü11–12
Passiv-Ersatzformen LB32; AB32, Ü24
per LB34
Perfekt LB9; AB9, Ü13–17, 22–25; AB16, Ü2–3; LB17; AB17, Ü19; LB18; AB18, Ü26–27; LB19; AB19, Ü10–12; LB31; LB32
Personalpronomen LB8; AB8, Ü22–26, 30–31; LB16; AB16, Ü17
Pluraltypen beim Substantiv LB4; AB4, Ü24–26
Plusquamperfekt LB24; AB24, Ü8–10, 13; LB31; LB32
Possessivartikel LB6; AB6, Ü22–25; LB16; AB16, Ü17
Präpositional-Attribut (als Rechtsattribut) LB26; AB26, Ü21–22; LB35; AB35, Ü28
Präpositionalergänzung LB12; AB12, Ü16–17; LB28; AB28, Ü13–14, 16–18
Präpositionalergänzung beim Adjektiv LB35; AB35, Ü27
Präpositionalergänzung beim Substantiv LB35, AB35, Ü14–15
Präpositionen LB8; AB8, Ü19–21; LB10; AB10, Ü6–7, 10, 18–20, 24–26; LB12; AB12, Ü23–26; AB39, Ü3
Präpositionen (Bedeutungen) LB40; AB40, Ü12
Präpositionen in Präpositionalergänzungen LB40

Präpositionen mit Akkusativ LB12; AB12, Ü23–26; LB40
Präpositionen mit Dativ LB10; AB10, Ü10, 20; LB12; AB12, Ü26; LB40
Präpositionen mit Dativ und Akkusativ LB10; AB10, Ü18–19, 24–26, LB12; AB12, Ü26; LB40
Präpositionen mit Genitiv und Dativ LB22; AB22, Ü21–22; LB24; LB40; AB40, Ü5
Präsens LB2; AB2, Ü3–5, 10; LB17; AB17, Ü16; LB18; LB19; AB19, Ü9–11; LB31
Präteritum LB11; AB11, Ü4–5; LB17; AB17, Ü13–14, 20–21; LB18; AB18, Ü18, 26–30; LB19; AB19, Ü10–12, 15; LB31; AB31, Ü9

Q

Qualitativergänzung LB33; AB33, Ü14
Quantitativergänzung LB33; AB33, Ü14

R

Rechtsattribute LB26; AB26, Ü21–22; LB35; AB35, Ü28
Redewiedergabe LB29; AB29, Ü8–11, 20–21; LB37; AB37, Ü14–15
Reflexivpronomen LB12; AB12, Ü12–15; LB16; AB16, Ü17
regelmäßige Verben LB9; AB9, Ü16–17; LB18; AB18, Ü6–10, 26–30
Relativpronomen LB20; AB20, Ü9–11, 17–18; LB38; AB38, Ü8–9
Relativsatz LB20; AB20, Ü9–11, 16–17; LB26; AB26, Ü21–22; LB38; AB38, Ü8–9
Relativsatz als Rechtsattribut LB35; AB35, Ü28
reziproke Verben LB22; AB22, Ü15–16

S

Satzbaupläne LB33; AB33, Ü2
Satzfrage LB2; AB2, Ü15–18
Satzgliedstellung LB1; AB1, Ü20; LB8; AB8, Ü27–29
Satzklammer LB4; AB4, Ü8–10, 22; LB5; AB5, Ü7–8; LB9; AB9, Ü14; LB13; AB13, Ü9–10, 13;

LB19; AB19, Ü15–18; LB20; AB20, Ü6–8, 15–17; LB22; AB22, Ü9–10; LB24; AB24, Ü8–10, 13; LB27; AB27, Ü20; LB32; AB32, Ü32; LB34; AB34, Ü20–21; LB37; AB37, Ü18

Satzklammer: Mittelfeld LB27; AB27, Ü20

Satzklammer: Vorfeld LB27; AB27, Ü20

scheinbar LB37

sei- LB29; AB29, Ü9

sein (Hilfsverb) LB2; AB2, Ü3–5

sein + zu + Infinitiv LB32; AB32, Ü24; LB37

sein-Perfekt LB9; AB9, Ü25

seit wann? LB34

seit (Präposition) LB10; AB10, Ü10, 20; LB12; AB12, Ü26; LB34

seit(dem) (im Temporalsatz) LB24; AB24, Ü9; LB34

sich lassen + Infinitiv LB32; AB32, Ü24

sich (Reflexivpronomen) LB12; AB12, Ü12–15

sich (reziprokes Pronomen) LB22; AB22, Ü15–16

Sie oder du? LB1; AB1, Ü16

sobald LB24; AB24, Ü8–10, 13; LB34

so (...) dass LB19; AB19, Ü28

solange LB24; AB31, Ü9; LB34

solange bis LB34

sollen LB5; AB5, Ü6–8, 12–13; LB17; AB17, Ü13–14; LB21; AB21, Ü20–21; LB37; AB39, Ü17

sollen (Hilfsverb/Redewiedergabe) LB 37; AB37, Ü14

sowohl – als auch LB31; AB31, Ü14–15

statt LB40; AB40, Ü5

Subjekt LB1; AB1, Ü20; LB8; AB8, Ü9–10; LB33

Substantiv: Deklination LB3; AB3, Ü20–22; LB6; AB6, Ü11–15, 20–21; LB18; LB21; AB21, Ü17–18; LB36; AB36, Ü22–24

Substantiv-Komposita AB8, Ü32–33; AB34, Ü24–25

Superlativ LB11; AB11, Ü6–8, 20–22

T

Temporalangaben AB3, Ü1; AB4, Ü18; AB7, Ü20–21; AB12, Ü23; LB18; AB18, Ü11–14; LB20; AB20, Ü6–7; LB24; AB24, Ü8–10, 13; LB27; AB27, Ü12–14; LB34; AB34, Ü20–21

Temporalangabe als Rechtsattribut LB35; AB35, Ü28

temporale Situativergänzung LB33; AB33, Ü14

Temporalsatz LB18; AB18, Ü11–14; LB24; AB24, Ü8–10

Tempusformen der Verben und ihre Bedeutung LB18; AB18, Ü25–27; LB24; AB24, Ü9; LB28; AB28, Ü20–21; LB31; AB31, Ü9

Tempusformen des Erzählens AB37, Ü11

Text:Referenz LB1; AB1, Ü3; LB16; AB16, Ü17; LB20; AB20, Ü9–11,16–17

Text: Thema und Aufbau LB38; AB38, Ü20

Text: Zusammenhang LB38; AB38, Ü13

Textsorten LB38; AB38, Ü20

Textstrukturen AB19, Ü7

trennbare Verben LB4; AB4, Ü8–10, 22; LB9; AB9, Ü15–17, 22–24; LB32

trotz LB22; AB22, Ü21–22; LB40; AB40, Ü5

trotzdem LB22; AB22, Ü23–24

U

über LB10; AB10, Ü18–19, 24–26; LB12; AB12, Ü26; LB34; LB40

um LB12; AB12, Ü23–26; LB40

um (... herum) LB40

um + zu + Infinitiv (im Finalsatz) LB19; AB19, Ü23–25

unbestimmter Artikel LB3; AB3, Ü20–22; LB6; AB6, Ü11–15, 20–21, 25; LB16, AB16, Ü17

und LB16; AB16, Ü10, 12

unregelmäßige Verben LB9; AB9, Ü22–24; LB18; AB18, Ü6–10, 26–30; LB25; AB25, Ü15; LB39; AB39, Ü11

unter LB10; AB10, Ü18–19, 24–26; LB12; AB12, Ü26; LB34; LB40

V

Verb: Position LB1; AB1, Ü9 (→Satzklammer)

Verb und Subjekt LB1; AB1, Ü17–20, 23–24

Verbativergänzung LB33; AB33, Ü14

Vergleich LB11; AB11, Ü15–16, 20–24

vermutlich LB37

vielleicht LB37

von LB10; AB10, Ü10, 20; LB12; AB12, Ü26; LB40

von (... aus) LB40

von ... bis (zu) ... LB34; LB40

vor LB10; AB10, Ü18–19, 24–26; LB12; AB12, Ü26; LB34; LB40

Vorfeld LB32; LB34; AB34, Ü20–21

Vorgangspassiv LB19; AB19, Ü8–18; LB32; AB32, Ü27–28

W

während (Konjunktion im Adversativsatz) LB38; AB38, Ü14–15

während (Konjunktion im Temporalsatz) LB24; AB24, Ü9; AB31, Ü9; LB34

während (Präposition) LB24; AB24, Ü9; LB34; LB40; AB40, Ü5

wahrscheinlich LB37

wann? AB3, Ü1; LB20; AB20, Ü6–7; LB34

war- LB11; AB11, Ü4–5

wär- LB21; AB21, Ü12–13

warum? LB20; AB20, Ü6–7; LB34

was? LB20; AB20, Ü6–7

was für ein-? LB16; AB16, Ü24–25

Wechselpräpositionen LB10; AB10, Ü18–19, 24–26; LB12; AB12, Ü26

weder – noch AB13, Ü8; LB31; AB31, Ü14–15

wegen LB22; AB22, Ü21–22; LB40; AB40, Ü5

weil LB13; AB13, Ü9–10; LB16; AB16, Ü9; LB22; AB22, Ü9–10; LB34

welch-? LB16; AB16, Ü24–25

welch- (Plural des unbestimmten Artikels als Pronomen) LB25; AB25, Ü25–27; LB36; AB36, Ü14–15

wenn (Konjunktion im Konditionalsatz) LB14; AB14, Ü17–18; LB16; AB16, Ü9, 14; LB21; AB21, Ü5–6, 20; LB37; AB37, Ü18

wenn (Konjunktion im Temporalsatz) LB18; AB18, Ü11–14; AB31, Ü9; LB34

wer? LB20; AB20, Ü6–7

werden (Hilfsverb: Futur I) LB28; AB28, Ü20–21
werden (Hilfsverb: Konjunktiv II-Umschreibung) LB21; AB21, Ü4–6
werden (Hilfsverb: Vorgangspassiv) LB19; AB19, Ü8–18
werden (Vollverb) LB17; AB17, Ü16–21
weshalb? LB34
weswegen? LB34
wie? LB20; AB20, Ü6–7; LB34; LB40
wie lange? LB20; AB20, Ü6–7; LB34
wie (im Vergleich) LB11; AB11, Ü15–16
wo? AB3, Ü1–2; LB8; AB8, Ü9–10; LB10; AB10, Ü18–19, 24–26; LB34; LB40
wo/wohin/woher (im indirekten Fragesatz) LB20; AB20, Ü6–7
wo/wohin/woher (im Relativsatz) LB20; AB20, Ü16–17
woher? LB40
wohin? LB10; AB10, Ü18–19, 24–26; LB40
wohl LB37
wo(r)-? LB12; AB12, Ü16–17; LB20; AB20, Ü6; LB28; AB28, Ü17; LB40
wollen LB5; AB5, Ü6–8, 12–13; AB16, Ü13; LB17; AB17, Ü13–14; LB21; AB21, Ü20–21; LB26; AB26, Ü7–8; LB37
wollen (Hilfsverb/Redewiedergabe) LB37; AB37, Ü14
Wortbildung: Ländernamen AB38, Ü24–25
Wortfamilien AB27, Ü17; AB36, Ü26
Wortfrage LB1; AB1, Ü8–11, 13, 16; LB2; AB2, Ü16–18
wozu? LB20; AB20, Ü6–7
würd- (Konjunktiv II-Umschreibung) LB21; AB21, Ü4–6, 12–13; LB25; AB25, Ü15; AB39, Ü7

Z

zu (Präposition) LB10; AB10, Ü10, 20; LB12; AB12, Ü26; LB40
zu + Infinitiv als Rechtsattribut LB35; AB35, Ü28
zu + Partizip I als Linksattribut LB35; AB35, Ü28
Zustandspassiv LB32; AB32, Ü27–28
zwar – aber LB31; AB31, Ü14–15
zwischen LB10; AB10, Ü18–19, 24–26; LB12; AB12, Ü26; LB40

Liste der Lerntipps (Kapitel 1–40)

Lehr- und Arbeitsbuch: Kapitel 1–16

LT	Thema	Fertigkeit/ GR/WS/AUS	Lern- und Kommunikationstechniken	K
1	Namen identifizieren	HV	identifizieren	K1
2	Geräusche, Stimmen, Wörter beim Hören kombinieren	HV	kombinieren	K2
3	Den Weg beschreiben: „links" – „rechts" – „geradeaus"	SPR	reduzieren	K2
4	Im Café bestellen	SPR	reduzieren	K2
5	Internationale Wörter in Texten suchen → Thema finden	LV	kombinieren, Schlüsse ziehen	K2
6	Zahlen verstehen und schreiben	HV/SPR/SCHR	kombinieren	K3
7	Ähnliche Wörter in verschiedenen Sprachen entdecken	HV/LV	Vorwissen aktivieren, vergleichen	K3
8	Zeitungstexte lesen	LV	identifizieren, Vorwissen aktivieren	K3
9	Akzentvokal markieren	AUS	Lerntechnik: Notation	K3
10	Uhrzeit wiederholen	WS	Lernmöglichkeiten im Alltag erweitern	K4
11	Texte strukturieren	LV	identifizieren, strukturieren	K4
12	Wörter ordnen	WS	Lerntechnik: Ordnen	K4
13	Trennbare Verben lernen	WS/GR	Lerntechnik: Notation	K4
14	Substantivformen lernen	WS/GR	Lerntechnik: Memorieren	K4
15	Informationen notieren	HV	strukturieren, konzeptualisieren, Mind-map, Wort-Netz	K5
16	Eigenes Lernen planen		Lernorganisation	K6
17	Wortschatz mit Bildern lernen	WS	Sensomotorik einsetzen	K6
18	Präpositionen mit Dativ lernen	WS/GR	memorieren	K6
19	Texte sprechen	AUS	laut sprechen, sich in Situationen einfühlen, experimentieren	K7
20	Präpositionen „in" und „an" lernen	WS/GR	memorieren	K8
21	Komposita verstehen	WS	analysieren, kombinieren	K8
22	Schwierige Wörter sprechen	WS/AUS	memorieren, repetieren	K8
23	Wörter in Paaren lernen	WS	kombinieren, memorieren	K9
24	Unregelmäßige Verben lernen	WS/GR	memorieren	K9
25	Wörter erschließen, Wörterbuch benutzen	WS	induzieren, ableiten, Hilfsmittel benutzen	K9
26	Blickkontakt beim Sprechen	SPR	Kommunikation optimieren	K9
27	Wörter thematisch lernen	WS	kombinieren, assoziieren, memorieren	K10
28	Aussprache üben	AUS	kreativ sein, regelmäßig wiederholen, Hilfe suchen	K10
29	Komposita verstehen	WS	fragmentieren, analysieren	K11
30	Aussprache üben	AUS	variieren, aktiv ausprobieren	K11
31	Reflexive Verben lernen	WS/GR	individualisieren, kontextualisieren, memorieren	K12
32	„Rezepte" schreiben	SPR/SCHR	Textsorte und Ausdrucksmittel kombinieren	K12
33	Zeitangaben und Präpositionen lernen	GR/WS	systematisieren, memorieren	K12
34	Präpositionen zu Hause lernen	GR/WS	visualisieren, memorieren	K12
35	Mit der Sprache spielen	SPR/AUS	Mimik, Gestik, Körper einsetzen	K13
36	Mit dem Körper lernen	WS	assoziieren, synthetisieren	K14
37	Adjektiv-Endungen lernen	GR	kombinieren, generalisieren	K14
38	Wiederholen	WS/GR/AUS	Lernorganisation: Lernen planen	K16
39	Sachtexte lesen	LV	gezielt mit Fragen Informationen suchen	K16

LT = Lerntipp, HV = Hörverstehen, SPR = Sprechen, LV = Leseverstehen, SCHR = Schreiben, K = Kapitel

Lehr- und Arbeitsbuch: Kapitel 17–34

LT	Thema	Fertigkeit/ GR/WS/AUS	Lern- und Kommunikationstechniken	K
40	Ein Bild beschreiben	SPR/SCHR	beobachten und interpretieren	K17
41	Besser lernen		sich entspannen, Gespeichertes aktivieren	K17
42	Texte zusammenfassen	SCHR/SPR	Stichwörter notieren (reduzieren), einfache Sätze formulieren (erweitern)	K17
43	Mit Merkwörtern lernen	GR	Lerntechnik: unregelmäßige Verben memorieren	K18
44	Regeln lernen	GR	Lerntechnik: Grammatik visualisieren	K18
45	Sich in Texten orientieren	HV/LV	Struktursignale erkennen	K19
46	Sich beim Hören orientieren	HV	Fragen/Thema erkennen	K19
47	Endungen sprechen	AUS	Lerntechnik: Beispiele sammeln; kombinieren	K19
48	Unbekanntes erschließen	HV/LV	Vorwissen aktivieren, Hypothesen bilden, Schlüsse ziehen, nachschlagen, integrieren	K20
49	Biografien lesen	LV	Vorwissen aktivieren, ordnen	K20
50	Unbekannte Wörter umschreiben	SPR	kompensieren	K20
51	Wörter besser behalten	WS	visualisieren, kombinieren, memorieren	K21
52	Medien zum Lernen nutzen	HV/LV	Notizen machen, vergleichen	K22
53	Zeitung lesen	LV	W-Fragen beantworten, Antwort überprüfen	K22
54	Sich auf eine Prüfug vorbereiten		sich informieren, trainieren, sich konzentrieren	K23
55	Sprachkenntnisse dokumentieren		sich selbst einschätzen, Dokumente sammeln	K23
56	Mit Spaß lernen		sich motivieren, emotionalisieren	K23
57	Eigene Stärken und Schwächen einschätzen		Lernen optimieren	K24
58	Lieder verstehen	HV	Hypothesen bilden, kombinieren, ordnen, integrieren	K24
59	Grammatik lernen	GR	mit Merksätzen/Sprichwörtern memorieren	K25
60	Sprechen	AUS	Kommunikation optimieren: Emotionen bewusst einsetzen	K25
61	Lebenslauf schreiben	SCHR	Kommunikation optimieren: adressatenbezogen schreiben	K26
62	Schwierige Texte lesen	LV	reduzieren und erweitern	K26
63	Komposita sprechen	AUS	Betonung bewusst einüben	K26
64	Neue Wörter bilden	WS	ausprobieren, Sprachgefühl aktivieren, nachschlagen	K27
65	Über den Beruf sprechen	SPR	Kommunikation optimieren: adressatenbezogen sprechen	K28
66	Eine Stelle suchen / sich bewerben	SCHR	Hilfsmittel (Vorlagen) einsetzen, Hilfe suchen	K28
67	Längere Texte sprechen	AUS	Pausen und Akzente markieren	K28
68	Genau lesen	LV	Fragen stellen, Antworten suchen	K29
69	Pro und Kontra argumentieren	SPR/SCHR	sich vorbereiten, Argumente und Begründungen sammeln und ordnen	K29
70	Gezielt und bewusst lernen		Lernschwierigkeiten beschreiben, Lösungen suchen und ausprobieren	K31
71	Lesestrategien anwenden	LV	passende Lesestrategien wählen	K32
72	Ein Prüfungsgespräch vorbereiten	SPR	Themen sammeln und anhand von Bildern und Stichpunktzetteln strukturieren	K33
73	Beobachten und Feedback geben	HV/SPR	einen Vortrag oder eine mündliche Prüfung mit Beobachtungsraster vorbereiten	K33
74	Mit Lampenfieber umgehen	SPR/AUS	Haltung, Atmung und Sprechen in Stress-Situationen (z. B. Prüfungen) kontrollieren	K33
75	Idiomatische Redewendungen verstehen	LV/SPR/WS	Kontext und Wörterbuch zur Klärung der Bedeutung benutzen	K34

LT = Lerntipp, HV = Hörverstehen, SPR = Sprechen, LV = Leseverstehen, SCHR = Schreiben, K = Kapitel

Lehr- und Arbeitsbuch: Kapitel 35–40

LT	Thema	Fertigkeit/ GR/WS/AUS	Lern- und Kommunikationstechniken	K
76	Aktiv zuhören	HV/SPR	sich auf den Inhalt und den Sprecher / die Sprecherin einstellen	K35
77	Vor Publikum sprechen	SPR/AUS	Körperhaltung und Sprechtempo bewusst einsetzen	K35
78	Geschichten erzählen	SPR/AUS	Publikum beobachten, mit Gesten sprechen, Spannung erzeugen	K37
79	Texte schreiben	SCHR/GR	Text planen (Thema, Inhalt, Gliederung); entwerfen (inhaltliche Schwerpunkte, Textaufbau); überarbeiten; Form überprüfen	K38
80	Unregelmäßige Verben memorieren	GR	Lernposter, Merkwörter und Geschichten kombiniert nutzen	K39
81	Effizient lesen und Notizen machen	LV/SCHR	Vorwissen aktivieren, Notiztechnik planen	K40

Arbeitsbuch, Kapitel 31ff.

Dossiers mit Lerntipps	Lern- und Arbeitstechniken	K
Lernen optimieren; Prüfung vorbereiten	Trainingsplan für Planung, Durchführung und Evaluation	K31
Prüfungstraining	sich gegenseitig beobachten und Feedback geben	K33
Lerngewohnheiten/Prüfungsverhalten	Rasterblatt „Lernkontrolle/Prüfung": sich über das eigene Lernen und das Verhalten in einer Prüfung klar werden	K33

Abschluss-Kapitel „Training Zertifikat": Prüfungstipps	Fertigkeit	Vorbereitungs- und Prüfungstechniken	Ü
Passende Lesestrategie wählen	LV	Leseziel berücksichtigen; sich auf Aufgabe(n) konzentrieren	Ü2
Zeit bewusst einteilen		Zeit planen, Zeit optimal einsetzen: zuerst leichte Aufgaben, dann schwierige lösen	Ü5
Aufgaben und Fragen genau lesen; passende Hörstrategie anwenden	HV	sich auf das Hören vorbereiten und auf die Art der Prüfungsfragen konzentrieren	Ü9
Brief schreiben	SCHR	sich orientieren – strukturieren – schreiben – korrigieren	Ü11
Gespräch führen	SPR	aktiv sein – auf den Partner / die Partnerin eingehen	Ü14

LT = Lerntipp, HV = Hörverstehen, SPR = Sprechen, LV = Leseverstehen, SCHR = Schreiben, K = Kapitel, Ü = Übung

Lösungsschlüssel (Kapitel 31–40, „Training: Zertifikat")

Kapitel 31

Ü1 (Vorschläge:) 1. Eishockey: Fan-Club, Spiel, Mannschaft, gewinnen; 2. Fußball: Fernsehen, übertragen, Torszenen; 3. Rollstuhl-Handball: Unfall, trainieren, wieder neu anfangen; 4. Tischtennis: keine teure Sportausrüstung, Ball, hin- und herfliegen; 5. (kein Sport): Sportartikel-Industrie, Verletzte; 6. Laufen/Joggen: sinnlich, gut tun, an seine Grenzen gehen

Ü3 a) 1p, 2i, 3c, 4f, 5d, 6l, 7g, 8m, 9t, 10r, 11b, 12h, 13n, 14o, 15u, 16q, 17a, 18e, 19s, 20j, 21k

Ü6 a) (1) beliebtesten, (2) Bundesbürger, (3) schwimmen, (4) ein Drittel, (5) joggt, (6) 15/fünfzehn, (7) reiten, (8) Tauchen, (9) Surfen, (10) Segeln, (11) 4/vier

Ü7 1. Mit acht Jahren bin ich in einen Schlittschuh-Klub eingetreten. 2. Mit siebzehn habe ich an der deutschen Meisterschaft teilgenommen. 3. Mit achtzehn habe ich meine aktive Karriere beenden müssen. 4. Mit zwanzig habe ich als Trainerin für die Nachwuchsgruppe gearbeitet. 5. Nach dem Studium habe ich eine Stelle als Redakteurin bei einer Sportzeitschrift gefunden. 6. Mit Jens, meinem Freund, gehe ich joggen, Rad fahren oder skaten. Wir schwimmen und wir gehen Ski laufen.

Ü8 b) 6, 5, 3, 7, 1, 2, 8, 4

Ü9 a) 1. anfing; 2. hatte; 3. machte; 4. sagte, weinte; 5. geworden war, fiel; 6. passierte; 7. fand; 8. kam; 9. trainierte; 10. begann; 11. entdeckt; 12. gewesen war, konzentrierte; 13. arbeitet
b) als, bis, als, nachdem, bevor, solange, als, wenn, während, nachdem
c)

gleichzeitig	nicht gleichzeitig	dauernd	Zeitpunkt
als, wenn	nachdem, bevor	solange, während	bis

Ü10 1f, 2r, 3f, 4f, 5r, 6r, 7f

Ü12 a) (Vorschlag:) 1-A/H, 2-B, 3-I, 4-L, 5-G/L, 6-M/B, 7-F, 8-N, 9-K, 10-E, 11-J/H, 12-D, 13-C, 14-A/H

Ü13 a) sieht ungefähr so aus wie; das ist etwa so wie; ähnlich wie; es ist eher so (wie)

Ü14 a) sowohl ..., als auch ... / nicht ..., sondern ... / zwar ..., aber .../ je ..., desto ... / nicht nur ..., sondern auch ...
b) 1. sowohl ... als auch ...; 2. nicht nur ..., sondern auch ...; 3. entweder ... oder ...; 4. weder ... noch ...; 5. nicht ..., sondern ...; 6. zwar ..., aber ...; 7. je ..., desto/umso ...
c) 1: 3; 2: 8; 3: 2, 9; 4: 10; 5: 7; 6: 7; 7: 1, 4, 6

Ü15 a) 1. je ..., desto ...; 2. Entweder ... oder ...; 3. sowohl ... als auch ...; 4. je ..., desto ...; 5. je ..., desto ...; 6. nicht ..., sondern ..., zwar ..., aber ...; 8. nicht nur ..., sondern auch ...; 9. entweder ... oder ...; 10. weder ... noch ...

Ü17 1. Rücksicht nehmen; 2. regelmäßig kommen; 3. einander zuhören, (Rücksicht nehmen)

Ü20 1. Dialog, Werbung; 2. Brief; 3. Werbung; 4. Dialog, Werbung; 5. Brief; 6. Werbung; 7. Werbung; 8. Werbung; 9. Brief; 10. Werbung

Ü22 a) 1H, 2D, 3E, 4J, 5I, 6K, 7F, 8G, 9L, 10B

Kapitel 32

Ü2 1. Marienplatz, 2. Ende, 3. Mariensäule, 4. 1638, 5. Kurfürst, 6. Weißen Berg, 7. Fischbrunnen, 8. Schäfflertanz, 9. Schäffler, 10. Glockenspiel, 11. Rathaus, 12. neugotischen, 13. 1908, 14. eigentümlichen, 15. Frauenkirche, 16. Wahrzeichen, 17. Ganghofer, 18. Alte Rathaus, 19. Jahrhundert

Ü10 1. b), 2. c), 3. a), 4. c), 5. c), 6. a)

Ü11 a) Akkusativergänzung: einen Umzug,
b) Aktiv ohne Akkusativergänzung: Passiv ohne Subjekt oder mit „es" am Satzanfang.

Ü12 Zum „münchner multi-kulti-fest" waren die ausländischen Kulturvereine eingeladen worden. (Von 33 Vereinen wurde zugesagt.) Zunächst wurde ein Umzug von der „Münchner Freiheit" zum Odeonsplatz veranstaltet. Von den Teilnehmern und Teilnehmerinnen wurden die Trachten ihres Landes getragen. Außerdem wurde (von ihnen) Musik gemacht, gesungen und getanzt. Für den Abend war zu einer Podiumsdiskussion eingeladen worden. Als Thema war „In München geboren – aber nicht wirklich zu Hause" festgelegt worden. Es wurde vor allem über die Zukunft der multikulturellen Gesellschaft diskutiert. Dabei wurde festgestellt, dass auf dem Weg zu einer solchen Gesellschaft noch viele Probleme gelöst werden müssen.

Ü15 1. a), 2. b), 3. c), 4. b)

Ü16 a) Foto ①: Aussage 1, Foto ②: Aussage 3, Foto ③: Aussage 2; b) Agoraphobie: Aussage 2, Klaustrophobie: Aussage 3

Ü18 1. a), 2. b), 3. a), 4. a)

Ü19 a) von → nach +: Kellner, Schüler, Geschäftsfrau, Kioskfrau, Tourist, Obstverkäuferin
b) 1. nicht klar, 2. falsch, 3. falsch, 4. richtig, 5. falsch, 6. falsch, 7. nicht klar, 8. nicht klar, 9. richtig, 10. nicht klar

Ü20 1. muss ... beachten, 2. kann ... erhalten, 3. stehen, 4. darf ... benutzen

Ü21 a) ① Sport, ② Spiel, ③ Straßenmusik, ④ Grammatik / deutsche Sprache

Ü22 a) kann/könne berücksichtigt werden, ist/sei beschlossen worden
b) Konjunktiv-Formen im Passiv: Die <u>Modalverben</u> und die <u>Hilfsverben</u> stehen im Konjunktiv.

Ü23 Die Stadtverwaltung hat ... geschrieben, obwohl die Stadt und die Stadtverwaltung über das Spiel der Münchner Straßenmusikanten grundsätzlich erfreut seien, habe die Erfahrung der letzten Jahre gezeigt, dass an manchen Tagen die Anwohner und Geschäftsleute durch die Vielzahl der Musikanten und Instrumente belästigt würden. Vom Stadtrat sei deshalb beschlossen worden, einige „Spielregeln" zu erlassen. Dadurch solle erreicht werden, dass einerseits möglichst vielen Straßenmusikanten ermöglicht werde zu spielen und dass andererseits die Anwohner und die in den Geschäften Arbeitenden nicht zu sehr belästigt würden.

Ü24 a) 4. lässt sich ... erklären; 5. ist festzustellen, sich ... erleichtern lässt; 6. ist ... zu empfehlen; 7. lässt sich ... entwickeln
b) *Möglichkeit:* Satz Nr. 1, 3, 4, 5, 7
Notwendigkeit: Satz Nr. 2, (5), 6
c) 4. Das kann damit erklärt werden, dass ... 5. Außerdem kann/muss festgestellt werden, dass das Verstehen durch gezielte Vorinformationen der Zuhörer erheblich erleichtert werden kann. 6. Schließlich muss allen Fremdsprachenlernern empfohlen werden, ... 7. So kann das Hörverstehen am besten und am schnellsten entwickelt werden.
d) 1. „sein"+„zu" + INFINITIV AKTIV:
   a) <u>„können" + INFINITIV PASSIV</u>
   Oder: b) <u>„müssen" + INFINITIV PASSIV</u>
   2. „sich lassen" + INFINITIV AKTIV:
   <u>„können" + INFINITIV PASSIV</u>

Ü25 a) 1. Foto, 2. hundert, 3. Viertel, 4. Oma, 5. 1905, 6. Häuser, 7. verändert, 8. Straße, 9. Asphalt, 10. Autos, 11. gleich, 12. Dächer, 13. Mitte, 14. Balkon, 15. Erdgeschoss, 16. Bäume, 17. Blätter, 18. Gartenzäune

Ü26 1. ④, 2. ④, 3. ③ + ④, 4. ③, 5. ③, 6. ③, 7. ④, 8. - - -

Ü27 a) AKTIV: haben ... aufgerichtet, hat ... angeheftet;
VORGANGSPASSIV: ist aufgerichtet worden, sind angeheftet worden;
ZUSTANDSPASSIV: ist aufgerichtet, sind angeheftet.
b) „sein" + PARTIZIP II + „worden": VORGANGSPASSIV
„sein" + PARTIZIP II: ZUSTANDSPASSIV
c) Das Zustandspassiv ist nur möglich bei Verben, die einen Vorgang beschreiben, der zu einem <u>neuen Zustand</u> führt.

Ü28 1. a) Die Säule wird aufgerichtet. – Die Säule ist aufgerichtet worden. b) Die Säule ist aufgerichtet.
2. a) Die Straße wird gesperrt. – Die Straße ist gesperrt worden. b) Die Straße ist gesperrt.
3. a) Das Haus wird gebaut. – Das Haus ist gebaut worden. b) Das Haus ist gebaut.
4. a) Die Wohnung wird renoviert. – Die Wohnung ist renoviert worden. b) Die Wohnung ist renoviert.
5. a) Das Fenster wird geöffnet. – Das Fenster ist geöffnet worden. b) Das Fenster ist geöffnet.

6. a) Das Fenster wird geputzt. – Das Fenster ist geputzt worden. b) Das Fenster ist geputzt.
7. a) Die Tür wird gestrichen. – Die Tür ist gestrichen worden. b) Die Tür ist gestrichen.
8. a) Das Geschäft wird geschlossen. – Das Geschäft ist geschlossen worden. b) Das Geschäft ist geschlossen.

Ü29 a) 1. falsch, 2. falsch, 3. falsch, 4. richtig, 5. falsch, 6. richtig, 7. richtig, 8. falsch, 9. richtig

Ü30 a) Dativergänzung: Karl Valentin, ihm; Subjekt: Karl Valentin, er b) „bekommen"-Passiv: Die Dativergänzung des Aktivsatzes wird zum Subjekt. Im Perfekt und Plusquamperfekt steht das Partizip II von „bekommen". Das Verb des Aktivsatzes wird zum Partizip II.

Ü31 ... 2. Sie (= Die ausländischen Kulturvereine) bekommen (von ihr = von der Stadtverwaltung) den Beginn der Veranstaltung mitgeteilt. 3. Außerdem bekommen sie (von ihr) den Weg des Trachtenumzugs beschrieben. 4. Der Straßenkünstler hat (von der Stadtverwaltung) eine Genehmigung ausgestellt bekommen. 5. Außerdem hat er (von ihr) vorgeschrieben bekommen, wo und wie lange er maximal auftreten darf. 6. Wir haben die Möbel kostenlos nach Hause geliefert bekommen. 7. „Sie bekommen (von uns) Ihr Geld direkt auf Ihr Konto überwiesen." 8. „Hast du auch eine Mahnung geschickt bekommen?" 9. Fritz hat (vom Arzt) ein starkes Mittel gegen Fieber verschrieben bekommen.

Ü32 I: „<u>Ist</u> das nicht <u>anstrengend</u>?"
S: „<u>Arbeit</u> <u>ist</u> immer <u>anstrengend</u>."
I: „Wie lange <u>können</u> Sie da ohne Bewegung <u>stehen</u>?"
S: „Bis zu fünf Minuten. Das <u>kommt</u> auch auf die Zuschauer <u>an</u>. Wenn jemand etwas ruft, dann drehe ich den Kopf wie ein Roboter, und dann <u>bleibe</u> ich wieder ganz <u>ruhig</u>."
I: „Wie lange dauert so eine Performance?"
S: „Das <u>kommt</u> darauf <u>an</u>. Meistens eine halbe Stunde. Wenn ich anfange, <u>stehen</u> schon immer ein paar Leute <u>da</u>. Die sind neugierig, was der goldene Mann da jetzt machen wird. Und wo Leute stehen, <u>kommen</u> immer mehr <u>dazu</u>."
I: „Warum <u>haben</u> Sie sich gerade diesen Platz <u>ausgesucht</u>?"
S: „Hier ist ein bisschen Schatten! Mitten auf dem Platz <u>ist</u> es jetzt viel zu <u>heiß</u>. / Es <u>ist</u> jetzt viel zu <u>heiß</u> mitten auf dem Platz. Der Platz ist gut. Viele Leute gehen in das Kaufhaus, kommen über den Platz, laufen durch die Fußgängerzone. Das ist schon ein guter Platz."

Kapitel 33

Ü2 a) 1. Buchmüller studierte an der Universität Zürich Journalistik. 2. B. übte nach dem Studium verschiedene Berufe im In- und Ausland aus. 3. Radio DRS engagierte B. 1982 als Moderator von/für Musiksendungen. 4. B. arbeitete seit 1990 als Redakteur der Gesprächssendung FOCUS. 5. B. arbeitete meistens im Studio Zürich und manchmal im Studio Bern. 6. B. fuhr oft nach Bern. 7. B. erzählte im Interview über seine Arbeit beim Radio. 8. Goeudevert war mit 16 französischer Vizemeister im Kugelstoßen. 9. G. arbeitete nach dem/seinem Studium in Paris. 10. G. hatte Erfolge als Verkäufer in der Automobilbranche in Frankreich. 11. Später ging G. als Generaldirektor zu Renault (in/nach) Deutschland. 12. G. war (erfolgreich) als Manager in Deutschland (erfolgreich). 13. G. war(bekannt) für seine unkonventionelle Art (bekannt). 14. In der Gesprächssendung FOCUS sprach G. über sein Buch.
c) Bauplan:

Baupl. 1 Subj. + Akk.	Baupl. 2 Subj. + Nom.	Baupl. 3 Subj. + Dir.	Baupl. 4 Subj. + lok. Sit.	Baupl. 5 Subj. + Qual.	Baupl. 6 Subj. + Präp.
1, 2, 3	4, 8	6, 11	5, 9	12, 13	7, 10, 14

Ü5 *Redaktionsteam:* 1. vier Menschen; 2. jeweils Montag; 3. Hitparade; 4. kontaktieren; 5. telefonisch, per Fax; 6. beginnt.
Gästeprofil: 1. von sich zu erzählen; 2. Publikum interessant sein; 3. unbedingt kennt

FOCUS-Hörer: 1. eher städtischen Publikum, das eher eine größere Bildung hat; 2. bereit, Sendung einzulassen, etwas lernen, ein bisschen

Ü7 a) dafür: 1, 8, 9; dagegen: 3, 6, 7; unsicher: 2, 4, 5, 10, 11, 12

Ü8 A6; B7; C1; D2, 3; E4, (5); F8, (5)

Ü11 b) 1. auf dem Computer; 2. E-Mail, Fax; 3. faxe; 4. verwende; 5. Kopierer, die Kopien; 6. eine eigene Datei, speichere; 7. brauche ich den; 8. im Internet; 9. auf Diskette speichern, ausdrucken; 10. schicke ich, per E-Mail; 11. Telefon, kurze persönliche Gespräche; 12. Anrufbeantworter, Handy mit Geheimnummer

Ü12 (1) Literatur, (2) studiert, (3) -verkäufer geworden, (4) 32, (5) -direktor, (6) 33, (7) 39, (8) Deutschland, (9) 49, (10) Autoindustrie, (11) hat er eine Studie über, (12) Öffentlichkeit, (13) Autobahnen

Ü13 Der ehemalige Top-Manager Daniel Goeudevert ist (zu) Gast in/im FOCUS bei Ernst Buchmüller, diesen Samstag Mittag von eins bis zwei, hier auf DRS3.

Ü14 a) 1. wann? 2. wann? 3. wie viel? 4. wie lange? 5. wie? 6. wessen? 7. wann? 8. wann? 9. wann? 11. wie lange? 12. wie?/was?
b/c)

Qualitativerg.	Temporale Situativerg.	Quantitativerg.	Genitiverg.	Verbativerg.
5, 12	1, 2, 8, 9	3, 4, 11	6	7, 10
Frage: wie? was?	Frage: wann?	Frage: wie lange? wie viel? wie ...?	Frage: wessen?	---

Ü15 b) 1. Abschnitt: a) f, b) r, c) f, d) r; 2. Abschnitt: e) r, f) f, g) f, h) r; 3. Abschnitt: i) r

Ü16 *Gesprochene Sprache:*
Dialekt: in der Familie; mit Freunden und Bekannten; im Kindergarten; bei der Arbeit; im Geschäft; im Radio/Fernsehen (Sendungen mit Nähe zum Publikum);
Hochdeutsch: Nachrichten im Radio und im Fernsehen; Hörspiele; Vorträge, offizielle Situationen, Reden (im Parlament); mit Tessinern und Ausländern.
Geschriebene Sprache:
Hochdeutsch: in Büchern, in Zeitungen; für Briefe, Bewerbungen, offizielle Mitteilungen;
Dialekt: in der Mundartliteratur; in der Werbung, auf Plakaten; kurze Briefe und persönliche Mitteilungen.

Ü18 1r, 2f, 3r, 4r, 5r, 6f, 7f, 8r, 9r

Ü21 1. b), 2. a), 3. a), 4. b), 5. b), 6. a)

Ü22 1. b), 2. a), 3. a)

Ü23 1. drücken auf einen Knopf, 2. aus dem Studio gesendet wird, 3. Gespräche aufgezeichnet, 4. einen anderen Sender einstellen, 5. Informationen blitzschnell weitergegeben werden, 6. einem Kassettengerät und einem Mikrofon, 7. Aufnahmen zu machen

Ü24 a) die Knie werden ganz weich – die Hände werden feucht – Schweiß steht auf der Stirn – die Stimme zittert – der Kopf ist leer – die Hände sind kalt – die Stimme wird hoch – man hat ein komisches Gefühl im Bauch – der Atem ist flach – man sucht nach Worten

Ü25 b) Ohne Atmung ist kein Leben möglich. / Menschen, Tiere und Pflanzen müssen atmen. / Bei uns Menschen ist die Ausatmung besonders dafür wichtig, / dass wir eine Stimme haben und sprechen können. / Mit der Luft, / die wir ausatmen, / bilden wir Laute, Wörter und Sätze. / Beim Ausatmen bringen wir den Luftstrom in Bewegung / – dann hören wir unsere Stimme. /

Ü26 a/b) Es ist exakt achtzehn Uhr // hier ist der Hessische Rundfunk / wir bringen Nachrichten // Berlin // der Bundesbauminister hat gestern den Fortschritt der Regierungs-

159

bauten kontrolliert // bei dieser Gelegenheit wurde ihm sein Hut geklaut // der Kauf eines neuen kurbelt die Wirtschaft an // Bonn // im Kabinett wird heute ein brisantes Thema beraten // es geht um die Frage / ob auch Minister in Zukunft die Hälfte der Arbeit im familiären Haushalt übernehmen sollen // wir wären sehr froh darüber // Basel // auf dem Bankenplatz hat gestern ein Manager seinen Geldbeutel verloren // schade für ihn / gut für den Finder // das Wetter // das können Sie vergessen //

Kapitel 34

Ü1 1. f, Zeilen 1–5; 2. r, Zeilen 5–6; 3. f, Zeilen 12–14; 4. r, Zeilen 18–21; 5. f, Zeilen 22–25; 6. r, Zeilen 25–29; 7. r, Zeilen 41–44; 8. f, Zeilen 47–50; 9. r, Zeilen 56–60; 10. r, Zeilen 64–69

Ü2 A5, B4, C1, D6, E7, F3, G2

Ü3 1. habe nichts unversucht gelassen, 2. die Finger wund geschrieben, 3. auch mal die Tür hinter sich zumachen können, 4. hat er die Nase voll, 5. kommt ihm spontan der Gedanke, 6. Gesagt – getan

Ü4 1C, 2B, 3C, 4D, 5D, 6A, 7B, 8A

Ü5 1. f), g), h); 2. j); 3. a), b), i), k); 4. d); 5. l); 6. c); 7. e)

Ü6 1. einem Haus im Grünen, 2. erträumt haben / erträumten, 3. 120 Quadratmeter/m², 4. ihr/ein eigenes Zimmer, 5. ein großer Garten, 6. kleine Nachteile, 7. ist die Entfernung zum Arbeitsplatz, 8. haben viel Fahrerei im Berufsverkehr / müssen im Berufsverkehr viel fahren

Ü7 1. schreibe, 2. technische, 3. Firmen, 4. Ausbildung, 5. bin, 6. studiert, 7. Technik, 8. dieser, 9. viele, 10. sitzen, 11. Maschinen, 12. eigenen, 13. werde, 14. beispielsweise

Ü8 1., 2., 5., 6., 7.

Ü11 1AD, 2AD, 3ABCD, 4D, 5BC, 6BC, 7CD, 8A, 9D, 10ACD

Ü16 1. fünf Uhr / 17 Uhr, 2. um Viertel nach fünf / 17 Uhr 15, 3. Er hat das Haus nicht sofort gefunden. 4. Der Bus hatte Verspätung, 5. renoviert, 6. machen, 7. Fachmann, 8. Zeit, 9. Farbe, 10. bezahlen, 11. mieten, 12. vermieten, 13. 680, 14. Strom, 15. muss, 16. selbst, 17. 22

Ü18 a) 1. §3, 2. §26, 3. §5, 4. §2, 5. §2, 6. §2, 7. §3, 8. §5
b) 9. §4, 10. §26, 11. §2, 12. §4, 13. §4, 14. §2

Ü19 I.1) a), 1) b und II. 2)

Ü20 a) 1: Familie Schlinkert, Herr Schlinkert, die Wohnung, die Tochter, der Hausherr, Frau Schmidt, Frau Brinkmann, sie, wir, der Vermieter, das Mietverhältnis, die Kündigungsfrist; 2: eine Wohnung, viele Angebote, die Unterlagen; 3: zu klein; 4: auf das Abitur, über ein bißchen Ruhe, mit Familie Schlinkert, über die Aktion, für die Wohnung, um drei Monate; 5: in einem Wohnblock; 6: am 1. Oktober; 7: an die angegebene Adresse

Ü22 a) liegt, hat; ist, sind, muss; ist; hängen, liegen; kommt, steht, ist; ist; ist; ist; finden ... statt.

Ü24 1. der Schluss, die Erklärung; 2. das Wasser, der Anschluss; 3. der Strom, der Anschluss; 4. das Leben, die Verhältnisse (Pl.); 5. der Vergleich, die Basis; 6. die Aktion, der Plan; 7. die Welt, die Bevölkerung; 8. die Stadt, der Bewohner / die Bewohner (Pl.); 9. die Hütten (Pl.), das Viertel; 10. das Trinkwasser, die Knappheit

Ü25 1. Stromanschluss, 2. Schlusserklärung, 3. Wasseranschluss, 4. Aktionsplan, 5. Weltbevölkerung, 6. Trinkwasserknappheit, 7. Stadtbewohner

Ü26 a) *Fehler:* 1. Entwicklungsländer; 2. haben fast alle Wohnungen Wasseranschluss; 3. die Wohnungen sind mindestens 35 Quadratmeter groß, und jede Person hat ihr eigenes Zimmer; 4. für jede Person stehen maximal 6,1 Quadratmeter Wohnfläche zur Verfügung; 5. hier kann jede Person 15,1 Quadratmeter bewohnen; 6. Jede Person hat einen bis zwei Räume zur Verfügung
b) *Korrektur:* 1. Schwellenländer; 2. alle; 3. im Durchschnitt / statistisch stehen pro Person 35 Quadratmeter Wohnfläche zur Verfügung, und im Durchschnitt / statistisch gibt es mehr Räume als Personen; 4. im Durchschnitt / statistisch stehen pro Person 6,1 Quadratmeter Wohnfläche zur Verfügung; 5. hier gibt es im Durchschnitt / statistisch 15,1 Quadratmeter Wohnfläche pro Person; 6. Es gibt 1,69 mal mehr Räume als Personen.

Ü29 *Autos:* Anzeigen 13, 14, 18, 20, 21, 22;
Computer: Anzeigen (12), 15, 16;
Einrichtung/Möbel: Anzeigen 1, 2, 6, 7, 8, 10, 11, 19;
Kleidung: Anzeigen 5, 9, 17.

Kapitel 35

Ü1 a) (Vorschlag:) *Standort:* die Industriezone, der Stadtrand, die zentrale Lage;
Mitarbeiter/innen: der/die Betriebswirt(in), der/die Chef(in), der/die Direktor(in), die Empfangsdame, der/die Facharbeiter(in), der/die Forscher(in), der/die Grafiker(in), der/die Manager(in), die Putzfrau, der/die Sekretär(in), der/die Telefonist(in), der/die Vertreter(in);
Räume: das Büro, das Labor, das Lager, der Parkplatz, der Sitzungsraum, der Sportplatz, die Toilette, die Werkstatt;
Geld: der Gewinn, die Kosten (Pl.), der Lohn, die Sozialabgaben (Pl.), die Steuern (Pl.), der Umsatz, der Verlust;
?: die Beförderung, der Betriebsausflug, das Betriebsfest, die Einstellung, die Entlassung, der Kamin, der Lärm, die Sauberkeit, der Schmutz.

Ü4 a) (Vorschläge:) *Dialog 1:* (1) Mahlzeit! / Guten Appetit! (2) Danke, gut / es geht. Und wie geht es Ihnen? (3) Ich finde es gut/schlecht; es schmeckt mir (nicht).
Dialog 2: (4) Guten Morgen, Peter. (5) Und was hast du gestern Abend noch gemacht? (6) Ich war in der Kneipe, ein Bier trinken. / Ich war im Fitness-Center. / Ich war mit meiner Freundin im Kino.
Dialog 3: (7) Guten Tag, Frau Giesler! (8) doch Platz; (9) Sie tun? (10) vielleicht / wahrscheinlich; (11) weil; (12) schon so lange die gleiche Arbeit mache; (13) verstehe; (14) uns / die Firma; (15) ihre Stelle/Aufgaben / ihren Arbeitsplatz

Ü5 a) 1f, 2r, 3r, 4r, 5f, 6r, 7f
b) (1) Besondere, (2) stellt, (3) auf, (4) her, (5) Abkürzung, (6) Apotheken, (7) Drogerien, (8) sicher, (9) wirksam, (10) Vertrieb, (11) steht für, (12) Herstellung, (13) verwendet, (14) Kapsel, (15) Tablette, (16) Studien
c) wachsendes Gesundheitsbewusstsein – Verantwortung – moderne Gesellschaft – Selbstmedikation – Gesundheit – Trend – Gesundheitspflege – Spitzenprodukte

Ü6 (*Vorschläge:*) *Vorbereitung:* 1. Zur Vorbereitung gehört, dass man sich den Raum vorher ansieht und sich über das Publikum informiert. 2. Vor einer Präsentation muss man sich überlegen, was man damit erreichen will. 3. Es ist wichtig, dass die Präsentation eine klare Struktur hat. Und man muss sich überlegen, wie viel Zeit man für die einzelnen Punkte zur Verfügung hat. 4. Zu einer Präsentation gehört auch Material zum Zeigen. So können sich die Leute leichter merken, was man sagt. *Präsentation:* 5. Während man spricht, sollte man den Körper aufrecht halten und gleichmäßig atmen. 6. Wichtig ist der Blickkontakt mit dem Publikum, damit man seine/dessen Reaktionen beobachten kann. 7. Man sollte langsam sprechen und ausreichend Pausen machen.

Ü7 a) die Firma: C, die Gesellschaft: E, die GmbH: B, der Betrieb: D, der Konzern / die Gruppe: A, die Tochtergesellschaft / das Tochterunternehmen: F

Ü8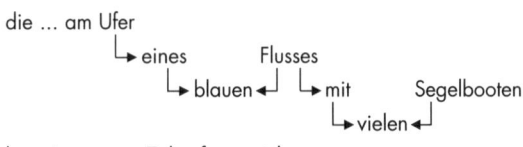

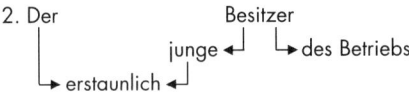

2. Der junge Besitzer des Betriebs erstaunlich begrüßte uns am Eingang, wo er schon auf uns gewartet hatte.

Ü9 a) *Telefonistin:* Sprachkenntnisse; Kontakt mit in- und ausländischen Kunden; Telefon.
Chemiker: (Chemie-)Studium; Forschung, Entwicklung von neuen Präparaten, Fachliteratur lesen, Analysen durchführen, Recherchen machen, Zahlenmaterial und wissenschaftliche Aufsätze auswerten; Labor.
Arbeiterin: Konzentration, Aufmerksamkeit; Kapseln und Tabletten überprüfen

Ü10 1. Beim Gesamtumsatz steht an erster Stelle Vitaseral. 2. In der Rangliste an letzter Stelle steht D5 Vitopharm. 3. Selepharm hat den dritthöchsten Anteil am Gesamtumsatz. 4. Im Vergleich zu Deutschland wird in Frankreich um 2 Prozent/% weniger verkauft. 5. In Österreich wird um 1,9 Prozent/% mehr verkauft als in der Schweiz. 6. Die höchsten Zahlen hat Deutschland. 7. Die niedrigsten Zahlen finden sich in Tschechien. 8. Die Verkaufszahlen in den deutschsprachigen Ländern liegen im Durchschnitt bei 10,3 Prozent/%.

Ü14 a) über das Produkt, des Auftrags, mit den Werbeleuten, von Verpackungsmaterial
b)

GENITIVERGÄNZUNG	PRÄPOSITIONALERGÄNZUNG
• Erarbeitung einer Werbekampagne	• Informationen über das Produkt
• Ausführung des Auftrags	• Diskussion mit den Werbeleuten
• Entwerfen von Verpackungsmaterial	

c) Wenn bei einem Substantiv ein anderes Substantiv als Ergänzung steht, dann verbindet man sie mit dem Genitiv oder einer Präposition.
Wenn die Genitiv-Ergänzung ein Substantiv ohne Artikel ist, verwendet man die Präposition „von".

Ü15 1. die Vorbereitung der Produktion, 2. die Festlegung des Preises, 3. das Gespräch mit den Verantwortlichen, 4. der Einkauf von Rohmaterial, 5. die Diskussion über Strategien

Ü17 a) Sätze in dieser Reihenfolge: 4, 3, 5, 1, 6, 2

Ü18 (Vorschlag:)

Auftraggeber
Firma: *VitoPharm PhytoPlan Products*
Kontaktperson: *Frau Franke* Tel.: *+49 (0) 6 96 97 48-0*
  Fax: *+49 (0) 6 96 97 48-222*

Auftrag
Ziel/Teilziele:
Namensfindung für ein Stärkungsmittel,
Vertrieb weltweit: Sprachprobleme sind zu beachten!
Termin: *Mitte September*
Abgabeform/Umfang:
(Rohfassung/Reinschrift – Papier/Diskette – Präsentation)
Finanzieller Rahmen: *DM 5000,-*
☒ Rechnungsstellung pauschal (inkl. Administration/Bürospesen)
☐ Rechnungsstellung nach Aufwand (Ansatz/Tag/Stunde):
Datum: Unterschrift:

Ü19 (1) geehrter, (2) beziehen, (3) auf, (4) heutigen, (5) in, (6) zur, (7) für, (8) -mittel, (9) bestätigen, (10) unseren, (11) wie, (12) freundlichen

Ü20 a) *Anrede:* formell: Sehr geehrte Damen und Herren, …; Sehr geehrter Herr Feigl, …;
informell: Lieber Michi, …; Hallo, Sonja, …;
persönlich: Mein liebster Schatz, … .
Schluss: formell: Mit besten Grüßen; Mit freundlichen Grüßen; Ich freue mich auf Ihre Antwort und grüße Sie freundlich;
informell: Herzliche Grüße; Mit lieben Grüßen;
persönlich: Bis bald!; 1000 Küsse

Ü21 1r, 2r, 3f, 4f, 5f

Ü22 a) Satz: Adjektiv / Subjekt / „es": ja/nein?
1.: leicht / einen guten Namen zu finden / ja
2.: spannend / für neue Produkte Namen zu finden / ja
3.: vorgesehen / ein Brainstorming zu machen / nein
4.: schwierig / alle Sprachen zu berücksichtigen / nein
5.: riskant / ein neues Produkt auf den Markt zu bringen / nein
6. beruhigend / für einen Auftrag genug Zeit zu haben / ja
7.: vorgesehen / dass Produktnamen getestet werden / ja
8.: selbstverständlich / dass ein Team kreativer ist als eine einzelne Person / nein
b) Wenn das Subjekt ein Infinitiv-Satz mit „zu" oder ein „dass"-Satz ist und das Subjekt nach dem Adjektiv steht, dann verwendet man das Wort „es" als Subjekt-Ersatz.

Ü23 (Vorschläge:) 2. Dass man die Konkurrenz beobachtet, ist in der Wirtschaft wichtig. 3. Es ist heute notwendig, dass man Fremdsprachen kann. 4. Für alle Arbeit zu finden, ist ausgeschlossen. 5. Dass die Industrie immer mehr produziert, ist problematisch. 6. Es ist vorgeschrieben, dass sich die Arbeiter und Arbeiterinnen gegen Unfälle im Betrieb schützen. 7. Es ist verboten, Kinder als Arbeitskräfte anzustellen. 8. Es ist selbstverständlich, dass in allen Berufen gute Arbeit geleistet wird.

Ü25 1. c), 2. b), 3. b), 4. c), 5. c)

Ü26 1. Herr Pollmer behauptet, dass es selten Vitaminmangel gibt. 2. Die Journalistin fragt (danach), wer nicht ab und zu ungesund isst. 3. Der Fachmann rät dazu, nicht zu viele Vitamine zu sich zu nehmen. 4. Viele Leute denken darüber nach, ob sie sich richtig ernähren. 5. Immer mehr Leute in Deutschland versuchen, weniger zu essen und sich mehr zu bewegen. 6. Gewisse Leute befürchten, dass in Zukunft Gemüse und Obst wegen der Gentechnologie ganz anders aussehen wird. 7. Die Politiker fordern, dass sich die Wissenschaft beschränken soll.

Ü27 a) interessiert an, gut für, neidisch auf, abhängig von, befreundet mit, verantwortlich für, neugierig auf
b) *an:* interessiert; *auf:* neidisch, neugierig; *für:* gut, verantwortlich; *mit:* befreundet; *von:* abhängig
c) 1. sind, mit; 2. für, sein; 3. sind, zu, auf; 4. sind, für, damit, ist; 5. für; 6. wofür

Ü28 a) 1. ⑤, ⑦; 2. ④; 3. ⑥; 4. ③; 5. ⑩; 6. ⑬; 7. ⑩; 8. ②; 9. ⑧; 10. ⑦, ①; 11. ①, ⑨; 12. ⑬
b) 1. die Bedeutung von Schlumpeter für die Volkswirtschaft; 2. das Problem, das man lösen muss; 4. die Ernährungsberaterin, die diplomiert ist; 5. die neu eingestellten Mitarbeiter; 7. das schnell zu beantwortende Fax; 8. die Wirtschaft, die wächst; 10. die Antwort auf Fragen, die dringend sind; 11. die Hamburger Firma, die neu ist

Ü29 a) (Vorschlag:) 1: b, c, f, g, h, i, m; 2: a, j, q, r; 3: d, e, k, l, o; 4: n, p

Kapitel 36

Ü2 1. Stunden, 2. steigen, 3. Sohn, 4. ihre, 5. packen, 6. Angelzeug, 7. Tag, 8. heiß, 9. dem, 10. der, 11. hier, 12. einem, 13. Tümpel, 14. ist, 15. angenehm, 16. ich, 17. drüben, 18. nur, 19. aber, 20. auf, 21. Steine, 22. ziemlich, 23. Klar, 24. bin, 25. Kind, 26. klettert, 27. seiner, 28. auf, 29. Felsen, 30. hängt, 31. Köder, 32. das, 33. Wasser, 34. Angeln, 35. zur, 36. Monotonie, 37. langsam, 38. Schnur, 39. Köder, 40. auswerfen, 41. Versuch, 42. Sohn, 43. helfen, 44. Horst, 45. von, 46. Felsen, 47. gerät, 48. seinem, 49. eine, 50. verliert, 51. Gleichgewicht, 52. fällt

Ü4 Sehr geehrter Herr Fischer, sehr geehrte Frau Hering, hiermit teile ich Ihnen mit, dass mein Mann, Horst Baier, für

161

einige <u>Zeit</u> nicht <u>zur</u> Arbeit <u>kommen</u> kann. Er hat sich <u>am</u> Wochenende beim <u>Angeln</u> das <u>rechte</u> Bein gebrochen und <u>liegt</u> <u>jetzt</u> im <u>Krankenhaus</u>. Die Arbeitsunfähigkeitsbescheinigung <u>schicke</u> ich <u>Ihnen</u> in <u>Kürze</u> zu. Mein Mann <u>lässt</u> Ihnen <u>mitteilen</u>, <u>dass</u> er <u>alles</u> tun wird, um so schnell wie möglich <u>wieder</u> auf die <u>Beine</u> zu kommen, <u>vor allem</u> wegen des <u>Großauftrags</u>. Mit freundlichen <u>Grüßen</u>

Ü8 a) Krankheit: 5, Geburtstag: 6, Hochzeit: 2, Weihnachten/Neujahr: 4, Prüfung: 1, Erfolg im Beruf: (1), 3
Ü9 a) 1D, 2H, 3A, 4G, 5I, 6B, 7L, 8C, 9E, 10F, 11K
b) Personen: 1, 6, 8; Institutionen: 2, 5, 7, 9; Person(en) <u>und</u> Institution: 3, 4
Ü10 1f, 2r, 3f, 4r, 5f, 6r, 7r, 8f, 9r, 10r
Ü11 a) 1. spricht, 2. bin's, 3. mehr, 4. geht's, 5. Moment, 6. Telefon, 7. Ordnung, 8. Kabel, 9. jetzt, 10. erzähl
b) (Vorschläge:) 1. Ernst Jankowski meint, dass man etwas gegen die Kündigung machen/unternehmen kann. 2. Er schlägt vor, dass sie sich treffen und dann alles gemeinsam in Ruhe besprechen. 3. Er möchte von Marianne wissen, in welchem Krankenhaus und in welchem Zimmer Horst liegt. 4. Sie wollen sich gegen 14 Uhr (bei Horst) im Krankenhaus treffen. 5. Marianne soll das Kündigungsschreiben mitbringen. 6. Marianne bedankt sich dafür, dass Ernst ihr und ihrem Mann helfen will.
Ü12 1c, 2b, 3c, 4b
Ü13 a) (das) Rauchen, (mit dem) Rauchen, (des) Rauchens, (durch das) Rauchen, (mit dem) Essen (und) Trinken, (durch zu fettes) Essen, (durch übermäßiges) Trinken, essen (und) trinken, (übermäßigen) Essens (und) Trinkens, Essen (und) Trinken
b/c) rauchen: das Rauchen – das Rauchen – dem Rauchen – des Rauchens; trinken: das Trinken – das Trinken – dem Trinken – des Trinkens; essen: das Essen – das Essen – dem Essen – des Essens
d) <u>VERB</u> „rauchen" → <u>SUBSTANTIV</u> „das Rauchen"
<u>klein</u> geschrieben → <u>groß</u> geschrieben
Ü14 a) einer, meiner, deins, keins, meins, keine, welche
b) Artikel-Wörter als Pronomen im Singular:

MASKULIN	NEUTRUM	FEMININ
meiner/keiner/einer	meins/keins/eins	meine/keine/eine
meinen/keinen/einen	meins/keins/eins	meine/keine/eine
meinem/keinem/einem	meinem/keinem/einem	meiner/keiner/einer

Artikel-Wörter als Pronomen im Plural:

MASKULIN / NEUTRUM / FEMININ
meine/keine/welche
meine/keine/welche
meinen/keinen/welchen

c) Folgende Formen sind anders als bei den Artikel-Wörtern mit Substantiv: meiner/<u>keiner/einer</u>; <u>meins/keins/eins</u>
Ü15 a) 1. Meine, 2. keine, 3. welche, 4. keine, 5. welche, 6. meinen, 7. Die, 8. meiner/meins/meine, 9. deinen/deins/deine, 10. keiner, 11. einen/eins/eine, 12. Ihrer/Ihrs/Ihre, 13. meiner/meins/meine, 14. Ihren/Ihrs/Ihre, 15. meinem/meinem/meiner. 16. der/das/die
Ü16 1. sechs, 2. Wochen, 3. Lohn, 4. das, 5. Lohn, 6. (dagegen) klagen, 7. Kündigung, 8. kein, 9. kündigen, 10. Wenn, 11. zurücknehmen, 12. Arbeitsgericht, 13. Rücknahme, 14. klagen
Ü17 a) vor allem; deshalb ... unmöglich; Trotzdem; danach wird ... einstellen; von Herrn Jankowski sehr enttäuscht; dass Horst Baier ... klagen will
b) Der Chef war ziemlich sauer, <u>aber als er erfahren hat, dass Herr Jankowski Betriebsrat und Gewerkschaftsmitglied ist, konnten sie sich ganz sachlich mit ihm unterhalten. Horst Baier bekommt seinen Lohn noch sechs Wochen lang. Der Chef hat schon einen neuen Mitarbeiter eingestellt</u>, wegen des Großauftrags. Der Chef hat dann gesagt, er sei <u>von Horst Baier</u> sehr enttäuscht. Herr Jankowski hat ihn ausreden lassen und dann gesagt, dass <u>sie auf Rücknahme der Kündigung bzw. Wiedereinstellung klagen werden</u>.

Ü18 1I, 2E, 3B, 4A, 5K, 6F, 7D, 8G, 9H, 10C
Ü19 a) In Frage kommen die Anzeigen „Sie haben das Sparen satt?", „Bürokauffrau in Teilzeit gesucht", „Biete zukunftssicheres Zweiteinkommen".
b) Gespräch 1: Anzeige „Sie haben das Sparen satt?" Gespräch 2: Anzeige „Bürokauffrau gesucht" Gespräch 3: Anzeige „Biete zukunftssicheres Zweiteinkommen"
Ü21 a) 1. eine Frage stellen, einen Antrag stellen, 2. keine Antwort geben, diese Frage stellen, 3. haben ... ein Gespräch ... geführt, 4. haben ... die Forderung ... erhoben, 5. haben ... Bezug ... genommen, 6. einen Prozess ... führen, 7. ist ... in Erfüllung gegangen, 8. Berücksichtigung finden, 9. kommen ... zum Einsatz, 10. hat ... Hilfe geleistet
b) 1. „Darf ich Sie etwas fragen: Wann muss ich Arbeitslosengeld beantragen?" 2. „Darauf kann ich Ihnen leider nicht antworten; das müssen Sie einen Mitarbeiter des Arbeitsamts fragen." 3. Frau Baier und Herr Jankowski haben mit dem Chef von Horst Baier über die Lohnfortzahlung gesprochen. 4. Dabei haben sie auch die Rücknahme der Kündigung gefordert. 5. Sie haben sich dabei auf gesetzliche Bestimmungen des Arbeitsrechts bezogen. 6. Als sie damit gedroht haben, gegen den Chef zu prozessieren, hat der Chef ihnen eine Abfindung angeboten. 7. Die Hoffnung von Horst Baier, schnell wieder gesund zu werden, hat sich nicht erfüllt. 8. Ein zu spät eingereichter Antrag auf Arbeitslosengeld kann nicht sofort berücksichtigt werden. 9. In den Betrieben werden immer mehr Computer eingesetzt. 10. Die Ärztin hat dem Verletzten geholfen.
Ü22 a) 1. sein, 2. seine, 3. schwarze, 4. seinen, 5. blauen, 6. die, 7. im, 8. leeren, 9. seines, 10. neuen, 11. Seine, 12. das, 13. bevorstehende, 14. einem, 15. guten, 16. die, 17. elektrischen, 18. seinem, 19. kleinen, 20. am, 21. gelegenen
Ü23 a)

SING.	MASKULIN	NEUTRUM	FEMININ	PLURAL
NOM	-r	-s	-e	-e
AKK	-n	-s	-e	-e
DAT	-m	-m	-r	-n
GEN	-s	-s	-r	-r

b) Das Signal für Genus/Kasus erscheint nur einmal, entweder beim <u>Artikel-Wort</u> oder beim <u>Adjektiv</u>.
Ü24 Ein komplizierter Beinbruch
Horst hat beim Angeln einen <u>komplizierten</u> Beinbruch erlitten. Als er durch <u>den</u> Bach an das <u>andere</u> Ufer waten wollte, ist er auf <u>einem glitschigen</u> Felsen ausgerutscht und mit <u>seinem rechten</u> Bein in eine <u>enge</u> Felsspalte geraten. <u>Sein kleiner</u> Sohn hat sofort Hilfe geholt: Er ist zu <u>der nächsten</u> Straße gelaufen, hat <u>ein</u> Auto angehalten und <u>den</u> Fahrer / die Fahrerin gebeten, ihn zur <u>nächsten</u> Telefonzelle mitzunehmen. Von der Telefonzelle aus hat er bei <u>seiner</u> Mutter angerufen und einen Notarztwagen alarmiert. Der Arzt und die Sanitäter haben <u>seinen</u> ziemlich schwer <u>verletzten</u> Vater untersucht und ihn dann in das <u>nächste</u> Krankenhaus transportiert. Dort haben die Ärzte festgestellt, dass Horst <u>einen</u> komplizierten Drehbruch mit <u>kaputter</u> Kniescheibe und <u>gerissenen</u> Bändern erlitten hat. Die <u>vorgenommene</u> Operation hat vier Stunden gedauert. Als Marianne <u>ihren</u> Mann <u>im</u> Krankenhaus besuchte, lag er <u>im</u> Bett und konnte sich kaum bewegen. Sein Kopf war bandagiert; <u>sein rechter</u> Arm war verbunden, sein <u>rechtes</u> Bein steckte in <u>einem</u> weißen Gipspanzer, der bis zum Oberschenkel reichte.
Ü25 1. Versicherungen, 2. Arbeitnehmer, 3. Beiträge, 4. Krankenkasse, 5. Krankengeld, 6. Arbeitslosigkeit, 7. Arbeitslosengeld, 8. Arbeitslosenhilfe, 9. arbeitslos
Ü26 die Arbeit: arbeitslos, die Arbeitslosigkeit, arbeitsfähig, die Arbeitsfähigkeit, arbeitsunfähig, die Arbeitsunfähigkeit, der Arbeitsplatz, das Arbeitsamt, der Arbeitnehmer, die Arbeitnehmerin, der Arbeitgeber, die Arbeitgeberin
krank: die Krankheit, das Krankenhaus, das Krankenzimmer, die Krankenkasse, das Krankengeld, die Krankenschwester, der Krankenpfleger, der Krankenwagen, der Kranke, die Kranke, erkranken, die Erkrankung

Kapitel 37

Ü3 a) Wörtlich: 1., 3., 5., 7.
b) (Vorschlag): 1. Firma, Chef, Firmenklatsch; 2. neuer Freund, Klatsch; 3. Wetter, Winter, Klage über das Wetter; 4. Geldbeutel/-börse/-tasche verloren, Polizei; 5. Test, Stoff für den Test; 6. Auto verwechselt, Alarmanlage geht los; 7. Reisetipps, Familienklatsch

Ü4 a) Studium der Vergleichenden Literaturwissenschaft, Studienaufenthalt in Ghana, Lehrbeauftragte an der Universität, Seminarleiterin, freiberuflich tätig, Märchenerzählerin
b) *Persönliche Daten:* geboren werden/sein, die Adresse angeben
Ausbildung: eine Ausbildung abschließen, an einem Kurs teilnehmen, die Schule besuchen, das Abitur / die Matura machen, das Studium fortsetzen, die Ausbildung unterbrechen, ein Zeugnis/Diplom bekommen, eine Ausbildung / ein Studium anfangen, eine Ausbildung als ... machen, studieren, eine Prüfung bestehen, ein Aufenthalt im Ausland, etwas erfolgreich beenden, in den Kindergarten gehen, in die Lehre gehen, in einen Kurs gehen, lernen, sich vorbereiten, planen, sich im Ausland aufhalten, die Sprachkenntnisse verbessern
Berufliche Tätigkeit: als ... tätig sein, arbeiten als ..., ein Praktikum machen, freiberuflich arbeiten, eine Fortbildung machen, ein Aufenthalt im Ausland, sich im Ausland aufhalten, sich selbständig machen

Ü5 a) Richtig: 1. b), 2. a), 3. a), 4. c), 5. c)

Ü6 a) 1. müsste ... kommen, bestimmt; 2. es mag sein, vielleicht; 3. wahrscheinlich, (es) ist anzunehmen, vielleicht; 4. es ist sehr gut möglich, dürfte es ... geben; 5. ich kann mir vorstellen 6. es ist auch gut möglich, dass ist sogar sehr wahrscheinlich
b) *Adjektive und Adverbien:* bestimmt, vielleicht, wahrscheinlich, möglich (es ist möglich);
Verben: mögen (es mag sein), annehmen (es ist anzunehmen), vorstellen (ich kann mir vorstellen);
grammatische Formen: müsste ... kommen (Konj. II), dürfte ... geben (Konj. II)

Ü9 1. nach Westen, 2. die Sonne, 3. im Osten, 4. reist, 5. richtig, 6. Entfernung, 7. blicke, 8. auf die Erde, 9. zwischen Lüge, 10. vier Finger, 11. und Ohr, 12. sehe, 13. die Wahrheit, 14. sagte, 15. meine Frau, 16. glaubt ihr, 17. alle, 18. nein, 19. lieber, 20. lösen

Ü11 1. kannst, 2. will, 3. zog ... aus, 4. nahm, 5. wickelte, 6. war, 7. lieh ... aus, 8. ließ, 9. ziehen, 10. musste, 11. gehen, 12. hat, 13. sagt, 14. ließ, 15. machte

Ü14 a) 1. hätte ... gefunden, annehmen wollte; 2. gefunden hätte; 3. solle ... herbeischaffen; 4. habe ... gefunden; 5. hätte ... gesprochen; 6. müsse ... sitzen, herbeigeschafft habe; 7. hätt' ... geglaubt (2x); 8. schreie, hätt' ... geglaubt, gesagt habe; 9. sollte ... bringen, müsste ... herbeischaffen; 10. (klug) sei, wolle ... aufgeben, lösen könne, wolle ... heiraten
b) 1. Redewiedergabe: 1, 2, 3, 4, 6, 8, 9, 10;
2. Vergleich mit „als ob": 5;
3. unerfüllter Wunsch: 7, 8
c) KONJUNKTIV I (gebildet vom Präsens): 3. solle ... herbeischaffen; 4. habe ... gefunden; 6. müsse sitzen; 8. schreie; 10. sei, wolle ... aufgeben, lösen könne, wolle ... heiraten;
KONJUNKTIV II (gebildet vom Präteritum): 1. annehmen wollte; 9. sollte ... bringen, müsste ... herbeischaffen;
KONJUNKTIV I (gebildet vom Perfekt): 4. habe ... gefunden; 5. herbeigeschafft habe;
KONJUNKTIV II (gebildet vom Plusquamperfekt): 1. hätte ... gefunden; 2. gefunden hätte; 5. hätte ... gesprochen; 7. hätt' ... geglaubt (2x); 8. hätt' ... geglaubt
d) 1. hatte ... gefunden, annehmen wollte; 2. gefunden hatte; 3. soll ... herbeischaffen; 4. hat gefunden; 5. hatte ... gesprochen; 6. muss ... sitzen, herbeigeschafft hat; 7. hatte ... geglaubt (2x); 8. schreit, hatte ... geglaubt, gesagt hat; 9. sollte ... bringen, musste ... herbeischaffen; 10. (klug) ist, will ... aufgeben, lösen kann, will ... heiraten

Ü15 1. Er sagte: „Den <u>habe ich</u> auf <u>meinem</u> Stückchen Land im Boden gefunden. <u>Nehmen Sie</u> ihn als Zeichen <u>meiner</u> Verehrung <u>an</u>." 2. ... und fragte: „<u>Hast du</u> denn sonst nichts gefunden?" 3. Da sagte der König: „<u>Schaff</u> nun auch den Stößel <u>herbei</u>!" 4. Der Bauer entgegnete: „Den habe <u>ich</u> nicht gefunden. 6. ... und man sagte zu ihm: „<u>Du musst</u> so lange da sitzen, bis <u>du</u> den Stößel herbeigeschafft <u>hast</u>. 8. Er fragte den Bauern: „Warum <u>schreist du</u> immer ,Ach, hätt' ich meiner Tochter nur geglaubt!'? Was <u>hat</u> deine Tochter denn gesagt?" 9. „Sie hat gesagt: ,<u>Bring</u> den Mörser nicht, sonst <u>musst du</u> auch den Stößel herbeischaffen' ", antwortete der Bauer. 10. ... fragte sie: „<u>Bist du</u> denn wirklich so klug?" Er sagte: „Ich will dir ein Rätsel aufgeben; und wenn <u>du</u> das lösen <u>kannst</u>, dann <u>will ich</u> dich heiraten."

Ü16 a) 1. ..., <u>als ob</u> er hier zu Hause <u>wäre</u>. 2. ..., <u>als ob</u> sie ihn nicht <u>verstehen würde</u>. 3. ..., <u>als ob</u> das Wetter besser <u>würde</u>.

Ü17 a) 1. d), 2. c), 3. e), 4. a), 5. f), 6. b)

Ü18 a) Wenn Aschenputtel die Tauben nicht <u>verstanden hätte</u>, <u>hätten</u> sie ihm nicht <u>geholfen</u>.

Ü19 0. c), 1. a), 2. b), 3. a), 4. c), 5. b), 6. c), 7. b), 8. a), 9. b), 10. b)

Ü22 a) „Ferkel!" / schimpft Mama die Biene. // „Weißt du, / was das heißt, / du Trine?" „Sicher", / sagt die Trine schlau, / „Ferkel heißt das Kind der Sau."

Ü23 b) Ich will dich mal was fragen / sagte Andrea / was war zuerst da / das Ei / oder das Huhn // A ist doch ganz einfach / sagte Nina / das Ei // A da muss doch das Huhn 'rauskommen // A und wo kam das Ei her / rief Jens heftig // A aus dem Laden an der Ecke / sagte Nina // A aus einem Huhn / erwiderte Jens laut / also muss das Huhn zuerst dagewesen sein // A was / rief Nina / und woher kam dein Huhn // A aus dem Ei / das ist doch ziemlich klar // A und das Ei kam aus dem Huhn // A und das Huhn aus'm Ei // A aus dem Huhn // A dem Ei // A aus dem Huhn / du blödes Ei // A aus dem Ei / du blödes Huhn // A

Kapitel 38

Ü3 c) (Vorschläge:) treu – untreu; pünktlich – unpünktlich; nervös – ruhig/entspannt; großzügig – kleinlich; normal – unnormal/verrückt; blöd – intelligent/klug; offen – ängstlich/verschlossen; falsch – ehrlich; intelligent – dumm/blöd; langweilig – interessant; klug – dumm/blöd; nett – unfreundlich/unsympathisch; komisch – ernst/normal; neugierig – uninteressiert; lustig – traurig/ernst; faul – fleißig/aktiv; ängstlich – mutig; sympathisch – unsympathisch; freundlich – unfreundlich; tolerant – intolerant; selbstbewusst – unsicher; stolz – bescheiden; laut – still/leise; schwach – stark; arrogant – freundlich; ordentlich – unordentlich; ehrlich – unehrlich/falsch; kritisch – unkritisch; schmutzig – sauber; humorvoll – humorlos; langsam – schnell

Ü4 a) –: Das macht mich nervös; Ich kann das nicht leiden; Ich hasse das; Das macht mich wütend; Ich finde das unangenehm; Das geht mir auf die Nerven; Das finde ich komisch.
+: Ich habe das gern; Das schätze ich sehr; Das finde ich interessant; Ich finde das sympathisch; Ich liebe das; Ich finde das angenehm; Ich mag das.
+/–: Das ist mir gleich; Das lässt mich kalt; Das ist mir egal; Das stört mich nicht.

Ü5 1. die Gleichgesinnten (Z. 7); 2. Auseinandersetzungen mit der Polizei (Z. 10–11); 3. die Hüter der Ordnung, die Verächter jeglicher Veränderung (Z. 12–14); 4. es sieht sich von „Schweinen" umzingelt (Z. 14–15); 5. es hat ... einen gewaltigen Rausch (Z. 17–18); 6. die ... Partei geht leer aus (Z. 29–30); 7. das Nashorn fühlt Ungeduld; voller Tatendrang (Z. 32–35); 8. es ist Tag und Nacht beschäftigt (Z. 39–40);

Ü6 9. die Geschicke des Landes lenken (Z. 51–52); 10. brüten … bis tief in die Nacht (Z. 62–63); 11. wird die Haut des Nashorns dicker und dicker (Z. 66–67); 12. Feindselig blickt ihn ein trotziges, kleines Nashorn an, das ihn verachtet (Z. 70–71).

Ü6 1. (Z. 7): die Gleichgesinnten; 2. (Z. 19): Langweiler und Spießer; 3. (Z. 36–37): die Mehrheitspartei; 4. (Z. 48): links von der Mitte; 5. (Z. 70): feindselig

Ü8 a) 1. die Geschichten, die; 2. die Fabel, die; 3. der Rabe, der; 4. der Fuchs, dem; 5. die, die; 6. Christoph Bauer, dessen; 7. viele Politiker, deren; 8. eine Politikerin, der; 9. viele Menschen, denen; 10. Nachbarn, deren; 11. ein Kind, dessen; 12. einen Menschen, den … der
b) Relativpronomen:

	Mask. Sing.	Neutrum Sing.	Fem. Sing.	Plural
NOM	der	das	die	die
GEN	dessen	dessen	deren	deren
DAT	dem	dem	der	denen
AKK	den	das	die	die

c) Das Relativpronomen im Genitiv Singular hat zwei Formen: dessen / deren. Das Relativpronomen Genitiv Plural hat nur eine Form: deren.

Ü9 a) 1. deren, 2. dessen, 3. deren, deren, 4. dessen

Ü11 a) 1. Ja zu Deutschland – Ja zu Europa; 2. Die Angst vor Deutschland nach 1945; 3. „Einheit" oder Balance zwischen West und Ost; 4. Der „Kalte Krieg"; 5. Zwei deutsche Staaten; 6. Der Bau der Mauer; 7. Der Fall der Mauer
b) Zu Abschnitt 5: Zwei deutsche Staaten

Ü12 der Krieg – der Frieden; die Linken – die Rechten; der Sozialismus – der Kapitalismus; die Unzufriedenheit – die Zufriedenheit; befreien – besetzen; der Mauerfall – der Mauerbau; die Vereinigung – die Teilung; die Mehrheit – die Minderheit; den Krieg beginnen – Frieden schließen; tolerant – ausländerfeindlich; der Osten – der Westen; verlieren – siegen

Ü13 1G, 2F, 3C, 4D, 5B, 6E, 7A

Ü14 a) jedoch, aber, während, dagegen
b) wurde … gemacht, behauptete, sei, war, ist, sprach, redete, betonte, hörte, sind … ersetzt worden;
c) Konnektoren im Hauptsatz: jedoch, aber, dagegen; Konnektor im Nebensatz: während.

Ü15 1. Im Osten herrschte nur eine Partei, im Westen jedoch gab es mehrere Parteien. 2. Während im Osten die Menschen unzufrieden waren, waren die Leute im Westen meistens zufriedener. 3. Im Osten gab es wenig Luxus, im Westen dagegen konnten sich die Bürger fast alles kaufen. 4. Man sprach im Osten von Sozialismus, im Westen aber redete man von Kapitalismus. 5. Die Leute im Osten hatten nicht so viel Geld, während im Westen sehr viele Menschen gut verdienten. 6. Im Osten war von Diktatur die Rede, im Westen sprach man jedoch von Freiheit.

Ü17 „wieder/vereinigt – Wieder/vereinigung": 11x; „Deutschland / Deutsche / deutsche": 17x

Ü18 Z. 5–20: F; Z. 21–30: E; Z. 31–38: A; Z. 38–51: C; Z. 52–64: D

Ü19 a) Am meisten in den neuen Bundesländern Deutschlands (3,4%), am wenigsten in den alten Bundesländern (0,7%).

Ü20 a) A-2., B-1., C-3.
c) C: Perspektive einer „Westlerin"; A, B: keine klaren Hinweise

Ü22 a) 1r; 2r; 3r; 4f; 5f; 6f; 7r
b) (Vorschlag): 4. Die Jungen halten ihre Eltern für eher humorlos, finden sich selbst jedoch humorvoll. 5. 80% der Jungen glauben, dass die älteren Deutschen heimatverbunden sind, aber nur 61% glauben, dass die jüngeren Deutschen heimatverbunden sind. 6. Während die Jungen ihre Eltern für eher arrogant und spießig halten, sehen sie sich selbst nicht so negativ.

Ü24 Land: Wo?, Wohin? / Frau / Mann / Adjektiv
in Israel, nach Israel / die Israeli/Jüdin / der Israeli/Jude / israelisch/jüdisch/hebräisch
in Japan, nach Japan / die Japanerin / der Japaner / japanisch
in Italien, nach Italien / die Italienerin / der Italiener / italienisch
in Griechenland, nach Griechenland / die Griechin / der Grieche / griechisch
in Brasilien, nach Brasilien / die Brasilianerin / der Brasilianer / brasilianisch
in der Türkei, in die Türkei / die Türkin / der Türke / türkisch
in Arabien, nach Arabien / die Araberin / der Araber / arabisch

Ü25 a) **Typ 1: + -er / + -erin / + -isch:**
der Österreich-er / die Österreich-erin / österreich-isch / Österreich
der Spani-er / die Spani-erin / span-isch / Spanien
der Isländ-er / die Isländ-erin / isländ-isch / Island
der Holländ-er / die Holländ-erin / holländ-isch / Holland
der Brasilian-er / die Brasilian-erin / brasilian-isch / Brasilien
der Amerikan-er / die Amerikan-erin / amerikan-isch / Amerika
Typ 2: + -e / + -in / + -isch:
der Schwed-e / die Schwed-in / schwed-isch / Schweden
der Russ-e / die Russ-in / russ-isch / Russland
der Griech-e / die Griech-in / griech-isch / Griechenland
der Libanes-e / die Libanes-in / libanes-isch / der Libanon
der Chines-e / die Chines-in / chines-isch / China
der Nepales-e / die Nepales-in / nepales-isch / Nepal
Ausnahmen:
der Ungar / die Ungarin / ungarisch / Ungarn
der Deutsche / die Deutsche / deutsch / Deutschland
der Engländer / die Engländerin / englisch / England
der Franzose / die Französin / französisch / Frankreich
der Schweizer / die Schweizerin / schweizerisch / die Schweiz
der Kanadier / die Kanadierin / kanadisch / Kanada

Ü27 a) 2+10; 3+8; 4+12; 5+9; 6+11
b) 3. nicht; 4. zu Hause bleiben, wählen gehen; 5. nicht; 6. Jeder, Niemand
c) Bei „Verneinung":
„ohne zu" + Infinitiv (bei gleichem Subjekt): Sätze: 9, 11;
„ohne dass" + Nebensatz (bei verschiedenen Subjekten): Sätze: 7, 8;
Bei „Gegensatz":
„anstatt zu" + Infinitiv (bei gleichem Subjekt): Sätze: 10, 12

Ü28 a) „Verneinung": 2, 5; „Gegensatz": 1, 3, 4
b) 1. Die Politiker sollten die Flüchtlinge integrieren, anstatt das Asylgesetz zu ändern. 2. Die Regierung hat entschieden, ohne dass das Parlament protestiert hat. 3. Wir sollen immer Vertrauen in die Politiker haben, anstatt dauernd zu kritisieren. 4. Die Länder Europas wollen ihre internationalen Beziehungen ausbauen, ohne dass sie dabei ihre kulturellen Traditionen verlieren / ohne dabei ihre internationalen Beziehungen zu verlieren. 5. Die jungen Deutschen heute sind weltoffen, anstatt sich spießig wie viele Ältere in ihrem Land zu verhalten.

Kapitel 39

Ü1 Der Fluss fließt … durch die Stadt, trennt die Ufer; am Ufer wachsen Bäume, auf beiden Seiten stehen Häuser ganz nahe am Fluss; die Brücke führt über den Fluss und verbindet die Ufer

Ü3 über die Brücke fahren, etwas in den Fluss werfen, unter der Brücke durchfließen, das Ufer entlanglaufen, auf dem Fluss fahren, im/durchs/auf dem Wasser schwimmen, auf dem Wasser fahren, auf der Brücke stehen, von der Brücke schauen, am/beim Fluss wohnen, am Ufer stehen

Ü4 a) A6./2., B2./6., C1., D3., E4., F5.
b) Sprecher ⟶ **hin-** Ich komm hinunter (zu dir).
Sprecher ⟵ **her-** Komm (zu mir) herunter.
„Komm (zu mir) runter!"

Ü5 a) 1. b), 2. e), 3. f), 4. c), 5. a), 6. g), 7. d)
b) 1. Aschach an der Donau, 2. Hofkirchen im Mühlkreis, 3. Passau, 4. Waldkirchen/Wesenufer, 5. Kirchberg ob der Donau, 6. Obernzell, 7. Engelhartszell

Ü6 1. Wir sind von Passau ..., 2. Die Wege sind ja nicht ..., 3. Aber jetzt sind die Ferien ..., 4. Zimmer gibt es genug ..., 5. Zum Einkehren und Essen ..., 6. Ein normaler Reiseführer hilft ..., 7. Und muss man auf etwas ..., 8. Ein kleines Radio hatten wir ..., 9. Lass vorher noch dein Fahrrad ..., 10. Dann kann ich dir auch noch ...

Ü7 a/b) 1. „Ich würde an deiner Stelle früh genug Zimmer reservieren." 2. „Ich würde mir jedenfalls nicht allzu viel anschauen." 3. „Du solltest auf jeden Fall eine gute Windjacke mitnehmen." 4. „Fahrt am ersten Tag nicht zu weit!" 5. „Ihr müsst vor allem gut auf eure Räder aufpassen." 6. „Ihr solltet schon einmal eine Pause machen." 7. „Auf alle Fälle genügend Zeit lassen, keine Eile!" 8. „Ihr müsst unbedingt in die Donau-Auen fahren." 9. „Vergiss ja den Pass nicht, wenn du bis Bratislava willst!" 10. „Einen großen Bogen um Wien machen, wirklich!"
c) würd- + Infinitiv: ich würde ... reservieren (1), ich würde ... anschauen (2);
Modalverb sollen (Konj. II): du solltest ... mitnehmen (3), ihr solltet ... machen (6);
Modalverb müssen: ihr müsst ... aufpassen (5), ihr müsst ... fahren (8);
Infinitiv: Zeit lassen (7), einen Bogen machen (10);
Imperativ: Fahrt! (4), Vergiss! (9)

Ü10 1. r, 2. r, 3. r, 4. r, 5. r
Ü11 1. den Fluss überqueren, 2. spüren, 3. stehen bleiben, 4. liegen, 5. dahintreiben, 6. vorbeifahren, 7. wechseln, 8. von oben, 9. in diesem Tempo, 10. in einem Buch, 11. die Macht, 12. wie ein Schiff, 13. umso höher, 14. auf dem rechten Ufer
Ü12 lud ... ein; fuhr, schlug ... vor, trug, wuchsen, wuschen
Ü13 1. c, 2. a, 3. a, 4. b, 5. c, 6. b, 7. a
Ü14
1 ● Hallo, wo kommt ihr denn her?
13 ○ Die ersten zwei, die haben uns nicht gefallen. ...
5 □ Oder wir machen einen Tag Pause. ...
12 ● Und wie schaut's mit Gasthäusern aus?
9 ○ Das war in Mauer. ...
2 ○ Wir waren jetzt zwei Tage in Melk.
14 □ Ja dann, danke für die Tipps, ...
15 ○ Und euch einen schönen Tag!
3 ■ Und ihr, was habt ihr vor?
6 ■ Wir haben auch eine Pause eingelegt ...
4 ● Wir wollen eigentlich nur die Stadt anschauen und einkaufen.
7 ○ Und am späten Nachmittag sind wir zu einem Heurigen.
10 ● Das wär super! – Habt ihr auch ...?
8 □ Das klingt ja gut, wo wart ihr denn da?
11 ■ Einkaufen? Ja, da ist ...

Ü16 a) Lass dir dort Zeit, ... Hast du wenig Zeit, mach zumindest in Melk oder Aggstein Station. Sollte es aber knapp werden mit der Zeit ..., fahr zügig weiter. Denk dran, das Beste und Schönste ... Wenn du eine Kanufahrt machen kannst, tu's. Hätten wir die nicht gemacht, wären die Eindrücke nur halb so intensiv ... Geh weit genug weg, ... Solltest du in der Umgebung von Wien nichts finden, geb' ich dir noch die Nummer von meinem Bruder ...
b) Muster 1: Aufforderungssätze: Lass dir dort Zeit, eine Rast tut gut! Denk dran, das Beste und Schönste kommt am Schluss. Geh weit genug weg, abseits der Hauptroute findest du immer was.
Muster 2: Nebensatz ohne Konjunktion: Hast du wenig Zeit, mach zumindest in Melk oder Aggstein Station. Sollte es aber knapp werden mit der Zeit und noch viel zu tun sein, fahr zügig weiter. Solltest du in der Umgebung von Wien nichts finden, geb' ich dir noch die Nummer von meinem Bruder.
c) Nebensätze ohne Konjunktion stehen immer vor dem Hauptsatz, das Verb steht in Position 1 (wie beim Aufforderungssatz und der Satzfrage).

Ü18 Richtig: 1, 3, 5, 7, 10; falsch: 2, 4, 6, 8, 9

Ü21 1. Vom Hochwasser werden Löcher ins Ufer gerissen. 2. Das Material wird (vom Fluss) weiter transportiert. 3. Sand und Steine werden (vom Wasser) abgetragen. 4. Das Flussbett wird verändert. 5. Neue Inseln werden gebildet. 6. Nebenarme werden durch Inseln abgeschnitten. 7. Ein neues Flussbett wird geschaffen.

Ü22 a) 1. dauernde, 2. entstandenen, 3. abgetragenen, 4. wachsenden, 5. blühenden, 6. fressende, 7. abgeschnittenen, 8. lebenden

Ü24 a) Pro: 1, 5, 7, 8; Kontra: 2, 3, 4, 6
b) 1 – 6; 2 – 5; 3 – 8; 4 – 7

Kapitel 40

Ü5 a) 1. Während der; 2. Innerhalb und außerhalb der; 3. trotz der, während ihres; 4. wegen den/der; 5. statt dem
b) geschrieben (eher) mit Genitiv, gesprochen (eher) mit Dativ

Ü10 1. f, 2. r, 3. r, 4. f, 5. f

Ü12 (2) im, (3) bis, (4) auf, (5) Am, (6) in, (7) am, (8) unter, (9) ins, (10) mit, (11) nach, (12) am, (13) gegen, (14) ins, (15) mit, (16) neben, (17) durch, (18) Aus, (19) zum / ans, (20) um, (21) am, (22) mit, (23) von, (24) durch, (25) ins, (26) neben/bei
b)

lokal	temporal	andere	Verb und Präp.
im, bis, auf, in, am, unter, ins, nach, am, ins, neben, aus, zum/ans, um, am, durch, neben, bei	seit, am, gegen	mit, mit, durch, in, mit, von	aussteigen aus, sprechen mit

c) wo? im, in, am, unter, neben, um; wohin? ins, nach, zum, ans; wann? am, gegen; seit wann? seit; bis wohin? bis auf; mit wem? mit; womit? mit; wie? mit; woher? aus; wodurch? durch; durch was? durch; von wem? von

Ü15 Richtige Satzordnung: 6 – 4 – 7 – 2 – 8 – 9 – 3 – 1 – 5

Ü16 a) 1. denn/bloß/wohl; 2. doch/ja/vielleicht; 3. denn; 4. denn/etwa/vielleicht/wohl; 5. bloß/doch; 6. denn/etwa/wohl/vielleicht; 7. eben (doch)/ja/nun mal; 8. doch (wohl), etwa; 9. ja/doch; 10 eben/nun mal/ja (wohl)
b) a) 7., 9., 10.; b) 1., 2., 4., 7.; c) 4., 6., 8.; d) 7., 10.; e) 5., 7., 10.; f) 4., 6., 8.; g) 1., 3., 4., 6., 8.; h) 6.

Ü17 a) (1) in/auf, (2) im, (3) mit, (4) vor, (5) Innerhalb, (6) Wegen/Während, (7) über, (8) Trotz, (9) von, (10) für, (11) bei, (12) um, (13) von, (14) In, (15) im, (16) im, (17) ohne
b) Studer ist nicht Kommissar, sondern Wachtmeister. Er verbringt den Urlaub mit seiner Frau, nicht mit seiner Tochter. Glauser ist nicht Chauffeur, sondern Fotograf. Glauser ist nicht der Hauptverdächtige in den beiden Mordfällen, sondern Zeuge: Er hilft bei ihrer Aufklärung. Glauser wohnt nicht in Losone, sondern in Arcegno.

„Training Zertifikat": Probetests

Ü3 a) A. Lesen: Globalverstehen: Text A: Nr. 5; Text B: Nr. 4; Text C: Nr. 2; Text D: Nr. 10; Text E: Nr. 8.
B. Lesen: Detailverstehen: 1. richtig, 2. falsch, 3. richtig, 4. falsch, 5. falsch
C. Selektives Lesen: 1. O, 2. I, 3. D, 4. O, 5. C, 6. H, 7. O, 8. E, 9. J, 10. K.

Ü5 a) A. Wortschatz: 1. b), 2. a), 3. c), 4. c), 5. b), 6. a), 7. a), 8. c), 9. a), 10. c)
B. Grammatik: 1. m), 2. g), 3. o), 4. j), 5. k), 6. b), 7. i), 8. d), 9. h), 10. f)

Ü8 Globalverstehen: 2., 6.; Detailverstehen: 3., 7.; selektives Verstehen: 1., 4., 5., 8., 9.

Ü10 A. Globalverstehen: 1. f, 2. r, 3. r, 4. f, 5. r;
B. Detailverstehen: 1. r, 2. r, 3. f, 4. r, 5. f, 6. r, 7. f, 8. f, 9. r, 10. f.;
C. Selektives Hören: 1. r, 2. f, 3. r, 4. r, 5. f

Quellenverzeichnis für Texte und Abbildungen

Seite	
4	Fotos: Susanne Busch, München
5	Foto: © Archiv Schweiz, Alpines Museum
6	Grafik: Globus Kartendienst
9	Foto: Lutz Bongartz, Hamburg
14	Text Marathonlauf: ad NET GmbH, München, Doping war gnadenlos: dpa
18	Karl Valentin, Die Fremden, gekürzt aus: Gesammelte Werke in einem Band, S. 230–231, Piper Verlag, München, 1985; Foto: Susanne Busch, München; Wörterbuchausriss aus: Großwörterbuch Deutsch als Fremdsprache, Langenscheidt Verlag, München
21	Foto: T. Scherling
22	Fotos: 1 Susanne Busch, München; 2 Andreas Scherling, München; 3 T. Scherling
25	Fotos: l. Stadtarchiv der Landeshauptstadt München; r. T. Scherling
29	Stadtplan: Polyglott Verlag, München
30	Fotos: o. M. Müller; u. Frank Darchinger
32	Texte C und E: aus: Daniel Goeudevert, Wie ein Vogel im Aquarium, © 1996 Rowohlt Verlag, Berlin
33	Fotos: l. Sygma, Paris; 2 M. Müller
42	Foto: Wolfgang Rudolf, Neue Westfälische, Bildredaktion
43	Wörterbuchausriss aus: Großwörterbuch Deutsch als Fremdsprache, Langenscheidt Verlag, München
45	Foto: R. Schmidt
52	Claudia Storz, Ein Haus, aus: Rolf Niederhauser und Martin Zingg (Hg.), Geschichten aus der Geschichte der Deutschschweiz nach 1945, Luchterhand 1983
53	Statistik: UNFPA
55	Artikel und Abbildung (Karl Gerd Striepecke) aus: Neue Westfälische Nr. 44, 21. 2. 98
56	Fotos: l. Iren Monti, Zürich; r. Josef Burri, Post in Malters um 1900
59	Fotos: Susanne Busch, München
61	Fotos: l. Susanne Busch, München; r. Iren Monti, Zürich
66	Artikel „Vitaminpräparate", Anita Baumgartner, Berner Zeitung
70	Oliver Klaffke, 10 gute Tipps, aus: Alpha. Der Kadermarkt der Schweiz, Tagesanzeiger Zürich, 19./20. 7. 97; UBS Wirtschaftsinformation, Zürich
71	Ueltsch Arnd, Die Kunst des Busfahrens, und Klappentext, aus: Das Blumenfeld im Trolleybus, © 1997 Buchverlag Lokwort, Bern; Foto: Daniel Wietlisbach
78	Text „Betrüger": Barmer Ersatzkasse
82	Logo: Bundesanstalt für Arbeit, Nürnberg
86	Foto: P. Rusch
88	Foto: Sauerländer GmbH, Frankfurt am Main/ Sauerländer AG, Aarau/Schweiz
93	Quartett-Karten: Archiv P. Rusch
95	„Ferkel!" schimpft Mama die Bine, aus: Streitbuch für Kinder. Meine Meinung – deine Meinung. Text: © Irmela Brender. Bildgeschichte: Hans Kossatz, Dackel Willi und Familie Kaiser. Mit freundlicher Genehmigung von Rupert Müller-Voss, Berlin
97	Hollywood: Die Grimms der Gegenwart, aus: Landshuter Zeitung, 3. 10. 97
98	Gotthold Ephraim Lessing, Der Rabe und der Fuchs, leicht gekürzt
100	Foto: M. Müller
101	Foto: Süddeutscher Verlag, Bilderdienst
103	Foto: Janusz Nowacki, Karikatur 1996; Text 1: ap; Text 2: dpa
104/105	Fotos: M. Müller
112	Foto: P. Rusch
115–117	Fotos: P. Rusch
119	Fotos: Österreich Werbung; Mühlviertel: Auer; Weingärten: Ebersberg
120	Fotos: Hirsch und Vogel: Österreich Werbung / Kracher; Frosch: Bjarne Geiges, München; Fisch: IFA-Bilderteam/Ventura
122	Beruf: Kapitän auf der Donau, Die Presse, 14. 3. 98
124	Friedrich Glauser, Offener Brief über die „Zehn Gebote für den Kriminalroman", aus: Werkausgabe Friedrich Glauser im Limmat Verlag, Zürich
125	Fotos: o. Do Binder; M. © Limmat Verlag; Abb. u. Hannes Binder, Wachtmeister Studer im Tessin, Zytglogge Verlag Gümlingen, 1996; Text „Caravaning": Press Line
126	Fotos: Biergarten: Susanne Busch, München; alle anderen: T. Scherling
127	© Comic Carlsen Verlag, Hamburg 1994, aus: Scott McCloud, Comics richtig lesen, © 1993 by Scott McCloud and Harper Collins, New York
131	Fritz Zaugg, Gesprungenes Glas oder: Ich habe eine große Sache im Gring, Schweizer Radio DRS
132	Karte: Skorpion-Verlag, Ennetmoos/Schweiz
133	Foto: Doris Hasenfratz, Ascona, aus: Monte Verità, Berg der Wahrheit, Kunsthaus Zürich, © Agentur für geistige Gastarbeit, Harald Szeemann, Civitanova Marche und Tegna, und Electra Editrice, Milano
134	Foto: © Limmat Verlag, Zürich
134	Friedrich Glauser, Auszug aus Lebenslauf in: Mattos Puppentheater, Werkausgabe Friedrich Glauser im Limmat Verlag, S. 358: Auszug aus: Morphium, in: Der alter Zauberer, ebendort, S. 180
135	Friedrich Glauser, Auszug aus einem Brief an seine mütterliche Freundin Marthe Ringier, in: Erinnerungen, Werkausgabe Friedrich Glauser im Limmat Verlag
137	A aus: Donau-Radweg 2., bikeline, 9. Aufl. 1997; B aus: Tagesanzeiger Zürich, 11. 1. 1998; C: Grafik: Lucie Deinzer, aus: Sports 2/98; D aus: BRIGITTE 1/98; E aus: Freiburger Nachrichten, 22. 7. 1997
138	Willi Stewart, Reden wie Adam, aus: Focus-Magazin 2/1998; Foto: east2west Limited, News Agency, London
147	Statistik aus: P. M., edition „Das moderne Magazin zum Zeitgeschehen" 12/95, Picture Press, Hamburg
148	Fotos: T. Scherling

Alle anderen Abbildungen: Theo Scherling
In einigen wenigen Fällen ist es uns trotz intensiver Bemühungen nicht gelungen, die Rechteinhaber zu ermitteln. Für entsprechende Hinweise wären wir dankbar.

MEMO zeigt, wie kurzweilig und abwechslungsreich Wortschatzlernen sein kann. Gedächtnisfreundliche Übungsformen und individuelle Lernstrategien ermöglichen den persönlichen Lernerfolg.

MEMO ist konzipiert für jugendliche und erwachsene Lerner mit Vorkenntnissen und enthält neben diesem neuartigen Wortschatztraining vielfältige Übungsmöglichkeiten zu den 4 Fertigkeiten Hören, Lesen, Sprechen und Schreiben im Hinblick auf das Zertifikat Deutsch.

MEMO eignet sich für Selbstlerner und den Kursunterricht und ist auch einsetzbar in der Wiederholungsphase am Anfang der Mittelstufe.

Lehr- und Übungsbuch
200 Seiten,
3-468-49791-1

Audiokassette 100 Min.
3-468-49792-X

Lernwortschatz
in verschiedenen Sprachen,
bis zu 128 S.

MEMO beschreitet auch im Bereich Landeskunde ganz neue Wege mit Berücksichtigung der 3 deutschsprachigen Länder, Österreich, Schweiz und Deutschland.

Postf. 40 11 20 · 80711 München · Tel. 0 89/360 96-0

Neubearbeitung 1998

Das einsprachige Wörterbuch für alle, die Deutsch lernen

Um viele hundert Einträge erweitert und in der neuen deutschen Rechtschreibung!

- Rund 66.000 Stichwörter und Wendungen auf über 1.200 Seiten
- Hochaktueller Wortschatz aus allen Lebensbereichen, z. B. Lohnnebenkosten, Provider, Pflegeversicherung
- Einfache und leicht verständliche Definitionen
- Einbettung der Stichwörter in den sprachlichen Kontext durch über 63.000 Beispielsätze und Kollokationen
- Wortschatzerweiterung durch mehr als 30.000 Zusammensetzungen
- Ausführliche Grammatikangaben mit mehr als 2.100 Hinweisen zum Sprachgebrauch

3-468-49026-7, Hardcover
3-468-96700-4, Broschiert

Postf. 40 11 20 · 80711 München · Tel. 089/3 60 96-0